U0893684

优质高效课堂教学研修丛书

YOUZHI GAOXIAO KETANG JIAOXUE YANXIU CONGSHU

课堂教学有效性研究

KETANG JIAOXUE YOUXIAOXING YANJIU

田立君　陈旭远　编著

东北师范大学出版社　长春

图书在版编目（CIP）数据

课堂教学有效性研究/田立君，陈旭远编著. —长春：东北师范大学出版社，2012.2
ISBN 978-7-5602-7575-8

Ⅰ.①课…　Ⅱ.①田…　②陈…　Ⅲ.①课堂教学—教学研究　Ⅳ.①G424.21

中国版本图书馆CIP数据核字(2012)第019252号

□责任编辑：王宏志　□封面设计：张　然
□责任校对：曲　颖　□责任印制：刘兆辉

东北师范大学出版社出版发行
长春净月经济开发区金宝街118号（邮政编码：130117）
电话：0431—85687213
传真：0431—85691969
网址：http：//www.nenup.com
电子函件：sdcbs@mail.jl.cn
东北师范大学出版社激光照排中心制版
北京柯蓝博泰印务有限公司印装
2012年2月第1版　2019年5月第2次印刷
幅面尺寸：169 mm×239 mm　印张：12　字数：222千

定价：22.00元

目录

目录

导　言

“老师，一生要琢磨的就是让学生听明白！”

非常喜欢易中天先生的一句话：“老师，一生要琢磨的，就是让学生听明白！”这句话让我过目不忘。就这么朴实，就这么简单：有效上课就是要让学生能听明白，能越听越爱听！有了这个本事，学生恋上你的课堂，那效果怎一个神奇了得！

鲁迅先生在北平师范大学教课的时候，不仅课堂上坐满了人，走廊也站满了人，走廊站不下，就到操场上去上课，把饭厅的方桌搬到操场上，学生人山人海，先生站在方桌上讲课。那时候没有扬声喇叭，没有扩音器，先生滔滔不绝地讲，学生全神贯注地听。师生的心灵交融，编织成世界上最美的乐曲。做教师做到这份上，真是名副其实的人师了。一节好课，学生应始终能保持良好的参与状态，始终处于积极主动的思考中，感受成功的喜悦及学习的快乐，师生你来我往，形成一个和谐的课堂。体现出民主、合作的课堂教学，那氛围一定是活跃和融洽的。我想这就是有效教师，他或她会建立自己与学科、学科与学生之间的联系。

当前，课程改革在课堂教学层面遭遇到的最大的挑战就是无效和低效问题。课堂教学改革就其总体而言，在朝着新课程的理念和方向推进，并取得了一些的进展，但由于对新课程理念的理解、领会不到位以及实施者缺乏必要的经验和能力，课堂教学改革也出现了形式化、低效化的现象，可以说，提升课堂教学的有效性是当务之急、重中之重。

对如何有效上课，朱华贤的《期待“素课”》道出了不止作者一个人的心声。

【特别推荐】

《期待“素课”》[①]（节选）

朱华贤

什么是素课？是清淡、简洁、自然状态下，没有雕琢痕迹的课，是真实而

---

① 朱华贤．人民教育［J］．2008（8）．

原始的本色课。……综观现在的中小学语文课，总觉得技巧太过，荤腥太多，油酱太足，色彩太浓，口味太重。我期待着这样的素课——

素色的教学语言

老师所说的，就像平时所说的。也许不是很流畅，不像著名节目主持人的脱口秀，也许没有多少比喻和夸张，也没有一大串的排比以增强气势，更不像演讲赛中滔滔不绝的雄辩，热情洋溢的声嘶力竭，体态相助的手舞足蹈，不像相声演员的语言，一惊一乍，噱头连连，悬念迭出。平时怎么说，就怎么说，有断有续，有急有缓，有点头有叹息，只不过是集中在一个话题上，只不过围绕一个中心内容，只不过开个头，引个路，就怎么说说、问问，引学生想想。偶尔幽上一默，偶尔明知故问，偶尔重复几句以示警觉，偶然也出点儿差错，但一旦发现，马上就承认，而且一点儿也不感到丢面子……不时又在黑板写上几个字。

素课的气氛是宽松而随意的，态度是自由与平和的，但教师所说的，全都是内心世界的声音，没有半句夸张，没有一点虚假，没有一句为了迎合学生，也没有一句为了讨好，更没有哄骗和威吓。学生所说的，就是自己最想说的和最想问的。他们一点也没有觉得这节课特别重要，没有想到为班级和学校争光不争光，也没有要为教师撑面子的想法，甚至连严肃认真的感觉也没有。有了疑问，马上就可以问，不一定要通过举手同意，有了感受，站起来就可以说，即使是非常幼稚和荒唐的，也不会遭到嘲笑和讽刺，更不会被批评和斥责。

素色的语言，是在自然环境下的自然表达，是在和谐关系中的真实交流。说得正确而流畅，教师会由衷而简单地送去一个夸赞："行!"不会是那种让人起鸡皮疙瘩的吹捧："哇—我看你是个伟大的天才!""你将来绝对是一个伟大的作家!"说得不当或结巴，教师就会坦诚而直接地指出："真的，我觉得你说得不太好。"或许也会补问一句：再给你准备几分钟，能说好吗？不是那种明明知道学生说得不对，故意转弯抹角地说：这倒也是一种说法，或者"这个说法我从来没听到过"，含糊得让人不知对否。有时像聊天，但不是天南海北那么漫无边际，有时像辩论，但不是那种早已背熟的唇枪舌剑，而是发自灵魂深处的最本真的观点碰撞，有时像答问，但是，问，不是那种自己已经明确了答案的虚假话题，答，也不是那种有备而来的放之四海而皆准的"标准答案"或官方腔调，是在自由对话中生成疑问，是在愉快交谈中求得答案。

素色的教学设计

对于教学设计，教师只有一个粗略的大概，一条主线，三四个分叉而已。写在纸上，一页或半页。至于枝枝叶叶，花朵花瓣，那是课堂中自然产生的，要靠自己的机智和敏感，随时捕捉、描绘和点染，用不着都一一设想好。就是说，设计并不精细，并没有把每一个细节都考虑到，也没有把课堂中可能出现的每一个问题都预设好，更没有把每一句导入语、过度语都一一想好写出。但是，对于文本的理解，从宏观到微观都烂熟于心，高屋建瓴，掌控一切。课文至少读过五六遍，而且是用各种不同的角色读。每一句话、每一个词的表层义、深层义和引申义都推敲过，思忖再三。书本上点点画画，密密麻麻。文章的妙处，心领神会；文章的不足，胸中有数；文章的个性，了如指掌。正是凭着对文本的全方位掌控，课堂应对往往是水到渠成，游刃有余。

换句话说，课堂不是以设计技巧的高超而取胜，而是以对文本独特的理解和领悟而取胜，不是以蓄意安排的转折、推进、高潮而赢得喝彩，而是以无数随意碰出的智慧的火花而得到首肯。这样的设计，课堂是清淡的，但值得咀嚼和回味；这样的设计，似乎没有艺术匠心，但意味深长，有一种自然天成的大美。

素色的实施条件

课堂上，不一定要用很多课件，像放幻灯片似的，眼花缭乱，让学生手头的书都可以丢了，朗读或写作时，也不一定要配上抒情的音乐，其实有许多音乐常常是种干扰；至于场所，也无需到一个特别的专用教室，就在师生都熟悉的那一个本土教室。几支粉笔，一本教材，一方板书。这板书，最后也不一定像个红心什么的。就这么简简单单地开始文本与心灵的真诚对话。

素课是家常菜，没有精美的盒子包装，但这菜绝对是新鲜的；做法是简单的，没有添加任何醒目的色素，但营养绝对是丰富的。座位，学生看起来怎么方便就怎么安排，不一定要围成 8 人或 6 人小组，硬是让学生扭着头看黑板，别以为围着圈坐就是新理念的体现。

素色的作业布置

作业肯定是要的，但要讲究实效，要体现学科特点。是低年级的语文课，就让他们读读书，写写字；是高年级的阅读课，也可以读读书，写写字，积累词语，当然还可以思考一些与课文相关的问题。不要总是一些笼统和空泛的大问题：你有什么感想？你想对他说什么？请联系自己的生活谈谈体会……这些作业，什么课都适应，什么文体都可以，往往是什么效果也没有。……

老子说："万物莫与朴素争美。"……教师应该把精力集中在文本的消解上，凝聚在自己的深刻理解上，至于技巧和方法，就不要那么讲究。课前的准备，说长，应该准备一生，为了一节课可以投入毕生；说短，只需一两天，甚至半天、两三个小时。长，是从积累的角度，要有应对一切的基本配置；短，是从应急的角度，只是为了具体的某一课。课堂教学的艺术性太强，设计得太精致，一节课下来，有时是有一点艺术享受的感觉，但有给人不像语文课的感觉，而像话剧、像演讲、像艺术主持、像文学鉴赏，唯独没有语文课的平淡与厚实。

素教，可以更多地保持语文的原汁原味；素课，也能更好地提高语文教学的效率；素课，最能见教师自身的功力。素课，只有素师才能执鞭，才能操持。素师，淡薄名声，不为功利，有一颗宁静的心，有一种淡泊的志。

我期待这样的素课，也期待这样的语文教师——他并不只以教学技能的精湛为毕生追求，而是把积淀和蕴涵丰富的人文素养作为发力的基础。靠形式取胜，总是短暂的；靠内涵取胜，才是永恒。

一、三维目标的合理整合

（一）三维目标的含义

教育部《基础教育课程改革纲要（试行）》对课程目标从“知识与技能”、“过程与方法”、“情感态度与价值观”三方面提出了要求，构成了新课程的“三维目标”。

第一维目标：知识与能力目标，主要包括人类生存不可或缺的核心知识和学科基本知识；基本能力——获取、收集、处理、运用信息的能力、创新精神和实践能力、终身学习的愿望和能力。

第二维目标：过程与方法目标，主要包括人类生存不可或缺的过程与方法。过程是指应答性学习环境和交往、体验。方法是包括基本的学习方式（自主学习、合作学习、探究学习）和具体的学习方式（发现式学习、小组式学习、交往式学习……）。

第三维目标：情感态度与价值观目标，情感不仅指学习兴趣、学习责任，更重要的是乐观的生活态度、求实的科学态度、宽容的人生态度。价值观不仅强调个人的价值，更强调个人价值和社会价值的统一；不仅强调科学的价值，更强调科学的价值和人文价值的统一；不仅强调人类价值，更强调人类价值和自然价值的统一，从而使学生内心确立对真善美的价值追求以及人与自然和谐和可持续发展的理念。

三维目标是学生全面发展的三大支柱。知识和能力是自我发展的基本前提。过程和方法是开发个体潜能、实现终身发展的重要保证。情感态度和价值观则是学习者学业进步、事业成功和生活幸福的重要动力。

新课程确立了知识和技能、过程与方法、情感态度和价值观三位一体的教学目标，这是新课程推进素质教育的集中体现。

（二）三维目标的关系

知识与技能维度的目标立足于让学生学会，过程与方法维度的目标立足于让学生会学，情感、态度与价值观维度的目标立足于让学生乐学，三维的课程目标应是一个整体，三方面是互相联系、融为一体的，任何割裂知识技能、过程方法、情感态度与价值观的三维目标的教学都不能促进学生健全发展。

“三维目标”不是“三种目标”，也不是“三个目标”，三维目标之间是相互依存、相互支持的关系。任何割裂三位一体的教学都不能促进学生的发展，因为不同维度的目标对学生的成长和发展有着不同的作用。知识与技能是过程与方法、情感态度与价值观目标实现的载体。情感态度与价值观是实现知识与能力、过程与方法目标的动力系统。过程与方法是连接知识与技能、情感态度与价值观的纽带，而要达到知识与能力、情感态度与价值观的目标都要在过程中实现。

北京师范大学郭华教授认为，三维目标不是三块，而是一个整体。不是要在知识、技能上加上情感，因为在整个教学过程中，情感、态度、价值观是始终存在的，只不过我们过去没有关注而已。

虽然价值观是个人对社会的一种认识及态度，但是对于价值观问题往往存在一个相对当时社会而言比较正确的取向，而这种态度是应该由教师客观地传授给学生。此时教师的价值观念一定要有正确的取向，否则会对学生的价值观取向产生误导作用。

（三）整合三维目标

《基础教育课程改革纲要》对三维目标的整合提出了明确的要求：“改变课程过于注重知识传授的倾向，强调形成积极主动的学习态度，使学生获得基础知识与基本技能的过程同时成为学会学习和形成正确价值观的过程。”

课程目标根据知识和能力、过程和方法、情感态度和价值观三个维度设计。教学目标是课程目标的一个重要部分，它是教学活动的出发点及归宿，直接决定了教学活动要围绕三维目标来展开，因此必须将三维目标思想贯穿于整个教学设计过程中，从而达到基于教学事件的兼容式整合。这便要求课程设计人员以教学事件为基础，使三维目标之间相互支持、相互依存的关系变成现实，实现三维目标的整合。

所谓整合三维目标，“整”是整理，“合”则是组合，三维目标的整合就是把知识和能力、过程和方法、情感态度和价值观三个维度按照一定的方式组合成一个有机的整体。

（四）三维目标的整合方法

虽然到目前为止，并没有一个具体的行之有效的策略及途径能将这三个维度的目标按照最佳的方式组合成一个系统，但在教学实践中我们可以利用某些方法，使得教学过程能够按照这三个维度来展开以便达到最佳的整合效果。

情感往往都是在思想政治课中讲述，因此，下面以小学品德课为例，讲述两种具体整合的方法。

1. 情境教学法

情境教学法是指在教学过程中，教师有目的地引入或创设具有一定情绪色彩的、以形象为主体的生动具体的场景，以引起学生一定的态度体验，从而帮助学生理解教材，并使学生的心理机制得到发展的教学方法。情境教学法的核心在于激发学生的情感。根据刺激物对儿童感官或思维活动所引起的不同作用，情境大致分为实体情境、模拟情境、语表情境、想象情境及推理情境。

【案例1】

小学品德“对父母的感恩教育”[①]

教学片断一：情景小剧《爱的冲突》

（内容就是学生日常回家后，家长的关切表现，但学生觉得啰嗦反感起冲突的情景。）

（好几个场景都有学生轻轻说：“我妈就是这样说”，“和我妈真像”。）

学生表示平时也经常与父母发生类似的冲突，并描述当时的情绪以及内心真实的想法。

教学片断二：读你——父母在冲突后的心声，配乐朗诵刘墉的文章《雪地上的脚印》

（刘墉在与儿子发生冲突后最真实的心理活动，写出了父母在被孩子顶撞、发生冲突后失落的心灵感受，也写出了父母对子孙无法割舍的亲情和包容，字字真切。）

讨论：文章中让你最感动的是哪句话？听完父母的心声后，前面情景小剧中的学生此时会是一种怎样的心情？

（学生听的过程中表情变得若有所思，他们最感动的是感受到了父母对子女无私的爱，有一部分学生想起了自己父母的点点滴滴，但也有一部分学生仍觉得自己的父母从来不理解自己。）

教学片断三：懂你

《懂你》的音乐背景中，学生打开手中的信封，它是父母写的一份问卷调查。

调查表设三个问题：

---

① 余文森，林高明．经典教学法50例［M］．福州：福建教育出版社，2010：4．

(1) 在养育孩子的过程中，我有很多难忘的回忆……

(2) 我最希望孩子改变的是……

(3) 对孩子我觉得有愧疚的是……

看着父母情真意切的心里话，学生的眼睛开始湿润了，内心深处的情感被强烈触动，有人开始发出哽咽之声了，越来越多的人开始哭泣——“在我眼里，记忆力一直不算好的父母居然记住了我的一点一滴，连我三四个月的事都还记得。”“我今天才发现我的父母其实一直都很理解我，可我还总是嘲笑他们。”“我希望父母少一些烦恼，我不会令他们失望的”

每一名学生的情感都在澎湃，他们对父母的感恩之心、感恩之情充满在他们给父母的信的字里行间，也在接下来的行动里。

【案例感悟】

“三维目标”把“情感、态度、价值观”和“知识、技能”并列起来，作为和知识一样可以直接追求的实在的内容，从而就出现了直接“教”情感、态度、价值观的现象，但这种教学方式无法对学生的发展产生积极作用。

情境教学法是指通过具体情境，让学生亲自参与到情境之中，不仅学到了应该学到的知识与技能，并且能够合理地把情感态度价值观教授给学生，这种教授避免了生搬硬套，可谓是达到了“润物细无声”。

三个维度指的是同一事物的三个方面（侧面），如同一个立方体都有长、宽、高三个维度一样，课程目标也有三个维度：学生学习知识和技能都要运用一定的方法，不管是好方法还是不好的方法；都要经历一个过程，不管是主动探究还是消极接受。在这个学习过程中，学生总会伴随一定的情感和态度，不管是积极的情感还是消极的情感，不管是敷衍的态度还是认真的态度；总会有一定的价值取向，不管是正确的还是不正确的。所以，三维的目标是一个问题的三个方面，而不是独立的三个目标。在课堂教学中，不能完成了一维目标再落实另一维目标，它们是联系在一起的，就像拿一个立方体，不可能只拿起“高”而不拿起“长和宽”一样。（王敏勒）人的发展是三维目标的整合，缺乏任一维度，都会使发展受损，但这并不意味着三维对人的发展的贡献是等值的。因此，着眼于人的发展的教学要根据每个学科的特殊性和学生原有的基础有所侧重。

2. 知识活动化

如果只是生涩的讲解知识，不仅索然无味，而且没法起到巩固所学知识的目的。

知识活动化的一个典型——主题班会，就是指班主任根据学生普遍存在和关心的问题，从本班学生的实际出发，确立主题，设定目标，指定目标，发动全班学生全身心地投入和参与的一种主题教育活动形式。

【案例2】

以下是一个将主题班会和所学知识完美结合的一个实例[①]

班会时间	班会主题	渗透的思想政治课主题
第1周	新起点　新目标	初一年级上册第5课《自我新形象》 初三年级第10课《正确对待理想与现实》
第2周	庆祝教师节	初二年级上册第4课《我知我师　我爱我师》
第3周	把学习当成自己的事	初一年级上册第2课《学习新天地》
第4周	让我们拥有良好的学习习惯	初一年级上册第8课《学会抗拒不良诱惑》 初一年级上册第2课《学习新天地》
第6周	我与祖国共奋进	初三年级第5课《中华文化与民族精神》
第7周	细节决定成败	初三年级第1课《在承担责任中成长》
第8周	合作，你会吗？	初二年级上册第8课《竞争？合作?》
第10周	快乐体验一箩筐	初三年级第10课《理智面对学习压力》 初一年级上册第6课《学会调控情绪》
第11周	他山之石，可以攻玉	初二年级上册第8课《竞争？合作?》
第12周	学会宽容	初二年级上册第9课《海纳百川　有容乃大》
第14周	乐观是一种美	初一年级上册第5课《发现自己的潜能》 初一年级上册第6课《学会调控情绪》
第16周	12.7校园踩踏事件背后的思考	初一年级上册第9课《防范侵害，保护自己》
第19周	期末总动员	初三年级第10课《正确对待考试焦虑》

【案例感悟】

以上的主题班会就将所学知识更好地应用于具体时段，更加深学生对知识的深刻认识，将知识活动化，能够较好地促进学生对知识的理解和掌握。

整合三维目标，使教师能够做好学生活动的对话者、引导者、设计者和参与者，引导学生获得知识、习得方法，培养品质，能够有效指导教学，提高课堂效能，从而达到有效教学的目的，并能对课程的设计起到指导与调控的

---

① 余文森，林高明. 经典教学法50例［M］. 福州：福建教育出版社，2010：4.

作用。

新课程的“三维目标”指向学生的发展，注重学生品德、才智、审美等方面的成长，是国家新课程基本理念的重要体现。新课程强调“三位一体”的教育目标。在具体实践中，对于知识与技能目标，比较容易规划，可以对目标进行分解，作出明确的划分。而讲到能力、情感态度和价值观这些长远的教育目标，我们常会感到无从下手，不好把握。不要说学生的每一节课要达到什么目标，我们甚至无法规划在一个学期或一个学年内，将学生的创新能力、实践能力提高到一个可以表述的程度。其实，这方面的目标需要的恰恰是整体规划，整体的含义就是将这些目标渗透到每一节课中，使每一节课都成为追求这些目标、落实这些目标的过程。

问题是三个方面怎样有机地结合在一起，水乳交融而不是两张皮似的割裂呢？

三维目标的合理整合意味着课堂教学关注的不仅仅是学生是否接受了某方面的知识，更重要的是关注学生接受知识时的情感、态度，让学生自主学习的精神贯穿始终。“这是怎么回事？真奇妙！”“我要试一试！”“我想应该这样做！”学生在这样的情况下学习，获得的知识和经验将逐步转化为一种信念。

【案例3】①

朱自清的《春》中有“小草偷偷地从土里钻出来”这句话，一位老师这样引导学生阅读：

师：春天到了，小草长出来了。小草怎么长出来的呢？作者用了“偷偷地”这个词。“偷偷地”，就是说小草趁人不注意，让人毫无察觉地、无声无息地从土里长出来了。但是没有用“长”，而是说从土里（老师用右手食指做了一个向上的手势）——

学生齐声：钻出来了。

师：用“钻”这个词，写出小草的生长是很不容易的。它要穿过厚厚的土层，有时还会碰到石头瓦块，就要顶翻它们，然后茁壮地生长出来。可见一个“钻”字，写出了春草虽小，但是它们的生命力却是极顽强、极旺盛的。大家看，“偷偷地”和“钻”这些词用得多好啊！

【案例感悟】在这段教学中，教师显然在对字词“钻”、“偷偷地”的教学中，通过引导学生展开联想和想象，认识小草生长的劲头，领悟小草默默无闻、不哗众取宠的品质，领悟小草不怕困难挫折、顽强进取的拼搏精神。由此可见，在字词的教学中，同样可以融合知识与能力、过程与方法、情感态度和

---

① 张聪慧．三维目标如何统一［J］．语文建设，2005（8）．

价值观三个维度的目标。

实际上，不论是写字、阅读、写作，还是练习，都有情感态度价值观的渗透和方法的学习、知识的掌握及能力的获得。在任何一个显性领域中，都有隐性的目标维度存在。所谓的三维目标，应该是一个目标的三个方面，而不是三个互相孤立的目标，对其理解，可以准确地表述为“在过程中掌握方法，获取知识，形成能力，培养情感态度和价值观”。

【案例4】 三维目标的割裂

我们也要防止过程的泛化：过程、方法目标，出现了“游离”现象。首先，由于“过程、方法”这一维度的目标，是以往课堂教学所忽略的新要求，因而一般教师设计这类目标的意识不强，有些教师是有明确的意识，却在设计和操作中明显地出现了“游离”现象：游离于知识、技能目标之外，游离于教学内容和教学任务之外，游离于学生发展之外，从而使过程、方法的价值丧失殆尽。下面这个案例发生在一所小学的语文课堂上，从一个侧面说明了这个问题的严重性。

师：小朋友，怎样记“菜”字？

生：菜，上下结构，上面草字头，下面是采字，合起来是“菜”字。

师：还有其他方法吗？

生：菜，上面草字头，下面彩色的彩去掉三撇，合起来是“菜”字。

师：很好，还有其他方法吗？

生：菜，上面是辛苦的苦去掉古，下面是彩色的彩去掉三撇，合起来是“菜”字。

师：很好，还有其他方法吗？

生：菜，上面是花字去掉化字，下面是彩色的彩去掉三撇，合起来是“菜”字。

师：很好，还有其他方法吗？……

学生们越记越复杂，越学越糊涂。这种为过程而过程、为方法而方法的教学失去了应有的价值。

【案例感悟】

三维目标的有机统一是教学促进学生发展进而保证教学有效性的内在机制。但是课程实施中出现了三维目标的割裂现象：其一，“游离”于知识、技能之外的过程、方法，为活动而活动，这种活动既不利于知识、技能的掌握，又无助于学生思维能力的发展，是没有价值的，因而是低效、无效的；其二，“贴标签”的情感、态度、价值观，即脱离教学内容和特定情境，孤立地、机械生硬地进行情感、态度、价值观教育，这种教育是空洞的、无力的，也是低效甚至无效的；其三，只关注知识的授受和技能的训练，这种现象依然存在，这种教学在强化知识、技能的同时，冷落、忽视了过程、方法与情感、态度和价值观，从根本上阻碍了学生的发展。

新课程提出的“知识与技能、过程与方法、情感态度与价值观”的三维目标应该成为广大教师进行教学设计和教学实践的基本依据，在课堂标准中应该明确体现，使其得以细化和达成。然而，在实地的调查中发现，当前许多学校使用的课堂标准中并没有明确体现出三维目标，许多教师也存在着诸多困惑：知识与技能、过程与方法、情感态度价值观三者之间的关系如何？如何将其转化到具体的教学中去？如何按照三维目标开展教学活动？由此来看，将三维目标整合并体现在标准中将是生成有效课堂优质化标准首先要考虑的。

二、用教科书教，不是教教科书

新课程要求教师变“教书者”为“课程实施者”，为此，教科书之于教师，只是选用、处理，用来发展学生的文本之一，教师要变“教教科书”为“用教科书”。面对教材，可这样用也可那样用，可多选用，也可少选用，可用这种版本的教材也可用那种版本的教材，甚至自编教材。

同时，教学中师生都要把教材视为研究的材料、对话的谈资，绝不奉为“圣经”。要培育学生挑战权威的精神，要敢于对教材、教师说“不”，敢于质疑、修正、变异、创新等。这样才有利于培育学生的创造性，造就创新型人才。

在正确教学目的的指引下，教师如何以教育目的为教学活动的中心，灵活地使用教材，使之为教学所用，改变以往以教材为中心的错误观念，从而做到“创造性地理解和使用教材”，从过去“教教材”转变为“用教材教”。

以语文教学为例，尤其是中小学的语文教师不能成为教材的奴隶，不能亦步亦趋地跟着教材走。是跟着教材走，还是让教材跟着自己走，这是使用语文教材的重大问题。叶圣陶早已慧眼洞察此中真谛，叶圣陶先生说“课文无非是个例子”。我以为课文不只是一个例子，它和数理化的例题有不同的性质。一篇篇课文成为学生思想文化的组成部分，成为学生“精神的底子”，将影响几代人的文化心理。所以，不能什么作品都进入教材。教师可能无法阻止某些作品进入教材，但可以像垃圾一样把它们扔掉。语文教育中，教什么比怎么教重要。写进教科书的不一定都是真正有价值的东西，许多真正有价值的东西并没有多少写进教科书。语文教师必须知道这一点，才能对教材大胆取舍。

【案例 1】

“书上错了”和教材不足[①]

终于进入到最后一段的教学。

首先我请学生自由朗读课文。在巡视过程中，“个性派”胡睿突然拉住我的衣袖说：“刘老师，书上错了！”我好奇地追问，只听他振振有词地说：“这里用你太不尊重母亲了，应该用‘您’”。我望着书上陈毅说的那句“从小到大，你不只为我洗了多少次衣服”，意味深长地点点头，“有道理，我还想听听其他小朋友的意见”。

自读结束后，我把这个问题提出来让全班学生探讨，大家争先恐后地发表自己的观点。学习委员蒙心田的话最有说服力：“‘您’是对长辈的称呼，这样能表达陈毅元帅对母亲的敬爱之情。”在大伙的意见达成一致后，我大力表扬了这个敢于挑战书本的学生，全班同学都为他鼓掌，他得意地笑了，那是麦哲伦发现新大陆一样的欣喜表情。

接着，我让学生拿出铅笔，当堂把“你”改成“您”。在学生动笔的过程中，我又发现有的学生把这一段中所有的“你”都改成了“您”，包括陈毅母亲说的那句“你也五十多岁了，还替娘洗衣服”中的“你”字提出来给大家讨论，反对的学生很多，理由也很充分，连一向害羞的张磊也艺高胆大起来：“长辈对晚辈说话时用‘你’，这里改成‘您’不是弄反了吗？那会闹笑话的。”看到他们能自主地提出问题、讨论问题、解决问题，我觉得轻松了许多，学生们也在主动自觉的氛围中学到了知识，陶冶了情操。

最后，课文在学生们有感情的朗读声中结束了。

【案例 2】无独有偶。某教师在讲解《詹天佑》一文时，问学生：“詹天佑是怎样的一个人?”多数学生根据课文叙述，很快找到答案。他是“杰出的爱国工程师”。一学生却发表异议，认为他是一个具有创新精神的人。老师敏感地抓住了这一观点，引导学生深入研究文章，从文章中寻找根据。学生从詹天佑开凿隧道和设计“人”字形线路等创举中体悟到，他的确具有创新精神。学生又疑惑：为什么没有写上这一点呢？是不是教材也有不足？老师肯定了学生的质疑。学生们进一步说，可不可以修改课文？老师说：“为什么不可以？那，你们觉得该怎么改呢?”于是，学生们开始修改课文……

---

① 人民教育出版社编辑部. 新课程优秀教学设计与案例：小学语文卷［M］. 海口：海南出版社，2002.

【案例感悟】这两位教师显然都确立了学生主体、尊重学生主动权、培育学生创造性等教育理念，师生不再“奉教材为圣经”，而是在“用教材”学习、研讨，敢于对教材进行创造性的改动。后一案例还促进了人民教育出版社修订教材时对《詹天佑》一课增加了相应的练习，弥补了原教材的不足。

传统的教学只是教教科书，教科书成了师生教学的文本。教科书应是教材中的主体，可教材和教科书却又成了同一概念，也成了教学的唯一内容。如今，新课程指出，教师要立足于教材，而不限于教材，要从“教教科书”走向“用教科书教”。教材是教学的一种重要资源，但不是唯一的资源。备课的过程，应是教师循序渐进的提高过程，备课时，教师在关键处“巧设”问题，以帮助学生有的放矢积极思考，创造研究、表达的机会，不仅提高学生理解文本深层内容的研析能力，还可提高学生的口头表达能力，有利于综合素质的提高。问题的设计应针对性强，化繁为简，变难为易，由表及里，纲举目张，善于抓住教材的最佳切入点带动全篇，立足于教材的宏观背景，联系实际力求提纲挈领。引发学生思考，巴尔扎克言：“提出一个问题往往比解决一个问题重要。”在教师的正确引导下，学生最终学会提出问题、分析问题、解决问题，真正达成教学目标。

【案例3】窦桂梅老师在讲《我的战友邱少云》一课时，重点抓住了：“邱少云像千斤巨石一般趴在火堆里一动不动。烈火在他身上烧了半个多小时才渐渐熄灭。这个伟大的战士直到生命的最后一息，也没挪动一寸地方，没发出一声呻吟。”从这两句话体会这位英雄人物的内心世界。同学们讨论了之后，有的说，他的牺牲可不是被一颗子弹射中，是被烈火活活地烧着他还一动不动，邱少云真了不起。有一名学生说：“我想，邱少云肯定像电影中的英雄人物那样，在心里高喊：祖国万岁！共产党万岁！”这时有一名学生马上站起来说：“我不同意他的看法，我被开水烫过一次，那种疼痛实在难忍，当时我什么也没想，就是挺着没有哭。大火在邱少云的全身燃烧，他肯定没有想那么多，心里保证只有一个念头：挺住挺住再挺住！坚持坚持再坚持！才一动不动，直到生命的最后一息也没发出一声呻吟。”正在老师要表扬这位同学的独特见解时，有一位学生大声说：“不对！我觉得有问题，火势多大呀，敌人又那么近，很容易被发现。他身上又带了子弹、手榴弹，火烧了那么长时间，这些一点就着的易燃物，怎么没有爆炸呢?”老师惊呆了，这可是他教了好几遍这篇课文，从来没想过的问题。她不知道怎么回答。课堂一时静了下来。她想，这是学生敢于向教材、向老师挑战的思考，应该抓住这个契机，引导学生讨论。最后，这个问题还是发问者自己解决的。他说：“老师，枪支弹药一爆炸，整个形势就会发生变化，就会影响战斗的胜利，导致战士的伤亡。邱少云会想，光身体一动不动可不行，他肯定会把一只手深深往泥土里抠，使劲地抠，奋力想把子弹或手榴弹埋在泥土下面，同时还要忍受大火对他无情的燃烧。最后用身子死死压住泥土，直到生命的最后一息也没挪动一寸地方，没发出一声呻吟。”当然同学们建议给邱少云当年所在的部队写封信，了解了解当时的真实情况。且不管他的回答是否符合当时的情况，但他这种敢于超越教材和教师的思维方法，让我们为之喝彩。

【案例感悟】用教材教，而不是教教材。在新课标提出以前，教材是课程实施的唯一资源，教材处于教学的中心地位，要求学生背教材，记教材，即教师是在“教教材”。在新课标中，提倡“用教材”，就是要创造性地理解和使用教材，并充分开发各种课程资源，实现新课程“以人为本”的教育理念，使教材更好地服务于教师和学生。那么，如何在新课程中“用教材”，在教学中，不仅要关注客观的、系统的学科知识，而且要关注那些主观的、情境化的个人知识和生活经验，着眼于现实生活和儿童的生活经验，以教师自己的学识和经验来分析处理教材、挖掘教材、超越教材、发展教材。

【案例 4】

教学片段：《燕子》[①]

师：（出示填空）一身羽毛，一对翅膀，加上尾巴，凑成了（　　）。

生：（异口同声）燕子。

师：填“鸽子”不对吗？

（生一愣）

生甲：还可以填“麻雀”。

生乙：填“乌鸦”。

生丙：填“黄鹂”。

……

师：为什么那么多的答案都可以？

生：（讨论归纳）出示的填空是鸟类的共同特征，只要是鸟类，都可以填。

师：若填“燕子”该怎样写才生动形象？

生：一身乌黑光亮的羽毛，一对俊俏轻快的翅膀，加上剪刀似的尾巴，凑成了活泼可爱的小燕子。（轻而易举地回答了郑振铎笔下的燕子）

（师生一起赏析作者语言的精妙生动）

师：同学们，你们喜欢鸟吗？

---

① 朱宁波，陈旭远主编. 新课程核心理念诠解［M］. 北京：高等教育出版社，2005.

生：喜欢。

师：你们能像郑振铎爷爷那样，把你们喜欢的鸟的外形特点写生动吗？

生：能。

师：那就请你们动笔写一写，然后读给同学们听，请大家猜猜你写的是什么？猜对了，说明你抓住了特征，写得很精彩。

（生练笔，然后交流）

【案例分析】

新课程倡导在教学过程中，以课程标准为指导，以学生的需要为出发点，与学生的生活联系，激发学生学习的积极性。教材内容只是一个载体、一个引子，强调通过师生的互动，由学习“点”的知识，要达到对“类”的知识的掌握，体现了新课程中教材的开放性与生成性。

这节课，教师的突出特点如下：

1. 教师能很好地运用范文中提供的“燕子”（鸟的一种：“点”的知识），经过师生互动、反复思考，让学生感悟或者生成了对“羽毛、翅膀、尾巴”这些鸟类的共同特征（鸟“类”的知识）的认识，从而在领略了作者语言的精妙后进行习作，真正体现了学以致用。

2. 教师在“兴趣”上做文章：

（1）通过反问激发兴趣。一句“填‘鸽子’不对吗”，唤醒了学生的求异思维，让学生感悟到了鸟类的共同特征，很好地体味了郑振铎笔下燕子的特点，体味了作者语言的精妙，为尝试写作作了铺垫。

（2）写自己喜欢的鸟儿，提高学生写作的兴趣。学生对熟悉的、喜爱的事物都抱有好感，平时观察就格外仔细，积累的认识相对多一点，表达难度降低了，写作的兴趣也就提高了。

（3）“猜一猜”的评价形式让学生兴趣盎然。猜，要体现自己的写作水平，因而学生会尽力发挥；猜，又可体现学生的评价能力及知识积累，因而评价时“小老师”都格外专注。

总之，如何使用教材（教科书）——是“教教科书”，还是“用教科书教”，这是教学质量提高的关键。“教教科书”是导致今天教学质量下降的重要原因，要想提高教学质量，必须得用教科书教。所以教师要下苦工夫钻研教材。“从本质上说：‘教材’这一概念包含了三个基本要素：①作为学生的知识体系所计划的事实、概念、法则、理论；②同知识紧密相关，有助于各种能力与熟练技巧的系统掌握、心理作业与实践作业的各种步骤、作业方式与技术；③知识体系与能力体系的密切结合，奠定世界观之基础的、表现为信念的、政治的、世界观的、道德的认识、观念及规范。”① 以上观点，用新课程的理念来说，就是知识与技能、过程与方法以及情感、态度与价值观三个方面的整合。所以，我们要下苦工夫钻研教材，包括对教材的删减、增补（相关资源的开发）、改编、重组以及通过种种设计，突出重点、突破难点等，达到教材内容最优化。教材内容的最优化，强调的是根据教学的目标任务、教材内容特点以及学生的实际情况，提炼内容的精髓，建构必要的知识背景，选择恰当的教学策略和教学媒体，使学生能以最少的时间最大限度地掌握课程内容。只有在钻研教材上下工夫，学生才能学好，才能适应新课程的考试，才能提高学生的整体素质。

三、过程与结果

教学要追求结果，更要注重过程；没有过程，也不会有真正的结果。

知识、技能与过程、方法的关系实际上也就是我们通常所说的结论与过程的关系，与这一关系有关的还有学习与思考、接受与发现、掌握与感悟、学会与会学、知识与智力、继承与创新等关系。

从学科本身来讲，过程体现该学科的探究过程与探究方法，结论表征该学科的探究结果（概念原理的体系）。两者是相互作用、相互依存、相互转化的关系。什么样的探究过程和方法论必然对应着什么样的探究结论或结果，概念原理体系的获得依赖于特定的探究结论或结果，概念原理体系是科学的“肌体”，那么探究过程和探究方法就是科学的“灵魂”。两者有机结合才能体现一门学科的整体内涵和思想。当然，不同学科的概念原理体系不同，其探究过程和方法论也存在区别。但无论对哪一门学科而言，学科的探究过程和方法论都具有重要的教育价值，学科的概念原理体系只有和相应的探究过程及方法论结合起来，才能有助于学生形成一个既有“肌体”又有“灵魂”的活的学科认知结构，才能使学生的理智过程和精神世界获得实质性的发展与提升。

从教学角度来讲，所谓教学的结论，即教学所要达到的目的或所需获得的结果；所谓教学的过程，即达到教学目的或获得所需结论而必须经历的活动程序。毋庸置疑，教学的重要目的之一，就是使学生理解和掌握正确的结论，所以必须重结论。但是，如果不经过学生一系列的质疑、判断、比较、选择，以

① 钟启泉编译. 现代学科教育学论析. 西安：陕西人民教育出版社，1993.

及相应的分析、综合、概括等认识活动，即如果没有多样化的思维过程和认知方式，没有多种观点的碰撞、论争和比较，结论就难以获得，也难以真正理解和巩固。更重要的是，没有以多样性、丰富性为前提的教学过程，学生的创新精神和创新思维就不可能被培养起来。所以，不仅要重结论，更要重过程。从学习角度讲，重结论也即重学会，重过程也即重会学。学会，重在接受知识，积累知识，以提高解决当前问题的能力，是一种适应性学习；会学，重在掌握方法，主动探求知识，目的在于发现新知识、新信息以及提出新问题解决新问题，是一种创新性学习。

现代教育心理学研究指出，学生的学习过程不仅是一个接受知识的过程，也是一个发现问题、分析问题、解决问题的过程。这个过程一方面是暴露学生产生各种疑问、困难、障碍和矛盾的过程，另一方面是展示学生发挥聪明才智、形成独特个性与获得创新成果的过程。正因如此，新课程强调过程，强调学生探究新知的经历和获得新知的体验。当然，强调探究过程，意味着学生要面临问题和困惑，挫折和失败，这同时也意味着学生可能花了很多时间和精力，结果表面上却一无所获，但这是一个人的学习、生存、生长、发展、创新所必须经历的过程，也是一个人的能力、智慧发展的内在要求，它是一种不可量化的“长效”、一种难以言说的丰厚回报，而眼前耗费的时间和经历应该说是值得付出的代价——没有“舍”就不会有真正的“得”。

【案例1】

“蝴蝶”的启示[①]

有人发现已裂开一条缝的茧中蝴蝶正在痛苦地挣扎，他于心不忍，便拿起剪子把茧剪开，帮助蝴蝶脱茧而出。可是这只蝴蝶却因身体臃肿，翅膀干瘪，根本飞不起来，不久便死去了。蝴蝶必先在痛苦中挣扎，直到把翅膀练强壮了，再破茧而出，才能飞得起来，省去了过程看似为其免除了痛苦，结果却是适得其反。

【案例感悟】

学生的学习不也是这样吗？重结论、轻过程的教学排斥了学生的思考和个性，把教学过程庸俗化到无需智慧努力只需听讲和记忆就能掌握知识的那种程度，于是便有了掌握知识却不思考知识、诘问知识、批判知识、创新知识的“好学生”。这实际上是对学生智慧的扼杀和个性的摧残，夸美纽斯指斥中世纪学校“变成了儿童恐怖的场所，变成了他们才智的屠宰场”；恩格斯批评英国

① http：//wenku. baidu. com/view/7b2fe14f767f5acfa1c7.

的爱北斐特中学虽然经费充足，但由于它“流行着一种非常可怕的背书制度，这种制度半年时间就会使一名学生变成傻瓜”。毛泽东批评旧的教育“摧残人才、摧残青年”，使学生“越读越蠢”，指的都是这种情况。

教育，该让学生经历的，就让他们去直接面对。省略了学生的磨砺过程，就省略了真正的教育。说到底，教育，就是帮助学生成长的一段特殊经历。学生需要什么样的经历才能长大，我们不能仅仅凭自己的经验来判断，而应从学生的现实世界出发，从他们的成长需要入手。

【案例 2】

何谓“煞风景”？[①]

语文课上解词，一个词“煞风景”出现了，黄老师不是直接解词，而是问学生：“这是什么意思啊？”学生纷纷翻字典，不一会儿，有人大喊起来：

“没这个词儿！”

“‘煞’后面没这个词儿！”

这时黄老师仍然不教查词典的方法，而是引导学生自己解决问题，问：“呦，‘煞’字这一项找不到这个词，那可怎么办呢？该怎么解释这‘煞’风景呢？”学生们静了下来，没有退路，还得想办法自己解决问题。

“我查到了！”突然一声兴奋的喊声响起。他拿起词典，说出了页数，并自信地把注释详细地读了一遍。看来活动可以收场了，却不料黄老师又提出了一个问题：

“你给大家说说，你是怎样解决这个问题的？”

“我查‘煞’字栏里没有‘煞’风景这个词儿，但里面有一条‘煞同杀’启发了我，我就去查‘杀’字，果然里面有‘煞’风景这个词。”学生越说越得意，摇头晃脑拿腔拿调地总结说：“关于这个问题吗，我就是这样解决的。”声音里充满了喜悦和自豪，师生们也都笑了。

【案例感悟】就时间而言，课堂教学质量有长效和短效的问题。短效关注结果，注重量化和可测性，追求近期短时效应；长效关注过程，注重质量，追求学生可持续发展的潜能开发。传统课堂注重短效，忽视对过程的关注，急功近利，只顾眼前的考试成绩，忽略了课堂教学过程中面对的问题与困惑，未能形成持续改进的动力与能量，课堂质量长期以来一直不理想。有效教学的长效取向，就要克服短效的诱惑，立足于学生的长远发展。苏霍姆林斯基说过：“在人的心灵深处，都有一种根深蒂固的需求，就是希望感到自己是一个发现

---

① 转引自：李长娟. 有效教学与师德修养. 北京：世界图书出版公司，2009.

者、研究者、探索者，而在儿童的精神世界中，这种需求特别强烈。”怎样抓住这一强烈的需求，让学生主动参与知识的形成过程，诱发良好的思维情感，使学生的思维更积极，感知更敏锐，想象更丰富，记忆更牢固呢？黄老师在教知识的时候，有目的地创设情境，重在引导学生自己去解决问题，也不失时机地让头脑灵活的学生介绍自己的思考过程，实际上是教给大家怎么在“山重水复疑无路”时，开辟出一个“柳暗花明又一村”来，黄老师是在学生不知不觉中引导他们提高解词能力的。我们提倡改变学生的学习方式，转变师生在课堂中的角色地位，让学生自主学习。如果事事处处“为学生着想”，一步一步为学生安排好了做什么、怎么做，学生一有疑问马上直接给予提示，或代替学生交流、整理、小结，一切都在教师控制之下，在教师预设的轨道中运行，学生自己的思考、探索就会被扼杀。

【案例3】

《燕子妈妈笑了》课堂教学纪实[①]

师：同学们喜欢童话故事吗？

生：喜欢！

师：今天，我们要学的就是一篇童话故事，名字是《燕子妈妈笑了》。它在课本（一年级下册）的第47页，请同学们翻书，看谁先找到。（学生积极翻书，找到这一课。）

师：我们一起来听听这个故事吧。一边听一边用手指着书。认真听，仔细看。（教师播放朗读录音，学生专心听故事看书。）

点评：开课简单，直切主题。在初读课文时，对学生提出最简单实在的要求，培养学生良好的听读习惯。

师：喜欢这个故事吧，你们能不能自己读读课文？

生：能！

师：遇到不认识的字怎么办？

生：圈出来，看生字表上的注音，也可以查字表。

生：可以问老师，问同学。

生：还要把这个字多读几遍。

师：好！大家互相帮助，读课文，遇到不认识的字，就用我们刚才说的这些办法来解决。同时，给每一段标上序号。

（学生读书积极主动，教师巡回指导，并提醒个别精力不集中的同学。大

---

① 傅文宁执教，张元点评。

多数学生读过两遍后，教师叫停，总结表扬学生读书认真、仔细。）

点评：教师引导学生在读书中自己解决字音问题，培养了学生良好的读书习惯。

师：课文共有几段？

生：八段。

师：谁愿意读给大家听听。（学生纷纷举手，教师找了四名同学每人读两段课文。）看哪个小组的同学认真听，并用手指着字，读到哪儿，指到哪儿。（学生开始读，遇到读不顺的地方，教师学生一起帮忙，顺利读完，教师小结，并总结学生读书认真，听讲认真。）

点评：对于一年级的孩子来讲，培养良好的听讲习惯是极为重要和必要的。在学生读书时，师生一起认真听，帮助读书的同学读准每个字音，真正做到了师生共同参与学习过程。

师：大家一起读课文好吗？已经会读的同学，可以加上自己的感情来读，还不太会读的同学，只要用手指着，把每个字读对就可以了。

（学生一起读，有一句出现了困难，教师叫停，让学生把这一句连读两遍，课文读完后，教师再小结，表扬学生学习认真、仔细。）

师：再自己读读课文，读熟的同学可以一边读，一边想自己知道了什么，有什么想法。读得还不熟的同学，只要能继续练习把课文读会就可以。

点评：针对不同水平的学生，教师两次提出了不同的读书要求，满足了不同水平学生的需求，让每个孩子都能身心愉快地投入到读书中。

（学生认真读完书，教师小结后，让学生发言，说出自己的读书收获。）

生：我知道茄子是小的，冬瓜是大的。

生：我知道茄子是紫色的，冬瓜是青的。

生：我知道冬瓜的皮上有毛，茄子的柄上有小刺。

生：我知道了，小燕子认真观察冬瓜和茄子有什么不一样。（教师板书“认真”两字。）

生：我知道燕子住在屋檐下。

（其他的答案差不多，教师及时总结每名学生的发言，表扬学生读书认真，肯定学生的回答。）

点评：学生在听读、自由读、指名读、齐读等多次练习后，让学生畅所欲言，说出他们对课文的不同理解和认识。虽然幼稚，却是学生自己所得，朴实自然，毫无雕琢的痕迹。

师：同学们读课文很认真，课文中的词语不知道大家认得怎么样了，我给大家准备了一些，你们可以读读试试。

（教师用卡片出示词语，学生齐读，然后又找了几组同学“开火车读”，其他的学生跟读。）

师：大多数同学能认出这些词语。那么，把课文中的字拿出来，你能读出来吗？

生：能！

师：请小组长帮老师一起来检查一下大家的认字情况。小组长用每个同学的生字卡片检查认字情况。遇到不认识的字圈出来，再告诉他怎样读。然后我们来汇报各小组的检查情况。

（学生积极投入到学习中，教师巡回，了解各小组的情况，及时提醒个别贪玩的学生投入学习。各组检查完后，各小组组长汇报检查情况，包括汇报他自己的认字情况。教师肯定小组长工作认真负责。）

师：我们已经会读这些字的同学，能不能帮助你们组中那些还不会读的同学把这些字都读会？

生：能！

师：怎么教？

生：让他们读，遇到不认识的字，教他们读，不熟的字还要多读几遍。

（学生开始学习。教师继续巡回检查，了解学习情况，组织学生都投入到学习中。大多数学生学完时，教师叫停。简单小结，表扬学生学习努力。让小组长说说自己小组中有哪些同学进步了。教师用卡片检查学生学习的效果，会读的同学可以站起来读，学生读得很积极，大多数学生能读熟，个别同学不全会读。教师小结，肯定学生努力的结果。）

点评：小组合作识字的办法起到了事半功倍的作用。这是因为老师给小组长布置了具体的任务，使小组长明确了自己的责任。组长充分利用好学生手中的识字卡片一个个认真检查。学生通过两次不同要求的小组活动不但扎实地掌握了本课的生字，更重要的是学生在小组内学会了帮助别人，学会了合作。

师：同学们学习很努力，老师很高兴。我想和大家一起读读课文，好吗？（学生很高兴地答应）老师读第一段和最后一段，二、四、六段女生读，三、五、七段男生读。

师：大家读得很好。你们同桌分段读好吗？男生读一、三、五、七单数段，女生读二、四、六、八双数段。读完以后，说说谁读得好。（学生开始练读，读完后，教师让学生说说同学读得哪些地方好，学生积极说出同学朗读的长处。）

点评：认完生字的基础上，师生一起再次尽情朗读，充分享受读书的乐趣。

师：课文读完了，我们知道小燕子认真观察，知道了冬瓜和茄子有许多不同。我们也拿一个冬瓜和茄子看看好吗？（学生兴奋。教师把准备好的小冬瓜和茄子拿出来让学生看，学生看到了冬瓜皮上的细毛和茄子柄上的小刺。）

师：我以前只注意到了茄子柄上的小刺，却没有注意到冬瓜皮上的细毛，你们呢？（学生纷纷说出自己观察到的和忽略了的地方。）

师：现在你们有什么想法想说一说吗？

生：小燕子做事很认真，我们应该向他学习。

生：小燕子飞来飞去，太累了。

生：虽然累，但它不怕累，还能一次次飞去认真观察。

生：燕子妈妈很聪明，她让小燕子去观察冬瓜和茄子有什么不一样，小燕子经过锻炼，长大后，就会像她妈妈一样聪明。

点评：这是学生再次读书后对课文的体验和感受。很显然，这次体验较之上一次深刻、全面。孩子们已经能够透过现象看到本质（根据小燕子一次次观察到的结果得出自己的认识），这种体验是学生通过认真读书自己得来的，是孩子们真情实感的流露。

师：同学们说得很好，这说明大家确实认真读书了，能把书读明白。以后希望你们做事情也能这样认真。

【案例点评】这是一节朴实、自然、清新的一年级语文课。本节课注重阅读和识字的教学，注重学生读书识字的过程，注重学生良好读书习惯的培养和情感体验。北师大版语文一年级下册教材课文长，识字量大，怎样在有效的时间内解决读书识字这个难点，傅文宁老师的课无疑给我们提供了一个范例。傅老师引导学生通过多次扎扎实实地读书（一节课学生读课文有七遍之多），达到了在语言环境中识字的目的。学生从听读到自己读，从需要别人帮助到读得流畅再到获得自己的独特的情感体验，这个过程是多么重要！其实读书的过程既是学生识字的过程，又是学生积极思维、获得情感体验的过程。教师没有用华丽的语言，没用精美的课件，只在课堂上集中精力指导学生集中精力地认真读书，同时注意让学生认真听讲，认真参加小组活动。师生间亲切交流，平等对话，共同把“认真”两字贯穿课堂始终。这不正像课文中那位耐心的燕子妈妈和一群认真做事的小燕子一样吗！

四、多媒体课件的使用

教师要真正成为教育工具的主人，“工欲善其事，必先利其器”。优良的教学媒体是实现教学目的的保证。对于黑板加粉笔、挂图、模型、教具等传统教学媒体，应该继承和发扬其优势成分；对幻灯、投影、录音、录像、计算机等现代教学媒体必须大力推广和应用，这是教育现代化的标志之一。现代教学媒体的应用，可以使教学不受时间、空间、微观、宏观的限制，较好地调动学生多种感官参与学习，提高教学的效率。但任何事物都有个“度”，如何把握多媒体在课堂教学中运用的时机，如何与板书配合，如何动态呈现。精华的提升需要具体问题具体分析，而不是什么课都要弄个多媒体凑热闹。

今天的公开课课堂上已不满足于幻灯片、录音机等教学设备了，更增加了计算机、多媒体、投影仪等先进的教育手段。公开课上，教师的讲台摆满了各种设备，平时难得一用的现代化设备如同“满汉全席”一样全盘照搬出来，可教学效果并不见得好。有的老师上课时用完这个用那个，忙得不可开交。整堂课老师很少说话，不像是老师，倒像是演示各种设备的工作人员，老师和学生之间缺乏必要的交流和互动。

如果教师一味地依靠这些教学设备，就失去了教师的教化作用和人格影响。有一位音乐教师音乐素质极差，但有一招儿：一上课就提着录音机去，放放音乐和歌曲就算教课了。北京教科院的冉乃彦老师谈到：一次某区进行课件展示观摩，在一堂课后我对那位讲课老师说这些课件展示得确实清楚，什么圆、长方形的面积计算展示得确实清晰，然而在教学中掌握的火候还很欠缺，展示的时机不准，把小孩的思维过程都代替了，这对学生的思维发展是不利的。所以作为教学发展趋势的现代化手段关键是怎么用，用在什么点上，用好了能起到画龙点睛的作用，用不好就是多余的累赘。

很多教师都肯定了现代化教育手段的作用，现在思考的关键是怎么用。但还应是需要用就用，不需要用就不用，宁精勿滥，使教师真正成为教育工具的主人。在中小学课堂教学中，老师们认为现代化手段对学生的教育优势还是很大的，但一个重要问题是还要考虑怎样去运用它的一些功能，以发挥出我们所需要的作用来。但愿各级各类公开课活动不再把运用现代化手段当成一盘“大菜”拿出来展示，只是做做“秀”而已，而是把它真正地融入到教学中去。

【案例1】

有害而无益的课件[①]

1. 有一次我听一位老师讲《海底世界》，课文里出现了一种鱼，他就打上一种鱼来，后来出现了原锰矿，他就打出了原锰矿，出现了锰结核，他就打出了锰结核，我一看，跟块石头没两样，有用吗？我们这节课是在学语文呢？还是在学习常

---

① 支玉恒．支玉恒老师教语文［M］．上海：华东师范大学出版社，2009．

识呢？还是在学矿物学呢？还是在学鱼类学呢？真的没用。所以早就有人说过，多媒体是一把双刃剑，用好了它是一把利器，用不好就伤了自己。

2. 学生读完了《詹天佑》，老师问这火车到底怎么上的山啊，学生没读懂，好了，老师就展示了一个课件，很漂亮。一演示，学生懂了。但他们是通过什么手段懂的？是语文手段吗？不是的，那是看懂的，那是非语文手段，与提高学生语文实践能力没关系。所以，这样的多媒体或叫课件，有害而无益！

3. 有一次公开课，一位老师讲《听潮》，他就放了一段录像，录像上的潮水荡来荡去。但文学作品就是通过语言来感悟这种情境的，需要学生去想象，而想象比任何实际图像都辽阔。如果我们给学生看了图像知道潮水就是这样的，这对学生的想象和联想能力的培养究竟是利大于弊，还是弊大于利，还很值得研究。

【案例感悟】听语文课应关注什么？

是否过度放大多媒体功效，盲目使用各种媒体，使课堂中的信息过滥，分散学生的注意力；是否出现多媒体取代教师的现象，既不泛读也不板书，好似多媒体操作员；是否出现了由“满堂灌”到“满堂看”、“满堂听”的现象；等等。

现在一些学校硬性规定教师必须使用多媒体进行教学，并且是公开课教学的一项重要标准，以此证明教师是否具有先进的教育能力。对此一位语文教师说：“语文课文多是文学名著，学习文学名著是要让学生有所领悟，有所感悟，现代化手段往往解决不了这些问题。语文课上用现代化手段不是不行，但要慎重，要确实有助于提高学生的语文素质才行。如果无助于提高学生的语文素质还是少用的好。”

什么事都是一窝蜂，甚至一边倒，不能实事求是，具体问题具体分析。甚至有些公开课评选赛还专门规定，如果没有计算机课件就没资格评奖。谁规定上语文课就非要多媒体课件不可？用或不用取决于是否对理解文本有益，对学生的思维发展有益，这才是衡量的标准。“用语文的手段解决语文的问题”，支玉恒老师的这句话对我们是有启示的。信息技术在课堂教学中切忌滥用，不要成为公开课上作秀的点缀，教师要真正成为教育工具的主人。

【案例2】

当信息技术遇到教学①

倪　麟

体育与健身学科的基本内容包括两个板块：基本知识板块和实践板块。在

① 娄华英主编. 我们的课堂：基于课例研究的课堂教学改进行动［M］. 上海：华东师范大学出版社，2009.

进行两个板块的教学实践时我们都有这样的体会：实践部分相对于基础知识部分更容易操作。学生往往不喜欢上基础知识课……基础知识板块是体育与健康学科中非常重要的一个板块，它可以丰富学生的健身常识和体育知识，有利于学生健康意识和终生体育观念的形成。要提高基础知识的教学效果，让学生喜欢上基础知识课，就必须克服上述几个弊病。在“军事夏令营”学习单元第一课时“从小锻炼好”（体育与健身基础知识）的学习中，我作了一些尝试，取得了一定的效果。

1. 第一次不成熟的考虑让我白忙一场

在考虑如何进行“从小锻炼好”的教学中，我第一个考虑的是运用多媒体教学。其原因倒不是要赶潮流，主要是因为二年级的学生没有书面的学习资料，如果像以前那样照本宣科，孩子们肯定没兴趣。我想通过 PPT 软件把学生们要掌握的知识点展现出来，让孩子们可以看得到。于是我把体育与健身教学参考资料中“从小锻炼好”的知识要点整理了一下，然后把它以大纲的形式展现出来。我很得意地把自己的成果给改版的语文老师看，她的一句话让我从头冰到脚：你给孩子们做报告呀？那么多文字他们能看懂吗？对于孩子的阅读能力，孩子的语文老师是最有权威的，我知道我的这个 PPT 课件是失败了，孩子们一定不喜欢。

2. 做孩子们喜欢看、看得懂的东西

经过讨教，我了解到二年级阶段的孩子正处于读图带读文的过渡期，他们的感知方式还是以图文结合的形式为主。于是，我重新设计了自己的教学过程。在 PPT 课件的制作过程中，我运用谷歌、百度搜索工具，收集了大量的军事图片备用。同时，把以前体育课的照片也翻了出来，作为锻炼方法的辅助学习。然后，我以图片为主，辅以简单的文字说明制成了教学课件。我还把自己当成学生浏览了一遍，发现有些文字说明还是太成人化，于是我又把这些文字按孩子们习惯的方式来变大，这样孩子们就更容易看懂了！之后我又想到我设计的单元学习评价表也是文字式的，于是我也一并改成以图片为主的评价表。实践证明，在后来的教学中课件对孩子们的辅助学习起到了非常重要的作用，除了兴趣的提高，对于知识点掌握的程度也更为牢固，学生对那张一看就懂的学习评价表更是爱不释手。

【案例感悟】倪麟老师在体育课中遇到了问题，基础知识板块与实践板块同样重要，但是孩子们对基础知识并不太感兴趣，怎么办？第一次尝试，倪麟老师把知识点制成了 PPT，但忽略了孩子们的阅读能力，被在这方面最有权威的语文老师否定了。第二次倪老师学会了讨孩子欢心，给孩子提供更多的图片，形象生动，激发了孩子们的兴趣。孩子的生活和大人的生活是不一样的，倪老师试着把自己当做一个孩子，儿童的世界是一个充满纯真、充满想象、丰富多彩的世界，呆板的文字形式必然不能引起学生的兴趣，教师只有充分了解学生的兴趣所在，才能更容易与他们沟通，才能更好地教育好他们。

【案例3】

本末倒置

特级教师薛法根有一次去听一节小学语文课。学生在教师的引导下潜心会文，深有感触，刚巧教师问："那么，这段话该怎么读呢?"学生纷纷举手，跃跃欲试。然而教师话锋一转，说："下面，让我们来听一听。"于是，优美的音乐配着动人的画面，悦耳的朗诵响起来，多媒体课件的巨大魅力让整个课堂都陶醉了。原以为欣赏完了该轮到学生练习朗读了，教师却又忙着赶下一个"场子"，领着学生往下学了。

【案例感悟】"怎么读"原来是个幌子，目的不是让学生真的研究实践怎么读，而是为了展示教师精心制作的课件，课件中怎么读就是应该怎么读，至于学生怎么读，那是另外一回事了。多媒体课件替代了学生的朗读实践，这不是本末倒置吗？本来是辅助教学的多媒体课件，现在却取代了作为学习主体的学生，将本该学生听说读写的语文实践活动架空了。你看着别人吃饭，有人就对你说："你现在饱了吧?"你一定会觉得这是个笑话，可是让学生看着课件中的朗读，就说学生已经能这样朗读了，不更加可笑，更加可悲吗？学习，非"亲自"去实践、去体验不可。听到的，并不完全是懂的；看到的，并不完全是会的；只有自己做过的，才是不会忘记的！学习，永远是学生自己要做的事，我们千万不要过度保护，千万不要替代学生思考、替代学生实践、替代学生体验。要记得，勤劳的妈妈是会养个懒孩子的。

【案例4】

"电灌"的情境①

利用多媒体课件创设情境已经为广大教师所普通采纳，多媒体情境有其特有的优势，但是在实践应用中也出现了负面效应，我们通过"圆柱的认识"教学案例分析如下：

---

① 余文森. 当前教学情境创设存在哪些误区.

内容	教例 A	教例 B
导入	1. 复习以前学过的立体图形。长方体和正方体都是由平面围成的立体图形。（课件演示） 2. 今天我们学习一种由平面和曲面围成的立体图形，揭示课题“圆柱的认识”。	1. 教师出示一个圆柱形的物体，问：“你们见过这样的物体吗？请你说说对它了解多少？” 2. 在学生回答后，再问：“你们还想知道有关它的知识吗？”揭示课题。
认识圆柱的各部分名称	1. 让学生观看课件，逐步演示圆柱的底面、高和侧面。 2. 学生再操作学具，进行实际的感受。	1. 让学生先看书，然后指名让大家介绍通过看书了解了圆柱的哪些知识，还有什么不懂的问题。 2. 教师在大屏幕上出示问题：圆柱的高有多少条？它们具有什么关系？在学生充分讨论的基础上，用课件演示圆柱的特性。
研究圆柱的侧面展开图	用课件演示圆柱侧面展开的动画，引导学生得出其中蕴涵的规律。	1. 老师先出示以下问题： ① 圆柱的侧面展开图是个什么图形（学生说可能是平行四边形、长方形和正方形，还有可能说是不规则图形）？你能用实验给大家说明吗？你从中发现了什么？ ② 请你剪下教科书第 153 页的图样，先量出长方形的长和宽，再把它们做成一个圆柱，然后量出圆柱的直径和高的长度，你能否用这些数据来验证刚才得出的规律？ 2. 用课件演示圆柱的侧面展开的动画，强化学生的空间想象力。

【案例分析】这实际上是一个现代化手段怎样引入到教学中，怎样和教学结合起来的问题。现代化教育手段应该是教育的一个重要辅助工具，是为了帮助教师使教学工作更轻松些，而不是使教师的教学更繁琐、更沉重，更不是把使用它当做一个目的。在教例 A 中，多媒体课件的演示虽然有助于学生对圆柱的形象认识，事实上也提高了课堂教学的效率，但是，在整个学习过程中，

学生只是被动地参与。思维活动明显受到了多媒体课件的束缚，学生的探究意识也被扼杀了，这也就是所谓的“电灌”。在教例 B 中，多媒体课件仅仅是作为一个现代化的教具，在一些学生难以理解的地方才用多媒体演示，而不是从头放到尾，整个学习过程充满着观察、操作、猜测、实验、推断、交流、反思等探索性活动，这样才能正确地发挥多媒体的作用。

【特别推荐】

舍弃 PPT，上课更有趣

在各大学吹嘘自家的高科技教室之时，南美以美大学艺术学院院长鲍文却提倡扬弃科技，尤其是 PPT，因为老师大多依赖播放投影片而非对其进行有创意的运用。他认为，课堂演讲可上网看，数据可在图书馆或网络搜寻，上课时间应用来讨论，而激烈的辩论、师生互动会成为大学生涯中最深刻的记忆。

无独有偶，英国《教育研究期刊》的一篇文章也指出，59％的学生觉得半数的课堂演讲很无聊，而 PPT 是最差的教学工具之一。除了 PPT，其他计算机辅助学习方式的得分也很低，最有趣的活动则是研讨会、实习课程以及分组讨论。

当然，PPT 比起旧式教学技术如黑板抄写或难以辨识的教授手记更好，但即便计算机科技带来些许改进，数百万美元的投资却并未让学习经验有革命性的差异，更没有如预期般促使教授反省教学法及授课模式。

鲍文并非完全否认科技，他只是认为科技应颠覆演讲式的授课模式，然而这是教授和学生最习惯的模式，要根本改变比原先设想的困难。鲍文的理念来自于利用播客和计算机游戏吸引学生的课堂经验。他认为，授课内容应该先录制上网，学生通过播客或计算机游戏于课前预习。既然讲课已在课前完成，上课时学生只是共同讨论。讨论没有标准答案，学生在讨论中认为自己有所贡献，参与的动力会更强。

为了落实教育理念，鲍文上任后大幅改变 20 多间教室的配备，移除了教室内绝大多数的计算机、DVD、CD 播放机等。不过他留下了投影机，以便教授有需要时，接上自己的笔记本电脑放映投影片。为协助推动鲍文的理念，学校发给每位教授一台笔记本电脑，并提供协助制作影片和播客。有些教授对这一做法非常兴奋，影视电视系的副教授赫夫曼用 PPT 投影片加上口语说明制作播客演讲，供学生课前观看。课堂上则放映电影片段，让学生运用预习的知识讨论。

赫夫曼认为，大部分学生现在上课更专心了，但也有少数学生对此感到困扰。赫夫曼指出，对新教学模式反弹最大的是学生，毕竟他们习惯可直接作为考题的教材，且从小到大教学都是被动式的。改变的唯一途径正如鲍文要求的那样，重新设计上课方式。新教法的支持者表示，不论学生如何理解课堂参与，都比因 PPT 授课感到无聊好，英国学者曼恩也表示，上课常感到无聊的学生学习成绩也比较差。

除了前述的学习问题，鲍文还指出，无聊的讲课还面临更大的危机。目前很多学校有便宜的在线课程供选择，有些大学公开播放最好的课堂演讲，学校必须确保自己的实体课程比那些选择更佳。在实时在线授课日趋完备之时，相对低科技的实体授课面对的将是真正的难题——课堂经验的改变。

五、语言与非语言

师生沟通有很多种形式，教师主要通过语言行为与非语言行为向学生传递信息。语言即通过听觉刺激使学生感知，是由教师授课语言、提问、组织课堂纪律语言及其他方面组成；非语言则通过视觉等刺激使学生领悟，涵盖了教态、人格魅力等一系列非语言交流形式。

在授课时，教师要注意语言与非语言的正确运用，从而达到有效的教学效果。

苏霍姆林斯基说："教师的语言修养，在极大程度上，决定着学生在课堂上脑力劳动的效率。"教学语言是教师打开学生知识宝库的钥匙，是沟通师生心灵的桥梁，是教师完成历史使命，履行神圣职责的重要条件和基本手段。课堂既有空间的确定性，又有时间和对象的确定性，它要求教师的语言要稳定清晰，在整个课堂语言活动中能始终积极、轻松、有序地表达，能"声声入耳，句句达心"。

授课语言包括很多方面，首先应从导言说起。导言在教学中起着十分重要的作用，它可以造成学生的"悬念"，能使学生明确学习的目的和内容，调动学生学习的积极性和主动性，形成追求答案的渴望心理，最终达到理解教材和掌握教材的目的。如果每一节课教师都用"上节课我们讲了……这节课我们来学习……"开头，课堂气氛可能很呆滞，不能吸引学生的注意力。假如，教师以一个谜语、一段故事、一个成语或是精心设计的问题开头，就能很快地吸引学生的注意力。例如，教授我国的珍稀动物大熊猫时就由如下的谜语引入："像熊不是熊，像猫不是猫，只居我中华，可惜数量少。"①

① 俞如旺. 生物微格教学［M］. 厦门：厦门大学出版社，2007：106—175.

然后进入课堂内容，讲课是否成功，很大程度上依赖于语言的逻辑表达。语言要清晰，既有严密的科学性、逻辑性，又要通俗明白，还应具有说服力和感染力。为便于学生理解，可用例证说明，使讲解生动、具体。恰当的例证降低了学生理解的难度，还能激发学生的兴趣，引起学生的注意。注意强调重点可使学生很好地掌握所学知识，将重要的信息从背景信息中凸显出来。在讲课中教师可以通过声调的变化及语速的调整进行强调，授课中声音强弱的变化以及声调的变化都能够突出关键字词句。

教学时还要注意学生的反馈。一般可以询问学生如“听明白了吗”，然后根据反馈信息及时调整讲授的方式和速度，达到教学目标的要求。

一堂好课不仅要有引人入胜的导入和环环相扣的讲授，还要有精致的结尾语。有的结尾如撞钟，戛然而止；有的结尾含蓄委婉，课虽尽而意无穷。成功的结尾语能起到画龙点睛的作用。

关于提问，它不仅是为了得到一个正确的答案，更重要的是让学生掌握已学过的知识，并利用旧的知识解决新问题，或使教学向更深一层发展。提问有很多技巧，在语言顺序上就有体现，有的教师先叫名字，然后再提问题，这样其他学生就会觉得“反正和我不相干”，不去思考，对被叫者也是一个“突然袭击”容易“卡壳”。提问的效果，最好是能启发多数学生的思维，针对不同水平的学生提出难度不同的问题，使尽可能多的学生参与回答。[1]

组织课堂纪律时，尽量不要占用太多的时间，不要用训斥、威胁的口气，那种拍桌子大声叫嚷等发怒的表示都是要不得的。教师在组织纪律时要用平等和气的态度，讲究委婉含蓄，考虑环境条件、时间、场合、对事不对人，这样既成全了学生的面子，也起到教育大家的作用。

在教学交往中，除了以语言为手段外，还有非语言手段。教师非语言行为是在教育教学情境中教师特有的、针对学生而出现的、以交流为目的的并与教师语言紧密联系的非语言行为。[2] 非语言包括目光凝视、身体姿态、面部表情和手势示意等。首先应说教学姿态，通常也称为“体态语言”。教态是教师在课堂中呈现的表情、眼神、手势和身体姿态等。优美和谐的教态不仅使学生获得美的享受，同时也是教师个人气质和修养的自然流露，更重要的是它能辅助语言传授，融洽师生关系，调控课堂秩序，是科学完成教学任务的重要手段。教态在教学中起着很重要的作用。例如，上课时使用“扫描”、“注视”关注学生。启发学生发言时以手势示意提问，可以减少语言的重复，节约教学时间，

---

① 俞如旺. 生物微格教学［M］. 厦门：厦门大学出版社，2007.

② 周鹏生. 教师非言语行为研究简论［M］. 北京：民族出版社，2006.

维护教学正常秩序；还有，当教师提问时，如果有的同学处于想说而又不敢说的境地，教师用手势比划，或者对他点点头，学生就会大胆地站起来发言。此外，教态在教学中还有融洽师生感情、突出教学重点、提高教学效果等作用。费德瑞克·琼斯认为“教室管理常规的建立，90%可以依赖肢体语言的发挥”。

在教学中，语言行为与非语言行为往往结合使用，使语言与非语言在各尽其能的同时，还能互补互助，相互配合，相互修饰，达到有效教学的效果。因此，语言行为与非语言行为可以形成一个有机体，以教师为载体，使学生充分感受“有效教学”的内核。

【案例1】

语文课堂——教师语言艺术的“魅力”①

李　林

笑声、掌声、读书声，声声入耳，你学、我学、他也学，人人都学。我的语文课堂时时处处充满欢笑声、掌声、读书声，学生个个生龙活虎，热闹非凡。瞧！又上课了！

“起立！”

“老师好！”

师曰：“大家好！才是真正的好！”（电视广告词）

大笑！

（活泼的课堂气氛由此拉开了帷幕）

师：“同学们，今天我们一起学习……”

“哈啾！”

糟糕！话未说完不知谁突然打了一个响亮的喷嚏，同学们一下子哄堂大笑起来，怎么办？

师忙曰：“关键时刻，怎能感冒。”（电视广告词）

大笑！

师：好，下面请同学们集体朗读课文。

学生开始朗读，有个别学生不读，怎么办？

师：同学们，“无毒（读）不丈夫啊！”

学生全部读起来，不过声音小一点儿，再来一句：

师曰：（量）声小非君子啊！

学生大笑之后大声朗读起来。

---

① 中华人民共和国教育部基础教育司编．素质教育案例精选［M］．北京：中华工商联合出版社，2002．

“报告迟到！”一个响亮的声音一下子吸引了学生们的注意力，有的看着我，怎样使他们回过神来呢？

师环视了同学们之后，转向迟到的同学：

唱曰：“你知道我在等你吗？”（歌词）

同学们大笑。

师：掌声欢迎！（热烈鼓掌）

（那名同学轻松而迅速地加入这一热烈的课堂）

师：请同学们思考和讨论以下几个问题……

教室里静悄悄的，同学们都在认真地学着。不过，我发现一名同学伏在桌子上睡着了，怎么办！看我的。

小心走到那个同学跟前，轻轻地唱起来：

“睡吧，睡吧。我亲爱的宝贝，你也实在太累了……”（歌词）

“哈、哈、哈！”同学们一下子大笑了起来。

整个课堂又恢复了生机。

如果还不过瘾，再侃一下：

师：同学们，刚才朱俊同学伏在课本上睡着了，那本书肯定跟他说了这样一句话：

生：什么话？

师：书说：“爱我、追我，请别吻我。”（交通广告词）

“哈哈！”学生哗啦大声笑起来，热闹极了……

师：……

好了、好了，不说这些了，什么乱七八糟的，简直是一堂大杂烩，不错，以上这些是我在课堂上汇集的一些“调味品”，不过效果还不错呢，不信请看。看什么？看疗效！

疗效一：课堂气氛活跃，学生精神抖擞，学得轻松有趣。（兴趣是最好的老师）

疗效二：学生喜欢我，喜欢语文，每天都在盼望语文课（我）的到来。有一个比较调皮的学生在他的作文中写道：我的语文老师，平易近人，语言风趣幽默，真是崇拜极了。

疗效三：学生的语文期考成绩从初一到现在一直居全年级（八个班）第一位。

疗效四：学生巩固率有增无减，现已达到 91 人（爆满）。

教师风趣幽默的语言，平易近人的态度，简直是灵丹妙药。

【案例感悟】语言是有效教学的主要手段，也是学生感受教师情感的主要

途径。教师最好用富有感情色彩的话语把说一不二的要求减到最少。体会学生的感受想法比教师的命令更有效。言为心声，语言是心灵的外壳。不同的语言表达不同的态度情感，教师应该善于用语言来表达自己的态度情感。如请学生回答问题时，应该用鼓励性、期望性的语言；学生回答正确时，应该用肯定性、赞扬性的语言；学生回答不对时，应该用谅解性、引导性的语言。这样的语言才比较容易产生心灵上的共鸣。

【案例2】

“老师，我舍不得让你走……”[①]

北京特级教师李烈有一次应邀到外地讲学，在课堂上，他们举行了一个小小的欢迎仪式。一名小学生走上台来给她献上鲜艳的红领巾并献上一束美丽的鲜花，她当时很自然地弯下腰拥抱了这个孩子，台下顿时响起了热烈的掌声。她觉得这是师生感情的一种自然的传递，却没有想到会给孩子幼小的心灵带来巨大的影响。在她即将结束的时候，那个被她拥抱的孩子突然哭了起来。“告诉我，你，怎么了?”李老师走到他身边抚摸着他的头问到。孩子哭得更加厉害了：“老师，我舍不得让你走……”坐在礼堂里听课的老师们都笑了，她却没有笑出来。因为她知道，一个接受关怀的孩子能够当众表达他的感动和依恋，今后这个孩子肯定是一个知道感激、会付出爱心的人。她张开了双臂，用一种母亲亲近孩子的方式，再一次把这个孩子紧紧地拥抱在怀里……

【案例感悟】生活中我们发现非语言的表达往往比语言更具影响力。一项为了了解益于学生与教师沟通的积极因素的调查表明，学生更喜欢微笑上课的老师，学生更喜欢追求学习过程中的亲和感，追求在宽松、和谐的气氛中经历学习过程。是的，教师在教学中自然流露出的爱才能真正地影响学生的心灵，而这种自然显现的情感经常是润物细无声的。教育是面向学生心灵的一门精细活。在一些特殊的时机，教师的一个拥抱、一个肯定的手势、一个信任的微笑，都能打开学生渴求赏识的心扉，激发其进步的热情。爱往往是一种默默的流淌，爱在很多时候不是轰轰烈烈而是点滴的自然流露。李烈的伟大不是她的成就，而是她在教育人生的道路上展现出来对学生真切的爱、朴实无华的爱，所以夸美纽斯说：“教师是太阳底下最光辉的事业。”[②]

---

① 李烈. 给生命涂上爱的底色［M］. 北京：高等教育出版社，2005：36.

② 丁安廉，杨茹. 美丽的德育在课堂［M］. 合肥：安徽教育出版社，2005.

【案例3】

最美的眼神[①]

马　德

一所重点中学百年校庆时，恰逢德高望重的雒老师八十寿辰。雒老师一生极富传奇色彩，他所教过的学生，许多已经成为蜚声海内外的教授、学者以及活跃在时代前沿的IT精英。是什么原因使雒老师桃李满天下呢？学校决定在百年校庆之际，把这个谜揭开。

于是，学校给雒老教过的学生发出一份问卷，其中最重要的一条是，雒老师的哪些方面最让他们满意。……问题很简单，你认为，雒老师的哪一方面对你的人生影响最大。

答案很快就以传真、电话、电子邮件的形式反馈回来。出乎预料的是，这次的答案居然惊人的一致。几乎所有的学生认为，雒老师给他们人生影响最大的，是他的眼神。

这下轮到组织者为难了，本来他们打算通过这种问卷的形式，揭秘雒老师，同时把得到的答案，作为学校的传家宝流传下去；然而“眼神”这个答案非但没能起到揭秘的效果，反而使事情更加扑朔迷离了。

百年校庆的日子很快到来了，庆祝大会隆重地举行，校长讲完话后，便是各界名流的致辞。一位知名的教授上台，先向端坐在中央的雒老师深深地鞠了一躬，然后说：“今天我有幸能站在这里，与大家共聚一堂，首先得感谢雒老师。我刚上这所中学的时候，成绩非常差，说实话，那时我已经丧失了信心和勇气，是雒老师，把我从困难中拯救了出来。此前母校做了一次问卷调查，问雒老师对我们影响最大的是什么。我的回答就是他那会说话的眼神。是的，那时候，同学看不起我，父母对我也失去了信心，然而雒老师的眼神中流动着鼓励和肯定，像一股股暖流，温暖着我自卑和沮丧的心。我就是从他的眼神中得到前进的信心和力量，一步一步走到现在的……”另一位学者致辞的时候，笑着说：“上中学的时候，我最讨厌老师的偏袒，如偏袒成绩好的，偏袒女生，因为讨厌老师，导致我很厌学。雒老师公正无私的心底，像一方晴朗的天空，清澈、洁净、透明，从他的眼神中流露出来的是一种公正的力量，使我的心也变得晴朗起来……”

后来上台的学生中，大凡雒老师教过的，无一例外地谈到了雒老师的眼神。有的认为，雒老师的眼神在严肃中传递着爱意；有人认为雒老师的眼神在

---

① 马德. 最美的眼神［J］. 中国青年，2003（6）.

安静中透着温和；有的同学认为雒老师的眼神中蕴满父亲般的慈祥；有的同学认为雒老师的眼神就是一条汩汩流淌的河流，不断地荡涤着人的心灵……

事实上，大会开到这里已经非常成功了。没有想到的是，就在最后，有一位50多岁的教师在事先没被邀请的情况下，走上了大会的主席台。他说："我也是雒老师的一名学生，而且在一所中学也教了二十几年的书。我一直有一个心愿，就是想让自己也像雒老师一样，把最美的眼神传递给学生。开始的时候，我总做不好，后来我渐渐发现，能够传递这样美的眼神的人，需要的并不多，那就是你必须有一个满浸着人间大爱的灵魂。这样的一个人，才会生长出最人性的枝蔓，才会漫溢出爱的芳香。"

在对人的影响上，爱的浇灌与人性的感召永远比任何形式更重要。

【案例感悟】眼睛是"心灵的窗户"。俗语说："眼睛会说话"，就是指不用有声语言时，眼神也能传递情感和态度。课堂教学中的眼神交流要求教师要积极地关注班上的每一名学生，教师讲课时，眼睛应该与学生保持对流，使即便坐在角落里的学生都能感受到："老师看见我了，老师在跟我点头呢！"请同学起来回答时，教师更应全神贯注地、亲切地注视着学生。有些教师讲课时，眼睛往往只看着自己最得意的几名学生而忽视其他学生，使这些学生感到受到了冷落；还有一些教师往往只习惯地看着前排的学生，不注意看后排或角落的学生，使这些学生产生了自己不受重视的感觉。

【案例4】

摸摸学生的头，成本是很低的

梁增红

一次，在与一名学生家长谈话的过程中说到一件事，让我颇有感触。那位学生家长对我说："我的孩子最近回家总说上课时要积极地举手发言，我感到很奇怪，这孩子以前是不喜欢举手发言的。孩子说，梁老师如果发现谁经常举手发言了，除了表扬外，还会走过去摸摸他的头。一般情况下，这名学生会很自豪地坐下，脸上洋溢着兴奋和喜悦的表情。被梁老师摸过头的学生，以后就会经常举手发言。所以，孩子经常说要积极地举手发言，争取让老师摸摸头。"

听了家长的话，我不禁一阵愧疚。我们平时总是埋怨学生不爱发言，可是我们自己又做了几回有心人呢？一个在我看来简单且随意的动作，却在学生心中留下了深刻的印象。学生会如此看重，我委实没有想到。学生是多么渴望教师的鼓励啊！教师的鼓励不仅仅表现在言语上，一个眼神、一个动作，哪怕再简单，再看似无足轻重，学生都会看在眼里，记在心间。学生往往会为获得教师一句赞扬的话而竭尽全力，可是，如果我们漠视这些努力，学生的学习积极性便会遭受重大的打击，自尊心也会受到极大的伤害。久而久之，师生之间变得冷漠也就不足为奇了。每个人都渴望获得别人的尊重和鼓励，教师尚且需要学校领导的尊重和鼓励，学生又何尝不是如此呢？

记得李镇西老师说过，有一次，他在教室里批改作业时需要一支红笔，当他开口向学生借笔时，好多学生都争先恐后地说："李老师，用我的吧！""李老师，我有！"……李老师想起自己当学生时，却没有学生对自己的那份热情。再想想我们自己，不也有过这样的经历吗？有时一名学生到办公室来找水喝，老师连眼皮都不抬一下，说："那边有，自己去倒吧。"此时，我们是否想过主动起身为学生倒杯水，然后送到学生手里呢？

一位教育家说过："摸摸学生的头，成本是很低的。"想一想，真有道理。

【案例感悟】"情动于中而形于外。"一个人的态度情感往往会有意无意地通过外部的表情动作而流露出来。同样的道理，教师应有意识地通过表情动作来表达自己对学生的态度，达到与学生心灵交流的目的。如赞许的点头、会心的微笑、亲切的抚摸、赞美的手势等，都可以表达教师对学生的爱心和善意，使学生有被重视感和被关怀感。这里要特别强调微笑的价值，微笑是最能表情达意的面部表情动作。微笑能表达友好态度，微笑能使学生的心里感到轻松。借助微笑可以表达出教师对学生的积极态度，发自内心的微笑意味着："我喜欢你们"，"对你们的回答我很感兴趣"，"和你们在一起我很愉快"，以及"我相信你们也会喜欢我"。相反，如果一名教师不懂得微笑，那么学生可能会认为这位老师对他们并无好感，或者认为这位老师冷漠无情，不好接近。爱孩子，像孩子爱我们那样爱学生。

【案例5】

用她自己当道具①

金华市磐安县南园小学一级教师周巧琼一直潜心致力于小学英语教学研究。她在工作中虚心好学，勇于探索，不断更新教学观念；在教学中注重创设愉悦情境，培养学生的民主合作意识，并逐渐形成了"趣、实、活、新"的教学风格，获得了广泛好评。尤其是她丰富的肢体语言和生动、有趣的表情表达及善用潜意识的教学法，更是见称于金华教坛。

周巧琼在教学时，很少使用其他教具，大部分时间是用她自己当道具。

例如，在开学的第一天，周巧琼站在讲台上，发出指令："stand up"，并辅以自身的动作示范，再要求学生们跟着重复同样的动作，5分钟内，学生们

---

① 高帆，李秀华主编. 名师营造课堂氛围的经典细节［M］. 重庆：西南师范大学出版社，2009.

就可以自如地对 stand up 和 sit down 这样的指令作出完全正确的反应。与此同时，周巧琼也建立了孩子初学英语的信心。

再如，在教学“pardon”这个单词时，周巧琼特意点最后排的学生与她对话，并故意皱着眉，把手绕成喇叭形状放在耳边装作听不到学生的话，说“pardon”？

那位同学虽然没听懂周巧琼在说什么，看到她的表情也会重复一遍他说过的话，即使那位同学一时没有反应过来，其他反应快的学生也会在下面不断的催促：“再说一遍”。

在课堂上，周巧琼很会赞美学生，除了口头评价以外，同时还运用肢体语言评价学生，如学生回答问题准确到位或学生读书读得很好时，她会走下讲台，不吝啬地伸出热情的双手和学生握手、拥抱，让孩子们感受到成功的喜悦。

于是，他们更加积极地回答问题，也因此形成了良好的课堂氛围。

周巧琼善于照顾班上基础比较差的学生。她认为面对成绩不好的学生，更要面带微笑，用爱给他们织成一片成长的天空，以便他们以更好的表现感谢老师。

周巧琼的肢体语言运用恰当，又很幽默，所以，师生互动非常好，上起课来非常有默契。

用学生自己的话来说就是：“在周老师的课上，几乎每位同学都很专心地听她讲课，没有人会睡觉。真的，我们想到的只是紧跟着周巧琼老师上课！”

【案例分析】

从以上案例中，我们不难了解肢体语言在教学中为何能占有举足轻重的地位。它不但可以帮助学生了解上课的内容，让学生巩固记忆，还可以活跃课堂气氛，引起学生的学习兴趣，使学生很愿意跟着老师学习新的内容，从而提高教学成效。周巧琼老师在教学中充分运用肢体语言来表达她对学生的赏识，这对提高她课堂教学的效果大有帮助。我们不难想象，如果周巧琼抱着手臂对学生说话，学生对老师的感觉将会是什么？这将直接影响学生学习的热情与兴趣。

肢体语言是一种“此处无声胜有声”的交流方式。肢体语言本身是丰富的，因为它可以传递丰富的信息。肢体语言是生动形象、经济便利、富有实效的，它的特点决定它在教学中蕴藏了巨大的作用。在教学活动中，教师上课时讲话的语气、眉目神情、举止态度……都可能对学生产生影响。教师的肢体语言是吸引学生注意力的一项利器。因此，作为一名优秀的教师，不但要“言传”，还要“身教”。肢体语言的教学方式，可以说是一种“多感官的教学法”，非常符合现代教育的潮流。因此，教师教学除了用嘴巴表达意思之外，还应该运用各种恰当的肢体语言来表达自己的思想，用恰当的肢体语言来弥补口头语言的不足。唯有如此，才容易使学生产生共鸣，从而更易激发他们的想象，收到更好的教学效果。

【案例6】

无声的课堂[①]

江苏省教育科学研究院研究员魏所康著的《创新教育论》中举的一个例子：一位美国小学教师来我国访问，他向一所小学的校长提出让他上一堂课。这可难住了校长：这位美国老师一句汉语都不会说，我们的学生一句英语也听不懂，如何交流？这位美国老师就靠手势，引导学生做实验，让学生自己观察，从而了解了蜗牛生存需要的温度及蜗牛所吃的食物。学生在课堂上表现出来的求知欲和自主性让这个班的班主任大吃一惊。这堂课美国老师没有说一句话，靠手势让学生知道了我们要讲半天学生才懂的知识，而且学生听得也很有兴趣。后来再反思自己的教学时，我发现是我们老师在课堂上话说得太多，学生找不到说话的机会，就只能在座位上不由自主地说话了。

【案例分析】

教育教学过程中最重要的是沟通。沟通的方式除了语言之外，还有肢体。

曾看到过这么一组数据：信息传递形式＝7％的词语＋38％的声音＋55％的面部表情和肢体动作。由这个数据可见教师体态语的重要性，老师一个亲切的微笑、一个关注的眼神、与学生之间适当的距离（如提较难问题是适合远距离，合作时近距离等）都能有效地调节学生的情绪，激起学生的热情，从而提高课堂效率。

人的肢体语言，有的心理学家称之为“身体语言”（body language），是一种非文字语言的信息传递手段，是人们广泛运用的无声信号。动作、手势等均属身体语言的范围。

要做好肢体语言，就必须探讨一番表演艺术。也许你会纳闷：“我又不要当演员，为什么要学表演?”其实肢体表演和教师教学的关系是非常密切的。

从某种意义上说，教师就是一个传播知识的角色的扮演者，如果能用活泼的肢体语言打动学生的心，学生就会愿意和老师亲近，老师的引导就能充分发挥作用。

---

① 李长娟．有效教学与师德修养［M］．北京：世界图书出版公司，2009．

【特别推荐】

体态语的表达方式[①]

其实每位老师都有自己特殊的体态语表达方式。笔者在这里就把一些优秀的体态语介绍给大家。

拍拍孩子的头，给他一个会心的微笑。

与学生来个击掌，让学生充满成就感。

给孩子额头贴个小粘纸，书本上印个小图章。

用眼神表达关爱，用微笑当做鼓励，用抚摸传递喜爱，用惊奇表示赞赏。

学生读的太轻时，把手放在耳边侧着头，提醒学生读的稍重些。

轻轻的拥抱，让孩子的内心充满喜悦。

和学生握握手，祝贺学生的精彩表现。

整节课的微笑，会给学生带来愉悦的心情。

当然，教师在借鉴这些常用体态语时，应该针对不同问题、不同情况、不同学生的风格，抓住时机去启发、去赏识、去激励、去反思，才能充分发挥体态语言的积极功能。

美国加州圣荷西州立大学的一位心理学教授 James Asher 在 1966 年提出了关于肢体语言教学法。他认为，肢体语言的精髓是：以口头发号施令，给予指示，并辅以肢体语言示范帮助听众了解指令的意义，等学习者充分了解语句的意义时，再以肢体动作作出正确的回应。此举不但减轻了开口的压力，更积累了足够的信心。Asher 深信，学生大量听力信息的接受与肢体动作反应的结合，能使学习的印象更深刻持久。而在我们传统的教学活动中，教师通常是以说话及板书的方式将想要传授的课本知识传递给学生。关键是从前只要传统的讲述法来解释课本的内容就可以了，现在这样却是不够的。作为教师，还要展现肢体魅力，运用肢体动作吸引学生的目光。所以，教师的肢体语言在教学中的运用是不可或缺的。想让学生专心致志地上课以及获得教学上的顺利，就要看你如何运用自身的肢体语言了。今日的教师如同孙悟空一般，要学会 72 变，甚至更多的招式抓住学生的心。教师走进教室时，让学生产生第一反应的就是你肢体上发出的热情邀请。当学生对你的眼神，动作有了相应的反应，就说明你与学生沟通的渠道已经开始畅通了。

---

① 高帆，李秀华主编. 名师营造课堂氛围的经典细节［M］. 重庆：西南师范大学出版社，2009.

六、问答与对话

（一）对“问答与对话”的误读

“对话”是新课改中出现频率较高的名词之一。一提到师生对话，许多人就自然而然地联想到课堂上的师生问答，以为那就是师生对话。师生之间一问一答并不是真正的对话体现。对话是一种心灵的沟通、智慧的启迪、思维的碰撞，是在教学过程中，人与人本质力量的相互关系。尤其是作为语文教学状态的师生对话，并不能简单地理解为语文课堂上的师生问答。发生在语文课堂上的有些师生问答，其实并非真正的语文教学对话。

【案例1】

有形无实的对话1[①]

一位语文教师在教《刘胡兰》一文时，与学生进行了这么一段问答。

师问：这篇文章是写谁的？

生答：是写刘胡兰的。

师问：你怎么知道？

生答：题目就是刘胡兰。

师问：这个故事发生在什么时候？

生答：1947年1月4日。

师问：你怎么知道？

生答：课文第一句就是这么写的。

师问：这个云周西村在什么地方？

有学生答在陕北，有学生答在延安。

师说：云周西村在革命根据地。课文中有敌人对刘胡兰说的这么一句话：“你说出一个共产党员给你一百元钱。”

师问：谁知道那时发什么钱？

有学生答发银圆，有学生答发铜板，而另有一名学生则说，那时候的钱中间是有窟窿的。

教师最后作总结说：反正那时候的钱比现在的钱值钱。

【案例分析】这段对话虽然以师生的问答组成，却不能说是真正意义上的语文教学对话，因为这样的对话徒具师生对话之形，却不具师生对话之实。本

---

① 孔庆东，等主编. 审视中学语文教育：世纪末的尴尬［M］. 汕头：汕头大学出版社，1999.

案中一连问了六个无效的问题，其中四个问题课文中交代得非常清楚，是个封闭的问题，无须再问，而另外两个问题，学生回答不上来，老师又不能够解答。提这样四个问题，究竟想向学生传达什么样的信息，想解决什么问题呢？有效的“提问”需要使问题保持一定的开放性。我们所说的师生对话，指的是蕴涵教育性的相互倾听和言说，它需要师生彼此敞开自己的精神世界，从而获得精神的交流和价值的分享。因此，语文教学中的师生对话，是师生心灵的相互沟通，它不仅表现为提问与回答，还表现为交流与探讨、独白与倾听、欣赏与评价。

【案例2】

有形无实的对话2——《春天》课堂教学实录①

下面是一节小学语文（人民教育出版社小学语文一年级第二册第一课《春天》）课堂实录。

课文：春天对冰雪说了什么，冰雪那么听话，都化了。春天对小草说了什么，小草那么听话，都绿了。春天对花儿说了什么，花儿那么听话，都开了。

师：同学们，一年中有几个季节？

生：一年中有春、夏、秋、冬四个季节。

师：同学们最喜欢哪个季节？

生1：春天。

生2：春天。（还有学生举手，教师没继续让学生发言）

师：有这么多同学喜欢春天，那我们今天就一起来学习第一课《春天》。请同学们打开课本，默读课文，标出不认识的字和词语。

学生默读课文，提出了不认识和不理解的词语：冰雪、化、绿、到。教师引导学生读拼音，认识生字、生词，教生字的读音和写法。

师：同学们见过冰雪吗？

生（齐）：见过。

师：看看插图，想想春天对冰雪说了什么？

生1：冬天过去了，你醒醒吧。

生2：你快化吧，我好冷。

师：冰雪为什么那么听话？

生1：因为太阳出来了。

生2：因为冰雪怕春天。

---

① 洪玲. 数学教学生活化的思考 [J]. 江西教育，2003（9）.

生3：因为冬天过去了。

学生齐读第一段。

师：春天对小草说了什么？

生1：春天说：我喜欢绿色。

生2：春天说：我喜欢绿色的小草。

师：小草绿了是什么意思？

生1：小草长出来了。

生2：小草由黄色变成了绿色。

学生齐读第二段。

师：春天对花儿又说了什么？

生1：花儿，你快开吧，蜜蜂要采蜜呢。

生2：花儿，你快开吧，小朋友们都喜欢你。

学生齐读第三段。

师：为什么春天一说话，冰雪、小草、花儿都变了？

生：因为它们都很听话。

【案例分析】像案例中这样提问的教师还真不在少数，我们可以数一数这位老师提出的一个又一个“问题”中，有几个能算上是有提问价值的？在连续十几个一问到底的问题中，又有几个能真正启发小学生的思维，调动他们的情感体验？“同学们，一年中有几个季节？”“同学们最喜欢哪个季节？”就是几岁的儿童不用思考也能脱口而出的回答，却被老师反复地问来问去，这种弱智的现象屡屡出现在中小学课堂上，表面看似热闹的你问我答，其实是毫无含金量的无效和低效的问题，是不值得一问，是耗费儿童精力，误解问答与对话的含义的一种可怕行为。如今有些课，越来越浮躁，整整40分钟，你说我说，七嘴八舌说到底，连一二年级的小学生都成了“动口不动手的君子”。只说不训练，怎能有效果？整堂课就是认识几个生字、生词。为了提问而提问，全然不顾是否有学生喜欢夏、秋、冬。教学过程中，无视儿童对生机勃勃的景象和孕育着无穷生命力的春天的想象、理解、体验和感悟。相反，引导儿童片面地理解和把握课文中反复出现的“那么听话”，使得儿童把冰雪、小草、花儿都“变了”的原因归结为“他们都很听话”。面对文本，教师没有能力引导学生与大自然进行心灵对话，师生之间也仅仅是表面意义上的问答，儿童在这样的课堂上根本感受不到来自教师和文本之间的心灵沟通的愉快与体验，对春天的体悟与感受。

（二）为什么要提倡和强调对话教学

当前，课程改革在课堂教学层面遭遇到的最大的挑战就是无效和低效问题。课堂教学改革就其总体而言，是在朝着新课程的理念和方向扎实推进，并取得实质性的进展，但是由于对新课程理念的理解、领会不到位以及由于实施者缺乏必要的经验和能力，课堂教学改革也出现了形式化、低效化的现象，可以说，提升课堂教学的有效性是当前深化课程改革的关键和根本要求。

对话作为一种认识方式，它强调师生间、学生间动态的信息交流，通过信息交流实现师生互动、相互沟通、相互影响、相互补充，从而达成共识、共享、共进。对话的认识意义表现在：第一，促使知识增值。“知识在对话中生成，在交流中重组，在共享中倍增。”师生通过对话分享彼此的思考、经验和知识，丰富学习内容，求得新的发现。教学过程因此成为课程内容持续生成与转化、课程意义不断建构与提升的过程。第二，活跃师生思维。“独学而无友，则孤陋而寡闻。”缺少交往和对话很难产生思维的碰撞和创造的火花。有些观点是想出来的，有些观点则是“讲出来”的。英国文豪萧伯纳说得好：“一个苹果跟一个苹果交换，得到的是一个；一个思想跟一个思想交换，得到的是两个，甚至更多。”对话教学有助于激发灵感，产生新颖的观点、奇特的思路，从而增强思维的灵活性和广阔性。

【案例3】

我教《冬天》(课堂实录节选)[1]

李镇西

2003年4月15日，李镇西老师到郑州铁路二中讲学，为师生讲了朱自清的《冬天》。

……我问大家：“这篇文章，同学们以前读过没有?”

学生们回答：“没有。”

“好，现在大家开始读吧!”我看到一名同学一边读一边勾画，便走到他身旁表扬他：“这位同学做得非常好！他一边读一边勾，大家要向他学习!”

五分钟过去了，学生们朗读的声音渐渐小了。于是我说：“刚才同学们读了一遍。下面，李老师也给大家读一遍，请大家认真听。注意，朗读本身就是一种理解。请同学们拿起笔，把课文中最能打动你心灵的语句勾画一下。”

“说起冬天，忽然想到豆腐……”“无论怎么冷，大风大雪，想到这些，我心上总是温暖的。”读完这最后一句，我久久没有说话，学生们也没有任何声息，大家仿佛都忘记了自己的存在，而沉浸在了朱自清所营造的爱的氛围里……

---

① 李镇西. 与青春同行［M］. 北京：高等教育出版社，2005.

“现在我想听听同学们的感受。好，我们现在就按照刚才我说的‘读出自己’、‘读出问题’的顺序交流一下各自的体会。先看‘读出自己’。邻近的同学可以交流一下，哪些语句最能打动你的心扉，哪些语言最能扣动你的心弦？”

“好，我们现在请几名同学跟大家谈谈自己最欣赏的语句。好吗？”一名女同学站了起来：“我最喜欢的是这一句：‘这是晚上，屋子老了，虽点着“洋灯”，也还是阴暗。’我读到这一句，想像朱自清和他父亲一起吃豆腐，屋子虽然很暗，但亲情很浓。我想起了我父亲给我讲过的他小时候吃豆腐的故事。那种亲情很能引起我的联想和共鸣。”

“好，请坐。”我对全班学生说：“她说她父亲给她讲过类似的生活，让她产生了共鸣。我不禁感慨，现代科学技术日新月异的发展，使人与人之间心灵的距离迅速地拉大。在这种情况下，我们多么怀念那种吃豆腐的生活呀！所以，朱自清这篇文章就勾起了我对一种久违了的温馨人情味的回忆。好，哪位同学再说说？”

“我最喜欢第一段的最后一句：‘我们都喜欢这种白水豆腐；一上桌就眼巴巴望着那锅，等着那热气，等着热气里从父亲筷子上掉下来的豆腐。’我读出了一位慈爱的父亲，他是多么慈祥地为孩子夹豆腐。还有孩子饿了的时候那急切的心情，眼巴巴地望着那锅。这一细节特别形象，特别……”

“特别传神！是吧？”我补充道，“寥寥数语，却把孩子那眼巴巴的神态写得非常形象。”

她使劲地点头。我又叫了一名学生。

“我觉得第一段很好，这一段与我过去看过的一部电影很像。这部电影叫《我最中意的雪天》，是荷兰故事片。写了一个家庭非常温馨的情景。我的家庭也很温馨，所以我对这一段感触颇深。”

我说，“这位同学由这篇散文联想到了自己看过的电影，进而又联想到自己的家庭，这也是一种‘读出自己’！”

我看到一名女生把手举得高高的，表情非常急切，便请她发表意见。她先读了文中的一段文字：“父亲得常常站起来，微微地仰着脸，觑着眼睛，从氤氲的热气里伸进筷子，夹起豆腐，一一地放在我们的酱油碟里。”她停了一下说，“读到这一句，我特别感动，引起了我的共鸣。因为这让我想起我和家人在吃饭的时候……”她突然说不下去了，眼泪已经流了下来，但她稍微顿了一下，还是带着哭腔继续说：“爸爸，爸爸，总是把，把……最好的菜往我碗里夹……”

她又说不下去了，只是抽泣，看着她那流泪的脸庞，全场的人都感动了，掌声响了起来！

她平息了一下情绪，接着说："还有'我们都喜欢这种白水豆腐；一上桌就眼巴巴望着那锅，等着那热气，等着热气里从父亲筷子上掉下来的豆腐'这一句，也逼真地写出了孩子急切盼望的心理。另外，还有一句我很感动，就是第三段的那一句：'似乎台州空空的，只有我们四人；天地空空的，也只有我们四人。'还有'楼下厨房的大方窗开着，并排地挨着她们母子三个；三张脸都带着天真的微笑向着我。'读到这里，我想起了每当我放学回家打开门的时候，爸爸妈妈总是微笑着看着我。"

她的发言让我也很感动："非常好！我觉得这位同学不只是一个善于阅读的人，她首先是一位非常孝顺的孩子，是一位非常善于感受爱的孩子！想一想，她由朱自清的文章想到爸爸给自己夹菜。可是我们有的同学也许就不是这样想的，面对饭桌上爸爸妈妈给自己夹菜，他们不能理解父母，甚至可能会埋怨父母：'烦不烦呀？'我经常跟我的学生讲，什么叫孝心？每天按时回家，不要让爸爸妈妈在阳台上张望自己，就是最大的孝心！而这位同学就是一位非常有孝心的孩子！"我突然提高了声音："让我们向她表示敬意！"

如雷的掌声再次响起……

……

举手的人越来越多。

【案例感悟】虽然是借班上课，但李老师认为"只要我把学生调动起来，真正形成师生之间、学生之间的对话，我的课就算成功了"。事实证明，他做到了这一点。李老师在课后这样写道："细细想来，这堂课成功的原因其实很简单：我不追求我讲了多少，而追求我引导学生自己悟出了多少。"有效教学强调"对话"，但"对话"并不是让学生自发讨论，而是在教师的引导下，带着自己的经验研读课文，把自己的心与作者的心相融，师生参与其中，分享美文与学生的收获。有效教学意味着教师的主要作用是营造一种平等的、民主的对话氛围，让每一名学生都心灵舒展、思维活跃、情感丰富。教师不要剥夺学生自己领悟的权利，热衷于把自己对课文的"深刻领悟"、"精彩分析"、"独到见解"强加给学生，这是对"对话"的歪曲。时下，某些特级教师的课堂成了自己表演的舞台，精彩不是来自对学生的引导，而是上成了自己的"独唱会"。李老师的课再一次验证"哪怕学生只领悟了 5 分，也比老师灌给他 10 分强"！

（三）在实践中，对话教学要注意以下几点

第一，对话不是简单的问答。一提到师生对话，许多人就自然而然地联想到课堂上的师生问答，以为那就是师生对话。但作为教学状态的师生对话，并不能简单地理解为课堂上的师生问答。发生在课堂上的有些师生问答，其实并非真正的教学对话。真正的师生对话，指的是蕴涵教育性的相互倾听和言说，它需要师生彼此敞开自己的精神世界，从而获得精神的交流和价值的分享。它不仅表现为提问与回答，还表现为交流与探讨、独白与倾听、欣赏与评价，这是对话在质的方面的要求。

第二，对话并非越多越好。教学中的对话无论是作为一条“原则”，还是作为一种方法，它的使用都必须服从服务于教学目的，不能为对话而对话，对话的滥用必然导致形式主义。总之，对话并非越多越好，这是对话在量的方面的要求。

第三，对话的目的并不是要达成一致。对话不是为了消除差异、排除异己，而是为了更好地理解和珍视差异。观点的不同正说明问题的复杂性，说明有对话的必要与可能。学生之间、师生之间的思想碰撞应该是“对话”的主旋律。

【案例 4】

在多元对话中教语文——《项链》教学实践及反思[①]

在讲解莫泊桑短篇小说——《项链》时，我就在思考：这篇小说的主人公玛蒂尔德的形象，一直是理论界争论不休的话题，我该如何向中学生们讲解这个问题并在课堂上激发他们主动探究的兴趣呢?

上课后我就对学生们说：“今天我们来分析玛蒂尔德的形象，希望大家各抒己见、踊跃发言。你们可以随时站起来发表自己的看法，其他同学也可以针对某位同学的观点提出不同意见。我们也来个百花齐放、百家争鸣。”课堂气氛一下子活跃起来。我趁热打铁，问学生：“读完这篇小说以后，你对玛蒂尔德的印象如何？你喜欢她吗?”课堂上很快形成针锋相对的两派，有人说“喜欢”，有人说“不喜欢”。抓住这个机会，我把班上的同学分成两大组，要求观点相同的，坐得比较近的同学互相讨论，然后推举代表站起来谈谈自己为什么“喜欢”或为什么“不喜欢”，最后集体评议看看谁说的道理更充分。

几分钟以后，我首先让“不喜欢”玛蒂尔德的同学说说理由。

甲说：“玛蒂尔德整天奢望得人欢心，被人艳羡，被人追求。说明她不能正确面对现实，想入非非，心中充满了空想，我不喜欢她。”

乙说：“玛蒂尔德追求奢华的生活，幻想挤入上流社会，渴望能过上养尊处优的富裕生活，她贪图享受，虚荣心太强，我不喜欢。”

丙说：“十年的艰辛就是对她虚荣心的惩罚，活该!”

等到他们再也没有什么补充意见时，我又请“喜欢”玛蒂尔德的同学

① 董文. 在多元对话中教语文 [J]. 基础教育课程，2005 (3).

发言。

A说："她诚实守信，当她确信项链的确是再也找不回来时，她想的依然是如何按时还上，从没有想过赖着不还，或是买个假的还上，体现出她高尚的人格。"

B说："她有自尊和自爱，丢失项链后她决定靠自己的劳动来还债，决不出卖自己的灵魂和肉体，比现实生活中那些以不正当方式不劳而获的人不知要强多少倍，在她的身上闪耀着人性的光芒！"

C说："她还有坚韧、忍耐、吃苦的精神，丢失项链后，面对巨额债务，勇于向命运抗争，值得尊敬。"

双方争执不下。此时，我便对学生们说："先撇开自己的观点，想想对方刚才所说的，你觉得有道理吗？"

"好像都有道理啊！"学生们小声地谈论。

"的确如此。"我连忙肯定，"双方同学所说的都言之有理，这也就是我们所说的人物性格的多样性和复杂性。"随后，我又对双方观点作了简评和总结。同时，我又不失时机地赞扬了双方的同学："这说明大家的确认真阅读了文章，并认真思考了，双方的发言都很精彩。"我看到有些同学的脸上露出了笑容，我的内心更是高兴。因为学生们在自主、合作、探究的过程中既掌握了知识，又体味到了学习的乐趣。

这时，又一名同学突然站起来问："老师，像您这样说，我们对人物的分析不是丧失了一个标准吗？"

这也正是我想要说明的问题。作为本节课的结束，我因此向学生们点明了文学鉴赏中的一个重要原则："对文学作品的鉴赏和评价历来是仁者见仁，智者见智，没有统一的标准答案，而具有某种未定性和模糊性，给我们带来无尽的阅读快感和遐想，这也正是文学经典的魅力所在。我也希望同学们在解读文学经典的过程中，结合自己的独特体验，读出经典新的含义。"讲到这里，同学们都露出若有所悟的样子。

【教者反思】这节课基本上实现了我所预期的目标，形成多元对话的课堂氛围。靠学生与文本对话、生生对话、师生对话主动探究问题。我不再为学生代言，而仅仅起到了引导的作用。我讲得少，学生讲得多；我教得轻松，学生们也学得轻松。学生们在自主、合作、探究的过程中感受到了文学经典的蕴藉之美，在宽松民主的氛围中领略到了语文学习之乐。

【案例感悟】对教学的认识有共识也有分歧，互相倾听，而非各自夸夸其谈，这才是真正意义上的对话。如何对教学进行持续、多层次的对话？对话不是为了消除差异、排除异己，而是为了更好地理解和珍视差异。观点的不同正说明问题的复杂性，说明有对话的必要与可能。学生之间、师生之间的思想碰撞，应该是“对话”的主旋律。

对教学而言，对话意味着互动、参与及相互建构，传统的、严格意义上的教师教和学生学，将不断让位于师生互教互学，彼此将形成一个真正的“学习共同体”。在这个共同体中，“学生的教师和教师的学生不复存在，代之而起的是新的术语：教师式学生和学生式教师。教师不再仅仅去教，而且也通过对话被教，学生在被教的同时，也同时在教。他们共同对整个成长负责”。对学生而言，对话意味着心态的开放，主体性的凸现，个性的彰显，创造性的解放；对教师而言，对话意味着上课不是传授知识，而是一起分享理解，上课不是无谓的牺牲和时光的耗费，而是生命活动、专业成长和自我实现的过程。

七、提问与理答

“在一个充满优质问题和优质提问方式的课堂气氛中，学生意识到对于他们的学习具有一种共享的责任感。”

——弗朗西斯·亨金斯[①]

本节中的“提问”特指教师向学生提出问题，“理答”是指教师对学生提出答案或作答后的处理，包括教师对待学生答案的态度与处理方式。“理”为梳理、整理，统称为处理。

课堂上，我们常看到这样的现象：学生的回答很有价值，却因教师处理欠当，使原本可以有效利用的课程资源白白浪费了；教师提出问题后，如果学生答对了，教师很高兴，如果学生答的不对，教师皱皱眉头，又换别人，对没答对的学生置之不理，教师的注意力只是在寻找能说出“标准答案”的学生；“当学生终于举起手来，在众目睽睽之下，回答错误时，你是批评，是不置可否，是简单地让其他同学给予纠正，还是对于课堂上经学生思考后的东西无论对错都先予接纳，然后再引导学生加以讨论、辨析，使学生的认识得到升华，使得课堂充满温情又彰显活力？”[②] 在“提问与理答”这一环节中最能看出教师的真功夫——把握动态课堂的能力。“课堂提问行为是一个整体的动态过程”，它使课堂充满了变数，时刻考验着教师的心智，也处处潜伏着能够精彩

---

① 弗朗西斯·亨金斯. 通过有效提问提高思维技巧［M］. 北京：中国轻工业出版社，2009.

② 教育部师范教育司组编. 刘可钦与主体教育［M］. 北京：北京师范大学出版社，2006.

生成的契机。提问与理答是有效课堂的一个难点，这一教学环节看似平常但又是教师较难驾驭的。我们在实践中探求教师会遇到哪些疑难问题，找出一些司空见惯却隐含着的背离有效教学的做法的症结，探寻解决的对策，开拓教师有效理答的必经之路。

课堂上，教师向学生提出问题，学生回答后，教师如何处理学生回答的问题？教师作出的判断（肯定、否定）和引导，包括教师理答时对学生的态度、对问题本身的反馈等都存在哪些问题？观察体验思考中小学课堂，发现在课堂教学中，教师向学生提出问题后，面对学生的回答，教师理答的情形五花八门，笔者认为，有效上课需要明确“提问与理答”的基本内涵与关注要点。

1. 教师提问后，要尽量让学生回答，教师自己不要越俎代庖。

教师提问后，如果学生答对了，教师要给予积极的肯定；如果学生回答错了，教师并不急于给学生正确答案，而是为学生提供表达、讨论的机会，通过引导，尽量让学生自己尝试寻求答案，这样做会使学生对问题理解得更深更透。

【案例1】

五元钱的诺贝尔物理学奖金①

初二下学期的某一天，我们在上物理课。物理老师讲了一道他自认为很有难度的习题后，在黑板前得意地指着板书，说：“怎么样？是不是有点难？想不到我的思路吧！”这时，一个男孩子在底下小声说：“这算啥呀！我的方法比你简单多了！”“哦？谁说的？站起来！”我有些紧张，但还是又来了一句：“你的步骤太麻烦了！”没想到，老师非但没生气，还让我到黑板上演示，我在他的板书旁留下了自己的算式。刚要返回座位上，老师拦住我，只见他从裤兜里掏出一张皱巴巴的五元纸币，他用手抻了抻，似乎要把那脏乎乎的纸币抻得平一些，然后他面向全班同学，郑重地说：“今天此刻，我要给万硕同学发一项物理奖，奖金就是这五元钱！他比我聪明多了！我相信未来某一天，他也许会为中国赢得真正的诺贝尔物理学奖！”他的声音和语气充满了不容质疑的庄重。他转过头，双手把“奖金”交给我，那一刻，我的眼睛湿润了！从小到大，我没少打架惹事，挨打挨训，但没为什么感动过，那一刻，接过老师的五元钱，我哭了！老师拍拍我的头，快步走到黑板，在我的算式前加上了几个字“万硕原理”，他以我的名字命名了这道题！

从此，我盼着上物理课，盼着他的身影出现在我们班门口。

---

① 这是个真实的故事，是作者的学生讲述其初中物理老师的故事。

后来，这名学生考上了同济大学，现在上海交通大学读研究生。

【案例感悟】上述案例让我们思考：当学生的回答超过教师的水平或预计时，教师怎么办？我想案例中的物理老师已给我们做出了感人的答案。

如果学生提出的问题超出了教师的预料，甚至给教师出了难题，教师要诚实、有勇气面对。教师要让学生知道，教师不是万能的，学生在某些方面超过教师也是可喜可贺的。教师的实事求是与宽阔的胸怀不但能真正赢得学生的尊敬，而且对学生提问能力的培养往往能事半功倍。

2. 当学生对教师给出或讲解的答案有疑问或困惑时，教师要及时反馈，让学生明白道理，此时教师的态度应是“知之为知之，不知为不知”，不可含糊带过。

【案例 2】

老师，你慌什么[①]

我在小学时，因为各种原因换了很多位任课教师和班主任，几乎每一年带我们的班主任都不是同一位老师。但我直到现在都没办法忘记我六年级的班主任兼数学老师。

她是个很有脾气的女老师。似乎在她的眼中，成绩好的孩子就是最优秀的，但唯独我是个例外。

在成绩好的一群学生中，我是唯一不被她重视，也是经常被成绩好的同学排除在外的一个，但我一直不会太在意他们对我的态度。或许是因为这种不在意，所以老师更不重视我，忽略我的感受。

记得六年级上学期的一个下午，在她讲解练习的时候，准备叫学生回答出那两个小题的答案。但眼睛在一群平时成绩拔尖的同学脸上看过之后，他们都没有举手的意思。我看了看自己的答案，举了手。当时老师的眼睛在我脸上停留了几秒之后，再看了一眼成绩好的几名学生，顿了几秒，点了我的名字。

我报出第一个答案之后，很多同学都发出不屑的声音，还夹杂着某些笑声。意思似乎是我跟他们的答案很不相似，而且像是我的错了，在老师面前丢了丑。老师看到这些反应之后，赶紧点了另一个成绩较好的同学的名，让她报出自己的答案。

在听到她的答案与我的答案不相似的情况下，把我的答案擦去，写上她报的数字，然后让她坐下。

接着她让我报出下一道题的答案。我说出来之后，下面同学的反应比上一道题更激烈，有同学明显地说出嘲讽的话。

---

① 齐齐哈尔大学艺术学院学生作业案例.

老师瞪了我一眼，擦去刚刚写上的第二题的答案，让另一个同学说出她的答案，然后让她坐下。

作为写错答案的惩罚，她让我站在座位上。

但讲解完第一题之后，她发现答案跟她写在黑板上的不是同一个的时候，慌忙擦去了那个数字，再写上正确答案。当发现第二题也错了的时候，她明显的很不满，重重的擦去了那个错误的答案。

我看着那一刻黑板上与我的练习本上相同的数字，心里有一种说不出的委屈。

但她似乎是不记得我的答案了，只是回过头看见我还站着，皱了皱眉，让我坐下。

从那一刻开始，这个老师在我心里的地位一落千丈。从此以后，她的课我再也没有什么心思去听讲，也不再积极举手发言。

直到毕业之后，我再遇见她，也叫不出口那一声“老师”。

【案例分析】上述学生答完，教师理答——但教师对学生回答总结的并不及时也不对。请思考这是为什么。课堂教学中，教师的作用是引导、点拨、补漏、纠偏、答疑等。如果对学生的回答不作为，则意味着教师没有履行好自己应尽的职责。激励学生进行思考，教师能够鼓励和支持学生之间的互动，积极地倾听和对学生的开放带来有效的反馈和详细的阐述，礼貌和尊重为学生接受反馈提供了环境。

3. 教师提问后，不要立刻找学生答，要给学生充裕的思考时间。

对课堂教学的观察和研究发现：“教师在提出问题之后，在叫学生回答之前，等待的时间不足，在学生回答后，教师在开口讲话之前往往几乎没有任何的停顿。”“等待时间只有与高质量的问题相关联时才是必要的。”[①] 很多教师为了赶进度，保证课堂完成备课计划，提问后几乎不给学生思考的时间，结果使学生对内容的思考不深入，产生挫败感，参与的积极性反而不高。如果能多一些等待时间以激发学生的思考，就会有更多的学生形成对此问题的答案。

4. 要面向全体学生提问，让每位学生都有回答的机会。

对课堂教学的观察和研究发现：“并不是所有的学生都参与到所有的问题的回答中来，教师经常会叫一些主动回答问题的学生，这部分学生群体往往比较固定。”[②]

【案例3】

---

① ［美］Jackie Acree Walsh，Beth Dankert Sattes. 优质提问教学法［M］. 刘彦译. 北京：中国轻工业出版社，2009.

② ［美］Jackie Acree Walsh，Beth Dankert Sattes. 优质提问教学法［M］. 刘彦译. 北京：中国轻工业出版社，2009.

课堂提问

马丽娜

高二的一个下午，语文课上老师要提问上节课学习的古文，我正迫不及待地等着老师能够叫到我的名字。我不是一个很爱学习的孩子，在班级最后一排坐着，很少受老师的重视。但是那一堂课学的古文我在前一天晚上花了两个小时背好了，我很有自信地等待着老师的提问。语文老师的提问不是随机抽查，而是按顺序从前往后每人一句的背诵，我期待着轮到我了，刚要站起身来，却被老师的一句“下一排的第一名同学站起来接着背”给制止住了。看着老师正在用温和的目光看着正在背诵的同学，我心里很失望、很气愤，难道我不是这班的学生吗？后排的学生就要受歧视，就是坏孩子吗？从那以后我再没有学过语文，没有背过古文，在课堂上除了睡觉就是睡觉。

【案例4】

掌声响起来

陆　晖

在教学“比例”这个单元时，由于知识比较抽象，课堂气氛十分沉闷，学生对于提问，最喜欢的就是集体回答。虽然学生们在分小组讨论时都很投入，但要他们举手发言或大胆地表达自己的见解时，要么怕回答错被别人笑话，要么觉得问题太简单不愿回答。为了检测学生的学习情况，我除了请举手的同学回答问题外，还随机指名学生回答问题。

在学习了比例的意义和基本性质后的练习课上进行了一项练习：要求学生根据比例的意义或基本性质判断哪些组中的四个数可以组成比例。由于要了解不同层次学生掌握知识的情况，我先点了举手的学生回答，然后点到了内向、特别怕发言、即使点到名也很难发言的“丁依辰”同学，其他的学生听到我点了丁依辰，看到他紧闭着嘴巴，根本就没想发言的一脸茫然的样子，再想到他平时的表现，不由自主地哄堂大笑，他自己的脸也不由自主地红了。在这种情景下，丁依辰肯定是不发言了，而在平时，一般也就不强求他回答问题了，总想着是否能给他留有一点余地。

可这次，我没有放弃，心里想着能不能改变一下做法呢？于是，我对其他的学生进行了制止：“请大家不要笑他！他就是会回答这个问题，被你们一笑，也不敢说了。”教室里顿时安静了下来。接着，我又对大家说：“来，让我们给他点掌声！让他有点儿信心，好吗？”没等我的话讲完，教室里爆发出一阵雷鸣般的掌声。丁依辰显然也被这场面惊呆了，他的脸显得更红了。教室里显出少有的沉寂，气氛显得庄严而又充满期待，再也没有一名学生偷着乐了，所有的眼光都集中到了丁依辰的脸上。这时，丁依辰显然被感动了，只见他的脸涨得通红，深吸了一口气，回答道："200比300与400比600可以组成比例。"尽管他的声音并不十分响亮，但十分流畅，学生们呆了一会儿，没等我发话，教室里就发出了充满鼓励与友爱的掌声，我也不由自主地和学生一起鼓起了掌。

丁依辰坐在座位上，长舒了一口气，嘴角一咧，开心地笑了，这是自信的笑、快乐的笑。我不由得发自内心地笑了，学生们见此情景，也不约而同地舒心地大笑，这笑声不含任何杂质，这是学生们最纯洁、最友爱、最有意义的笑声。

这节数学课上发生的这个小插曲，由于老师"我"与其他学生的一次鼓励，使得平时内向、不善言辞、不愿发言的学生有了一次锻炼的机会，虽然是一次小小的机会，但对学生的震撼是非常大的。因此，我就想到，在推行素质教育、实施新课程标准的今天，要注意了解学生发展中的需求，帮助学生认识自我、建立自信，才能调动学生的积极性。

【案例感悟】陆老师的课堂提问真让我们感动！和时下某些课堂上教师"为什么"连声问个不停的方式相比是多么的不同。就像刘可钦老师在教学实践中探讨的一样，她说：我想能否变一种方式："你是怎么想的?""能把你的想法说给大家听听吗?"因为前者学生处于教师的对立面，以回答是否正确为主要依据，后者教师是学生的倾听者，更关注学生实际的想法。如果试图让所有学生承担学习任务，可鼓励"谁愿意讲给大家听"，而不是"谁能讲给老师听"。当学生百思不得其解时，可以说"老师这儿有一种解法，你们看行不行"，而不是"看黑板听老师讲"。我想上课提问的方式也是教师教育价值观的间接体现：你的学生观是什么——是否面向全体?

5. 教师的提问要有"含金量"，避免一问到底的课堂。

Jackie Acree Walsh，Beth Dankert Sattes在《优质提问教学法》中谈道："教师提很多问题。我们的教学课堂是一个教师不断提问，学生不断回答的过程。""大部分教师所提的问题是有关事实、回忆或者知识的，处在比较低的认知水平上。"问题能够促进学生的学习，教师应当有目的有计划地提出问题，使学生参与到高水平的思考中，并保证与教学目标相吻合并能促进思考，经过认真准备并精心选择的少量问题比提出很多问题更可取。

【案例5】

把学生的思维引向深入

徐　洁

这是一节小学数学《混合运算》，教师预设情境，提出问题：9人一组，已经分了四组，还剩5人，旅游团一共有多少人？学生先画图，后列出算式9×4＋5＝41（人）。教师问：还能写出其他不同的算式吗？在教师的有效引导下，学生又说出了4×9＋5＝41（人），5×9－4＝41（人），5＋9×4＝41（人），4×10＋1＝41（人）四个式子并对每个式子都进行了合理解释。然后，教师又引导学生分析这些式子的相同点与不同点，得出了混合运算的概念，并总结出混合运算的计算法则是：先算乘除再算加减。可见，教师一次又一次的智慧理答把学生的思维一步步引向深入。

6. 教师提问，学生回答时，教师要关注学生的感受。所有学生的回答都是值得尊重的。要知道教师理答的方式与态度反映的是教师的教育价值观。

【案例6】

屡被随意打断的回答[①]

这是一堂语文观摩课，上的是冯骥才先生的美文《珍珠鸟》。本课主要解决“珍珠鸟是怎样逐步信赖我的”问题。学生带着问题读了几分钟的课文后，与同桌进行交流。而后，教师喊学生回答。第一名学生说得非常简单，自然漏掉了很多情节。老师显然不满意，于是又请了一名学生。这名学生显然比较有把握，语言也流畅。在学生说了一两句后，教师便板书关键词“笼于四周”。板书内容不少，计有“屋里、书桌、杯子、肩上，感到陌生、胆子大了、完全放心，不去打扰、不去伤害、抚摸绒毛”等共36字，教师均一笔一画认真楷书。每当老师转身板书，学生便很自觉地停下，耐心地等老师回过头来再接着说。有时候他没说到老师要板书的词语上，教师就请其他学生回答。作家的文笔极为细腻动人，记录了许多感人的情节，于是老师又引导学生逐段读书——都是齐读，读不好，就指名学生读。总之，喊起回答问题的那名学生站了10多分钟才坐下。我注意到：很多时候，这名学生就给晾在一边，他不但没把自己的话说完——后来的话由另外的学生补充，而且他刚开始回答时所表现出来的自信与耐心也逐渐被无奈与消极等待等替代。本该完整的发言被教师随意、无情地一次次打断，最后被剥夺把话说完整的权利，这一切都在师生习以为常的状态下进行。没有学生意识到这个问题，他们被教师牵引，跟着教师的问题

---

① 谈永康. 关爱学生的心灵：课堂观察手记［M］. 中国教育资讯报，2002－8－21.

拼命地运转，所以那位被伤害的学生最后也沉默地坐了下来。

【案例分析】上述案例让我们思考：当学生的回答不符合老师的想法和圈定的答案时，教师如何处理？

学生在校的大部分时间在课堂上度过，因此课堂上的学习、精神生活的质量，直接关乎学生心灵的成长。我们常关注课堂设计是否新颖，是否有效，而对发言、板书等教学细节很是大意。细节见精神，关爱学生的心灵，最好的抓手就是这些细枝末节。在第一个案例中，教师随意打断学生的发言，乍看是学生不能说到点子上，往深里想是教师缺乏对学生起码的尊重：既然是让学生谈自己的理解，为什么非要学生说出你要板书的重点词呢？你现在是让学生回答，怎么突然穿插朗读课文的环节——这是不同层次的要求啊！而且让一名学生回答问题一站就是10分钟，不管不理，可见老师心中只有自己的教案，早已把学生忘在了脑后。

当学生终于举起手来，在众目睽睽之下，回答错误时，你是批评，是不置可否，是简单地让其他同学给予纠正，还是对于课堂上经学生思考后的东西无论对错都先予接纳，然后再引导学生加以讨论、辨析，使学生的认识得到升华，使得课堂充满温情又彰显活力？[1] 上述反面案例值得对照深思。

【案例7】

“谁同意他的判断请举手”[2]

特级教师刘可钦在一次听课中，一位教师请学生判断哪组线段是互相垂直时，有一名同学将形如X的两条直线也说成是互相垂直。显然教师没有预料到在课的最后，学生还会出现错误，就简单地采取了“谁同意他的判断请举手”，班里只有三个人举手同意。教师则以多数同学不同意，而说明这4名同学错误的方法。那位学生因积极举手而争取到机会，却因答错了不得不涨红着脸坐下。另外3名同学也因属于明显的少数派而感到沮丧。

【案例分析】

显然教师的处理方法于简单之中不近情理。刘可钦老师认为怎样巧妙地维护学生的自尊，正是在这样的时机才能显示出较高的水平。

生：第二组的两条线也是互相垂直的。（错误的答案）

师：（并不急于指出错误）我们用什么方法检验它们是不是互相垂直呢？

学生在教师的进一步启发下，会想到用三角板检验一下，进而知道它们不

---

① 教育部师范教育司组编. 刘可钦与主体教育［M］. 北京：北京师范大学出版社，2006.

② 教育部师范教育司组编. 刘可钦与主体教育［M］. 北京：北京师范大学出版社，2006.

是互相垂直。(可能是尚未掌握概念或视觉带来的误差)

教师仍不能轻易指出这是错的，而应用非常宽容理解的口吻对他说：“看来有时只凭眼睛观察是不准确的，可能你坐的位置靠后，造成了这种误差。”这样既纠正了学生的错误，又维护了学生的自尊，学生必将产生自信。

教师的权威不再建立于学生的被动与无知的基础上，而是建立在理解、宽容、尊重学生的能力之上。巧妙地维护学生的自尊，是每个有主体教育观念的教师必备的能力。当学生站起来答错时，我们不能只关注知识的对与错，首先应想到孩子为什么会答错，轻易指出其错误会给他带来什么样的伤害，然后设法引导孩子的思维。

第44届国际教育大会通过的《行动纲领草案》，把“减少学习失败”作为一个优先事项，提出教育以灌溉适应学生的个人潜能，培养自尊心和增强学习成功的意志，正说明“维护学生自尊能力”的重要性。

教师要提高这种能力，首先要树立主体教育观念，并在这种观念的指导下实践，在实践中不断丰富主体教育观念，进而化为一种自觉行为。

【案例8】

“我想听花开的声音”①

魏雅平

曾经做过这样一件错事：我要学生用“想”造个句子，有一名学生站起来说：“我想听花开的声音。”我听了勃然大怒：“乱弹琴！花开的声音怎么可以听？错了！重说！”看到我盛怒的样子，他只好含着眼泪不情愿地又重说了一句符合我的想法的句子。

现在想起来，花开也许真有声音，只是我们目前限于条件还听不到；花开也许确实没有声音，想听声音便是一种幻想。但有一点是确信无疑的，我的粗暴指责，扼杀了学生的创新思维。

【教者反思】这件事给了我很大的启示：课堂中要注重“心灵自由”与“心灵安全”氛围的营造。“心灵自由”与“心灵安全”是创新思维得以进行及创新成果得以形成的两个心理条件。一个创新主体，如果连“心灵自由”与“心灵安全”都没有，就很难进行创新活动，当然也就不可能创新成功。

要让学生获得“心灵自由”与“心灵安全”，首先要消除学生的“胆怯”，要让学生有一种创造的自信。要让学生获得自信，就要破除师道尊严。教师应有一种民主的气度。尊重与众不同的疑问，尊重与众不同的观念，给学生以不

① 富凯宁主编. 今日做教师（二）[M]. 北京：同心出版社，2001.

计其数的学习机会。假如在课堂上，教师以一个权威自居，一个判官自居，那么，学生就不可能形成一种自信。民主的氛围不可能形成，哪里还谈得上心灵的自由与安全呢！

7. 教师提问后，学生的回答五花八门，但最终教师要对学生的答案作出明晰的判断。

尽管新课程教学理念强调多元，但课堂不能放任自流，对问题的价值判断虽不是一元的，但教师也要有基本的价值准则，给学生以明确的导向。

【案例 9】

“老师，我觉得西门豹有点太残忍了！”[①]

特级教师支玉恒教《西门豹》一课时，向学生问了四个问题，其中一个是：“读了这篇文章后，你们心里痛快吗？”学生们有的说：“我痛快，他又为民除害了。”有的说：“我痛快，她又救下一位姑娘。”有的说：“我也痛快，他还带领人民兴修水利。”……当然也有人说的不一样，有一个女生说：“老师，我觉得西门豹有点太残忍了！”我没有想到她会感到西门豹残忍，我问她为什么，她说：“把官绅扔进河里，我也觉得该扔，可巫婆，一个那么大岁数的老太太，你就是把她关起来，她也活不了多长时间，何况关起来她也做不了什么坏事了，干吗非得把她扔进河里，当下就把她淹死不可呢？”我说：“我很理解你，你是个女孩子，你富有同情心。”这就是学生独特的体验，但独特的体验不一定是正确的，所以语文课程标准中还有一句：要对学生进行价值观的引导。如果她说同情巫婆，我就说“你有毛病呀？你坐下，坐下！”那这孩子以后就会永远不吭声了，就把一个心灵的火花给扑灭了——但是对这样的学生也要引导啊，不引导，她总同情坏人怎么行呢？于是我对她说：“这样吧，你可以保留你的想法，但是我建议你再好好读两段课文，一段是巫婆领着官绅挨家挨户去选新娘，另一段是把新娘放在苇席上漂在河里。下面我将和同学们继续学习，你可以不参加我们的活动，独立进行学习。”

停了一会儿，她举手了，说：“老师，我现在不同情她了。”我问：“怎么又不同情了呢？”她说：“我给你读读这一段：有钱的人家花点钱就过去了，没钱的只好眼睁睁地看着女孩被他们拉走。”孩子都掉眼泪了，她说：“老师，我也是一个女孩儿，如果我也生活在那个时代，我们家没钱，我的父母只能看着我被巫婆活活地拉走，放在苇席上，一开始还是漂着的，最后就沉入了漩涡，我多惨啊，我爸爸妈妈得怎么哭啊，这都是谁搞的呀？不就是那个可恶的巫婆

---

① 支玉恒．支玉恒老师教语文．上海：华东师范大学出版社，2009：24—25．

搞的吗!”

【教者反思】“她改变了看法，价值观就引导过来了。”支老师对此深有体会：你若没有相当大的空间，不让学生去自由地表达，她怎么会有这样深刻的体验呢？怎么会把自己放到课文里去思考呢？怎么能这么入情入境地去读一篇古代的故事呢？只有给学生提供了空间，才能实现课程标准所倡导的自主学习和个性化发展。因此，问题的设计就显得特别重要。我们设计问题时，把问题写在教案上，要想一想，这个问题有几个同学能回答，答到第几个就没的说了。如果这个问题真能做到所有的学生都说不尽，那这个问题就是有价值的问题。“当学生课上回答问题时与教师想法不一样，怎么办？是为了一味地赶教学进度，把学生牵回到预设好的问题上，还是千方百计地让他的想法、他的结论和他的疑虑有一个表述的机会，使得课堂因他提出的问题而更加精彩。”支老师的案例为刘可钦老师的理想课堂作了最好的注释和解答。

我一直在思考这样一个问题：教师怎样成为更好的提问者？同时要明确并不是所有的问题都有一个标准答案。教师要激发学生回答，“帮助回答不出问题的学生并对学生回答进行加工：提供适当的反馈、扩展和应用正确的回答，引发学生更多的反应和问题”[①]。我想这是有效教学的重要一课，也是切实推进教师专业发展的重要一课。

八、常规课与公开课——提倡自然，拒绝表演

（一）有效教学呼唤自然的教学，拒绝虚假的表演

自然是人生的非凡境界，自然意味着本色、真实、放松的状态。“唯大英雄能本色，是真名士自风流”，自然是大师的本色。而表演，就像端着火锅，多累呀！自然，是身心自由的状态，课堂教学崇尚的是感情的自然流露。自然追求本色，拒绝虚假的表演。无论公开课还是常态课，拒绝肤浅、消除浮躁、远离虚假，都是有效教学追求的真谛。薛法根老师认为符合自然之道，你就会走得长远。否则，你在教学中是这一套，在生活中是另一套，你会觉得很虚伪，活得就很累。一个身心疲惫的人，怎么可能会有什么真正的风格？所以，风格就是你的人格，人格高尚，你的风格自然就有品质，自然就有品位。

① ［美］Jackie Acree Walsh，Beth Dankert Sattes. 优质提问教学法［M］. 刘彦译. 北京：中国轻工业出版社，2009.

我们平时在教室上按照课程表给学生上的课就是常规课。而有人来听课时，往往就叫公开课。公开课即公开教学。公开课是对他人公开的课，“常规课”是专对学生的。按百度百科解释：常规课是一种面向一般全体学生，以行政班级为单位，按照经常实行的规矩进行授课的活动。公开课是有组织、有计划、有目的的一种面向特定人群作正式的公开的课程讲授形式活动，每次活动，主题鲜明、任务明确，除了学生参加听课之外，一般还有领导和其他教师参加，是教师展示教学水平，交流经验的一次有益的研究活动。

（二）“千教万教教人求真，千学万学做真人”

公开课也好，常态课也好，上课最根本的就是让学生真有所得。无论是否有外人来听课、议课，如果能做到有外人来和没外人来一个样，教师都会精心备课、认真上课、静心反思，那么“今天的公开课就是明天的常态课”的理想就会变为现实。通过公开课来打造提升教师素质，促进专业素质发展，就不会成为一句空话。语文教育家于漪老师在谈到公开课时说：我上公开课的时候，从来不作任何彩排，哪怕教育部部长来听课，也是响铃就上课，原来怎样上，公开课就怎样上。教师如何把公开课还原为常态课，达到上课自如，避免公开课与常规课的两张皮现象，这是师生向往的境界。

其实，说起公开课，人们常有一个同感——假，无异于演戏，教师上课“表演”的痕迹太重，缺乏“自然”的味道，使课堂失去了本真的成分。时下，各地借新一轮课程改革这一契机，纷纷开展各具特色的教研活动，“公开课”成为必不可少而又最为亮丽的一道教学风景线。于是一堂堂满载新课程理念的公开课便打起极为豪华的阵容，粉墨登场，由于过分追求课堂教学的完美，教师在课堂上不同程度地出现了赶时髦、走形式、摆架子的“课堂作秀”现象：一堂公开课所耗费的人力、物力是常态课无法比的，但它对我们的常态课又有多大的指导意义呢？

近些年来，对于公开课的质疑、非议乃至批判不时见诸报端，至今还在延续。《中国教育报》与课堂教学论坛联合举办过关于公开课在线研讨活动，如关于公开课的一些思考：一是公开课能否远离“作秀”。二是公开课的评课要“说真话”。三是如何避免公开课与常规课的两张皮现象。公开课的目的是什么，不言而喻。学以致用才能够真正提高教学水平，才能激发引起思考。有许多老师，人为地把公开课与常规课割裂开来，上公开课能用注重教育教学理念的应用，能努力围绕新课改要求的三维目标去实施，能真正提高课堂教学效率，等等。但在常规课中，却与公开课相距甚远，延用老办法，守住老经验，备课不充分，效率提不高，等等。这就抹杀了公开课的作用，对自己的成长也是不利的。所以只有把常规课真正当做“公开课”对待，才能真正提高自身的教学水平。

现如今的公开课由于种种原因逐渐变成了一门不允许失败的艺术，大部分老师都会在开课前进行充分的准备，有些老师甚至重复演练许多次，学生为了配合老师“演戏”也作了大量准备，老师有时连每一句的过渡句、串联词都设计好，只等着合适的时候抛出来，就好比看一场电影，你都知道下一句台词，下一个动作是什么，还有什么意义呢？一些新的发现与感知往往来自于计划和想象之外。芬兰教育被世界公认为是成功的，芬兰人认为公开课对学生没有任何意义，甚至觉得很可笑，没有必要做样子给别人看，虽然很简单的话，却值得我们反思，公开课只能说是课程的一个样本而不是典范，教师在这种状态下往往像一个背台词的演员，课堂成了老师的表演舞台，学生成了群众演员甚至是麻木的观众。教学是为了教人如何学习，知识不是知道什么，而是感知发现的一个过程。

【案例1】

“无聊”另有含义[①]

有一位老师上《一只小鸟》公开课。课中，坐在我身边频繁举手回答老师问题的同学嘟囔了一声：“无聊。”我问他：“什么无聊?”他眼珠一转，想了想：“这就是无聊的作品。”不对呀！冰心先生的《一只小鸟》明明写得非常感人。这时，我想起他在说这句话之前眼珠转了一下，从他眼珠一转中我推断，“无聊的作品”不是他真实的心声，“无聊”另有含义，无聊是指什么呢?

后来想一想，课前老师跟我说，因为临近期末，新课已经上完，另外选文章已经没有时间了，加上这次活动有很多校长参加，他不能冒风险，所以要讲一节讲过的课。看来，这里学生说无聊，并非是作品本身无聊，而是对已经学过的、熟悉的东西再来学习感到无聊。

那为什么他们不直接说教学无聊呢？再想一想，我就明白了：学生很爱护他们的老师和学校，他不愿意直接说教学无聊。明白了这一点，我同时意识到，他的频频举手只是在配合老师把一节上过的课演得更像一节新授课而已。

【案例感悟】“课堂教学，是教师与学生生活的另一种样式，而生活的意义与价值在于它的真实、本色。虚幻的生活最终带给人的是生命的失落和心灵的痛楚。曾几何时，我们的语文课堂失却了真实与深刻，捧出的是一束束虚假的‘塑料花’，艳是艳得很，却没有生命，没有成长的气息。于是，我们的学生对语文课渐渐地倦怠了，我们的教师也慢慢地变得庸俗了，不论是语言还是思

---

① 陈大伟. 走向有效的观课议课［J］. 人民教育，2007（23）.

想，都丝毫没有了当初的激情与奔放。这是语文世界的悲哀!”薛法根老师的这段话道出了课堂教学的真谛，就是要远离虚假的美丽，还课堂以本真。在这里，仅仅是“听”，我们就只知道一个“无聊”的声音。通过咨询，通过对学生回答问题的眼神观察，再联系上课的背景，我们就可能更接近学生的内心真实。通过对学生真实声音的解读，我们不仅知道在教学活动中不能让学生再吃嚼过的馍，而且体会到学生对老师的热爱，从而更加强烈地意识到教师尊重，关爱，爱护学生，教学生做真人的道德责任。

【案例2】

公开课上公开的秘密

金　梁

A. 某市一位小学教师要上公开课，在上课的前一天老师嘱咐学生，许多领导和老师都要来听课，到时候千万别给老师丢脸，当老师提问时，会不会回答的同学都要举手，会的伸五个手指，不会的伸出四个手指。于是老师又亲自进行示范，并且让学生演练了几遍。当有学生质疑这“不诚实”时，那位老师却告诉学生“该撒谎也得撒谎”。如此教导学生进行演练做课，在许多教师中已不是什么“秘密”，有的学校领导对此也是默认的。

B. 北京教科院一位专家讲了这样一件事：一位小学教师上公开课，提问的时候，一个孩子站起来说：“老师，你安排回答‘大萝卜’的那名学生没来，该轮到我回答‘鸡蛋’了。”引起哄堂大笑。

C. 某校一位音乐老师虽然很有教学经验，也有一定的教学水平，但上公开课时她也很紧张。于是她就事先做了一些安排。为了表现出教学效果，她设计好刚开始上课时学生弹曲子弹得很不好，甚至外行人也能听出是跑调了，可一堂课下来，最后学生把这首曲子弹得非常优美，手法也非常纯熟，进步之快令人称奇。课后领导和老师们评课都众口一词说教学效果好，老师指导得也好。可私下里学生们却透露说这是老师课前已安排好了的，不然的话谁能不经过长时间的练习，一堂课就提高得那么快，简直是笑话。

【案例感悟】

真实，是课堂教学的生命。追求自然的、弥漫着生活气息的课堂情景——朴实无华的教学。千方百计地激发学生的创造性，鼓励学生进行“探究式”学习，鼓励同伴间合作交流，有效的课堂意味着教师应该不回避错误，把学生的错误变成教学资源，淡化自己“教”的角色，巧妙地把学生推向前台，智慧地把自己藏在幕后。可是为了把公开课演好，老师们还要试讲好多次，把课堂上要说的话通通背诵下来，甚至连表情也要对着镜子练练。一位老师上课，全教研组的老师都要帮忙，师生忙死忙活地直到公开课结束，大家才长出一口气。可学生们能得到什么呢？只是在看老师表演，并参与演出，至于是否学到知识都是次要的。记者就曾听到学生们抱怨说在公开课上他们简直成了木偶和道具，任由老师摆布。然而，学生们的抱怨声却阻止不了老师们演课的戏路。公开课什么时候能从舞台上回到课堂上？教学也需要“打假”吗？针对教师做公开课“演戏”，一位资深老师说：“观摩课、公开课就是大家听一位老师的课，对他的课就一两个问题大家研究探讨一下。从这个意义上说，公开课的存在是非常必要的。但现在许多教师做课不同程度地存在着弄虚作假和形式主义，对此我们要重视起来。如果老师都做假，这对学生的负面影响太大了，这不是明目张胆地教育学生学做假吗？虽然在一定程度上还很难根除，但我们教育界一定要不遗余力地去‘打假’。”教师的教学工作可以说是纯洁而神圣的工作，因为它的目标是育人。然而，公开课活动竟需要“打假”，这不免令教师们斯文扫地，汗颜不已。

王晓春老师曾写过一篇文章《关于“做课”》，在文章中他就曾对做课教师“最关心的不是孩子的收获，而是听课者的反映和评价”深表痛心。他认为搞公开课是为了研究教育教学中的问题，而不是为了争个高低，也不能去表演。他还提出了几条治“假”的办法：一是公开课不应过早提前通知，也不要过早提前备课；二是反对集体备课方式；三是认为讲公开课不能提前试讲、“彩排”。

【案例3】

“配合老师把课上好”

周洁清

在前不久举行的一次赛课活动中，我听到了一位参赛老师在课前与学生聊天时如是说：“希望同学们配合老师把课上好，把你们最棒的一面展示给评委和老师看……”乍听起来，这样的话是那样熟悉。曾几何时，自己在上公开课前也是这样鼓励学生；而作为听课者，也听不少教者说过类似的话。现在这样的话再次在耳边响起，心中不禁升腾起一个问号：在新课程改革蓬勃发展的今天，我们仍说这样的话，符合课改的理念吗？由“配合老师把课上好”这句话，我又不禁想到了在执教公开课前某些老师所作的“充分”的准备：老师事先在同年级的平行班中试教了几次，反复修改教案，甚至在自己的班中先预演一遍，把生字、新词先让学生们都预习好，词典查好，课文先背诵好，上课要提的问题先让学生们知道答案，完全成了一个文艺节目的彩排。到了真正上课时，老师一提问题，大部分同学都举手，课堂气氛非常活跃，老师还专门请一些平时成绩较好的同学回答问题，生怕一些学生的回答不正确而影响了原定的教学安排和课堂教学效果。整堂课都沿着预先设计的程序进行，看起来非常成功。这样的课，学生的确是“配合老师把课上好”了。公开课结束后老师会愉悦地对学生说：“谢谢同学们的配合。”

在教学公开课上，到底是学生配合老师，还是老师配合学生？时至今日，“教是为学服务”、“学生是学习的主体”，这是谁都会说的理念。但其实在教师思想深处并未得到真正的认同。不少教师并不讳言：学生如果在公开课堂上亦步亦趋地跟着自己走，自己心里便觉得十分踏实；反之，学生异想天开，畅所欲言，反而心里没底。由此折射出这些教师的教学观念还未跳出传统的教学本位的藩篱。传统的教学，完全是预设的产物：教师依据教学大纲和教科书，预设教学进程、教学内容、教学方法，写出教案，然后在课堂上按照预设开展活动。如果是公开课，教师预设得就更周密、更精心，小至每一教学环节的导语、提问都加以细致的推敲，甚至对学生的回答都作了设想。这样充分预设好的公开课，在我们听课者看来，往往有声有色、精彩纷呈、高潮迭起、顺利圆满。

【案例感悟】

这种风气还在愈演愈烈，已经发展成为新课程改革的绊脚石，它的危害性也是显而易见的。第一，害学生。为了上好一堂公开课，许多教师反复彩排，哪几名学生发言，发言的内容是什么。试想一下，这样的课堂教学已经没有关注到学生的个性，谈什么以学生为主体？他们不仅没有学到真正的东西，反而会在耳濡目染中接受反面教育，学会作假。第二，害老师。真实的课堂往往是朴素无华的。在假公开课披上华丽的外衣之后，那些不明底细的人，往往会被蛊惑。那些即使知道真相的人看到搞假公开课可以尝到甜头后，便也纷纷效仿，这可能会使不明真假的青年教师误入歧途。

用现代教育思想、教学理念去观照这样的公开课，我们不禁要问：一堂公开课需要一个什么样的教学过程，备课的时候就能完全了然于胸、把握在手吗？公开课也是学生学习生涯中的一堂课。在公开课上，学生本身应该获得发展，得到锻炼，个性得到张扬，而不仅仅是为了帮助教师展示其教学技艺、自身风采而配合教师教学。一堂“学生与教师配合得很好”的看似非常成功的公开课并不一定成功，因为它可能掩盖了一个巨大的缺憾：学生没有真实地学。而一堂“学生与教师配合得不好”的看似不成功的公开课却有可能恰恰让学生学得非常真实和自然。

《基础教育课程改革纲要》指出：“教师在教学过程中应与学生积极互动、共同发展……促进学生在教师指导下主动地、富有个性地学习。”如果公开课上，教师帮助了一个从来不敢在公开课堂上发言的孩子树立了信心，让一个一直读课文结巴的孩子通顺地读完一段话；让孩子们历练了学习的过程，体验到了学习的乐趣，收获了成功的喜悦；让学生合理的需要得到了满足，思维真正被激活，认知得到了提升，哪怕不顺利，那也必定是一堂有价值的好课。

【案例4】

不是在“上课”而是在“演课”①

在一次教研活动中，我和多年未见的老同学相遇了。他握着我的手说：“老同学，这些年来，你名声大振，我是特意来看你表演的!”我觉得他把“上课”说成是“表演”，心里很不舒服。“公开课”不仅仅是将教师的教学风格展示给别人看，更重要的是给大家提供一个课堂教学研究的范例，探讨科学的教学方法。可是，老同学为什么会有这样的认识呢？这引起了我深深的反思。

为了上好“公开课”，每次都要掉几斤肉。查阅资料、向别人请教、制作课件、准备教案、反复试教……一句话，教学过程中每个细小的环节都是经过反复推敲、演练的，真是“千呼万唤始出来”，展示在大家面前的“课”是经过千锤百炼的。我可以毫不夸张地说，课是比较完美的。教学目标中既有“知识与能力”，又有“过程与方法”，还有“情感态度与价值观”；教学过程中不但有听、说、读、写能力的训练，而且讨论、探究、合作学习等新的学习方式一应俱全；吸引学生的课件、激发学生兴趣的道具让人耳目一新；生成性教学资源层出不穷，并被一一开发利用。教师潇潇洒洒，学生激情四溢。的确，自己不是像平时一样在“上课”，而是在遵循“预案”认真地“演课”。

今天的课，得到了大家的全面好评，心里很高兴。活动结束后，我和老同学叙旧。当谈及上课问题时，老同学微笑说：“你是想听真话，还是想听假话?”

“废话！谁愿意听假话呢?”

“你的教学水平高，这一点是肯定的，表演能力好，也不假。但是你不是在‘上课’，而是在‘演课’。”

“何以见得?”我心里有些紧张。

“你冷静想想就不难发现，这种精彩的课不实在，是中看不中用的。没看到课堂上有些孩子是不懂装懂、懂装不懂么！他们没有说自己想说的话，而尽说你想要的话；提的问题不像真问题，更像是照着你的教案提的‘假问题’哦!”

“上课时，你关注的好像不是学生。你没有管学生学到了什么，学得怎么

---

① 张元进．期待的是“上课”而非“演课”[J]．教育科学论坛，2007（10）．

样，是怎样学到的，而只顾着自己精彩的‘预设’吧？”

是的，不得不承认他说的有理。短短的40分钟，我一个环节紧接着一个环节地上课，紧锣密鼓，简直密不透风。

“学生哪能将你‘精心烹制’的‘满汉全席’全消化呢？特别是那些‘困难生’更难跟上节拍，他们只是在凑热闹，能有什么收获呢？”

啊哈，当真是老同学，针针见血哦！听了这番真心话，我开始反思自己的整个教学过程。

课前，反复考虑的是如何优化课堂教学中的每个环节，如何让课堂展示更有声色……

课上，为了完成“预设”，背台词，赶时间，过环节。常常被学生“完美”的表现所迷惑，师生都被“胜利”冲昏了头脑，忽视了公开课也是课，也是学生生命发展中的一部分，每名学生也应该得到发展。难怪老同学会说我是在“演课”。

于是，我很认真地思考：“上课”对教师和学生来说是每天都要面对的，只有“真实、扎实、朴实”的课，学生才能学有所得，学有所得才能使他们真正快乐、健康地成长。如果我们的“公开课”不去追求表面的热热闹闹，不去追求什么“完美”，而能像平时上课一样有所侧重，进行大胆的取舍，舍得花时间让一个课文读得结结巴巴、竖式写得歪歪斜斜的孩子通顺地读完一段话，仔细地算完几道题，让一个从来不敢在课堂上发言的孩子树立信心……

是啊，如果“公开课”能多一点“上”的成分，少点儿“演”的成分，虽然有些粗糙，有些“遗憾”，但“教学是一门遗憾的艺术”，这样的“课”也并不见得是不成功的。

【案例感悟】可以毫不夸张地说，有些课没有几分真实的成分，教师提什么问题，学生该怎样回答以及由哪名学生来回答都是预先安排好了的，在课堂上举手回答问题完全是掩人耳目，其实哪个问题由哪名学生来回答教师是心中有数的（有时不免露破绽，抽错了学生而弄得尴尬）。从整堂课下来，课堂气氛活跃，结构严谨，任何一个环节都处理得恰到好处。我纳闷：这种公开课我将学习些什么？① 课堂不是师生外在的表演，而是智力生活与精神领域自然而然的舒展与表露。一切过分地苛求所谓的“教学设计的完美无缺，教学环节的环环相扣，教学过程的天衣无缝”的教育，常常遗忘了生成的创造性，遗忘了生命的无限可能性，遗忘了课堂的丰富性。正如布鲁姆所说的，教育教学中如果没有预想不到的成果，那么教学活动就不能成为一种艺术。我想，教学的真

① 冯静．公开课vs常规课．黑龙江小学教学案例与研究，2010（8）．

谛不啻为还课堂一个本真、简单而深刻的面目。

【案例5】 我在连续观看特级教师贾志敏老师的教学录像时，发现他的导课和开场白真实、朴素又与众不同。他不追求什么时下的亮点，不刻意摆设什么花架子，一招一式都是那么水到渠成，顺其自然而又严丝合缝，自有其理，简捷高效，真是大师的境界。有一次，该上课了，学生还未进入状态，教室里乱哄哄的，特级教师贾志敏老师是这样让课堂安静下来的：他指着一个女孩儿，不紧不慢地说："现在，只有这位同学不说话，坐得端正。"迅即，教室里安静多了，学生纷纷坐到座位上；顿了顿，贾老师又指着一行学生，称赞着说："现在，这一行孩子精神最饱满！"顿时，每一名学生都挺起胸膛，屏息凝视。贾老师环视四周，见大家思想都集中了，才亲切地说："上课吧！"

【案例感悟】你看，没有声嘶力竭的训斥，没有哗众取宠的煽情，贾老师悄然地将学生的心思都收拢到课堂上来了，平平淡淡，轻轻松松，却又实实在在，稳稳当当，这就是贾老师的课堂教学艺术。经仔细揣摩之后，是可以借鉴运用的教学"绝招"。这样的"绝招"，全融化在贾老师的举手投足、谈笑风生之间。我们得靠悟性才能辨出其中真味。贾老师的课堂让我想起在《人民教育》上读到的一篇文章，题目是《期待"素课"》："我期待着这样的素课——老师所说的，就像平时所说的。也许不是很流畅，不像著名节目主持人的脱口秀，也许没有多少比喻和夸张，也没有一大串的排比以增强气势，更不像演讲赛中滔滔不绝的雄辩，热情洋溢的声嘶力竭，体态相助的手舞足蹈，不像相声演员的语言，一惊一乍，噱头连连，悬念迭出。平时怎么说，就这么说，有断有续，有急有缓，有点头有叹息，只不过是集中在一个话题上，只不过围绕一个中心内容，只不过开个头，引个路，就这么说说、问问，引学生想想。偶尔幽上一默，偶尔明知故问，偶尔重复几句以示警觉，偶尔也出点儿差错，但一旦发现，马上就承认，而且一点也不感到丢面子……"[①]这才是大教师的风采和境界：大道至简。

【案例6】

"上课不是表演，要走语文教学的正道！"[②]

依稀记得那次我上的是《十六年前的回忆》，讲述的是李大钊被捕及牺牲的故事。课文与学生的生活有距离，学生不太感兴趣，也很难真切地体会到李大钊的大无畏精神。为了上得精彩一些，给特级教师留下一个好印象，我就提

① 朱华贤. 期待"素课"[J]. 人民教育，2008（8）

② 薛法根. 庄杏珍：对我影响最大的一个人［J］. 小学语文教学，2010（27）.

前让学生读熟了课文，并布置学生写了一段读后感，生怕学生在课堂上接不上嘴、说不出话。课自然上得比较流畅，自我感觉还很不错，便喜滋滋地等着庄杏珍老师评课。谁知，庄老师二话没说，一针见血地戳穿了这个课前的“小把戏”：这是在上课吗？上课不是表演，要走语文教学的正道！一瓢冷水羞得我无地自容，也浇得我如醍醐灌顶：真实，是课堂教学的生命！

【案例感悟】综观现在的中小学语文课，总觉得技巧太过，花里胡哨，失去语文教学本真的东西。薛法根老师面对形形色色的语文课堂，面对众说纷纭的各家言说，始终记得庄老师的告诫：你要有自己的主心骨！要走语文教学的正道！所谓“正道”，就是符合小学语文教学规律的方法与途径。面对异彩纷呈而又五花八门的语文教学现象，我们必须要有“主心骨”，不人云亦云，更不随风摇摆，要用一双慧眼透视种种课堂教学现象，发现小学语文教学的真谛。她这个主心骨就是实事求是的科学态度：从教与学的角度来说，教师要真心实意地教，学生要实实在在地学，教学要扎扎实实；从语文教学的本质来说，语文姓“语”，小语姓“小”，要把握好语文教学的“质”与“度”，不偏不倚。从此，他拒绝虚假，避免极端，走上了语文教学的正道。“简简单单教语文，扎扎实实促发展”，他对语文教学的基本观点，正是来自于自己对语文教学的深切认识。其实，根治自身教学顽症最有效的方法就是在专家面前真实地展露你存在的问题，请他们毫不留情地给你做思想内源的“外科手术”，让你在“痛苦”中脱胎换骨！遇到像庄老师这么一位“外科医生”，着实是一生的幸运。

大道至简，课品如人品。对教师来说，公开课毕竟是有数的，常规课才是教师的“家常菜”。我们需要研究的是如何把常规课上成“公开的家常课”，让课最实在、最可学、最自然，学生最获益。因为绝大部分老师上课是外人看不到的，而教育的真正力量，教育质量的真正提高，正是在于那些个千千万万外人看不到的课，千千万万个老师自己在默默无闻地上课时才体验出来的。所以学校应该是静悄悄的，课堂应该是静悄悄的，这种静悄悄不是不说话，这种静悄悄的是大家都在默默地真实地做他应该做的事。如果你到一个学校、到一个班级，到处是那种浮躁的给人看的东西，那么这个学校并不是一所好学校。但是，现在这样的学校很多呀！想起了丰子恺的话，他把教育方式比成水池子，水池子一会儿修成是方的，一会儿又改成圆的，但就是不关心池子里的水——学生，到底怎么样了。

九、接受与探究

新课程改革的理念是“以人为本”，关注人的可持续发展、潜能的挖掘以及感知和创造幸福的能力是教育核心价值的体现。与实现这一目标相随的手段必然要发生改变。所以决定学生学习方式能否改变的根本还在于如何帮助教师改变根深蒂固的理念和行为方式，使他们能够与最佳的实践方式保持一致。强调学生学习方式的转变，由被动的接受式学习向探究式学习发展，这需要一个过程，无论是从理念认识到教学实际中的灵活运用，还存在不少盲区。如有些教师片面地理解探究式学习和接受式学习，割裂两者的关系，在运用过程中出现极端行为，非此即彼；或只重形式上的热闹，不能把握运用的火候，出现人为贴标签现象等。

我们主张的是有意义的接受学习和探究学习，其含义是究竟采用探究学习还是接受学习，应综合考虑教学内容、教学要求以及学生原有的知识经验基础、心理准备等各种因素。同一节课内，可以既有接受学习，也有探索学习，两种学习方式兼而有之，相互配合，优势互补。反对那种因强调探究，就一窝蜂地变幻新花样，用探究学习取代接受学习。在教学中应具体问题具体分析，把两种方式有机结合。总之，一切要从实际出发，选择什么样的学习方式都是一种学习手段，没有孰优孰劣之分，殊途同归，一个目的——为了更好地促进学生的发展。

（一）极端的接受与探究都不宜成为学生主要的学习方式

从教育心理学的角度，学生的学习方式主要有接受学习和发现学习两种。接受学习是指学生通过教师或教材呈现的材料，来掌握具有它论性的现成的知识的一类学习方式。“探究学习是指学生围绕一定的问题、文本或材料，在教师的帮助和支持下，自主寻求或自主建构答案、意义、理解或信息的活动或过程。接受学习是由教师示范思考的过程，从而让学生领悟思考问题的方向与角度；而探究学习是由教师引导学生进行思考的过程。”独立探究需要一定的基础，对于中小学阶段尤其是小学生存在难度，所以在基础教育阶段要以教师引导下的探究学习为主，特别强调须有教师的切实可行的把关。①

极端的接受学习

新课程所以特别强调要转变学生“过于进行接受学习、机械训练”现状，在于以往的课堂教学基本上是“上课记笔记，课后背笔记，考后全忘记”，这

① 任长松．探究式学习：学生知识的自主建构［M］．北京：教育科学出版社，2005．

种极端的格式化的接受学习方式窒息了学生原本活跃的思维、钳制了学生的思想，把学生的大脑当成盛装知识的容器。

没有内化的过程只是一味地填装，学生的好奇心和求知欲一点点萎缩，此种方式不利于学生探究精神和创造能力的培养与形成，高耗低效，学习效果差。当前中小学课堂许多教师指导学生的学习，就属于这种情况。

极端的探究学习

新课程改革推进中，一线中小学教师面临许多困惑，一些人感到"越来越不会教了，找不到先前胸有成竹的感觉了"；"一堂课下来，忙忙活活，却发现备课的内容都没完成"；有的老师甚至有种"课堂活动轰轰烈烈，学生什么也没有学到"；"基础好、爱动脑的学生在探究，基础差的学生稀里糊涂，越拉越远，两极分化加重"；"教师工作量加重"等问题是极端的探究学习的表现。"教师除了'创设情境'之外似乎无所作为，造成了教师对探究学习的质疑'科学探究在课程中的地位是否提得太高'，'科学探究是否适合我国国情'，'科学探究是否对学习差的学生不适用'，等等"。[①]

（二）接受学习与探究学习的有效整合

科学探究需要接受知识，知识是探究的基础；接受式学习需要探究的思想并与探究结合。接受学习与探究学习的有效整合——在"接受中探究"与在"探究中接受"。

【案例1】

如何让学生在实验中收集证据[②]

在《氢气实验室制法》的学习中，可以通过学生实验的方法，让学生在实验中收集证据，总结归纳得出初步结论。教师先准备好有关实验器材，给学生一些铁粉、锌粉、铜粉、镁粉等金属与稀硫酸、稀盐酸，让学生通过亲自动手操作，观察现象与讨论分析，得出如下结论：(1) 有些金属能与酸反应产生氢气，而有些则不能；(2) 金属与酸反应产生氢气的速度不一样。在此基础上，教师适时指出：各种金属的价格不同。结合各方面的因素，学生自然能明白为何实验室常用锌与稀硫酸制氢气的道理了。

不言而喻，如果仅靠学生做几个化学实验就指望学生形成化学概念、发现化学原理或规律，如果不是自欺欺人也是痴人说梦。因此教师在学生已经具备一定的零散的、感性的知识基础上，不失时机地通过讲解让学生以接受的方式

---

① 赵呈林．初中化学"自主实验"初探［J］．中学化学教学参考，2002 (1)．

② 吴俊明，刘敏．更新课程观念　搞好课程改革［J］．中学化学教学参考，2002 (1)．

将知识予以深化和系统化是非常必要的。

【案例分析】在“探究中接受”大致相当于发现式学习，就是学生通过自己再发现知识形成的步骤，以获取知识并发展探究性思维的一种学习方式。在学习中，学生的主要任务不是接受和记住现成的知识，而是参与知识的发现过程；教师的主要任务也不是向学生传授现成的知识，而是为学生发现知识创造条件并提供帮助。发现学习的基本过程是：先由教师创设情境，使学生在这种情境中产生矛盾，从而进行积极、主动的思考，提出要解决的问题和设想，然后经过分析和操作等过程，对学习对象进行加工、改组，最后从中归纳出结论，并用来解决新问题。

【案例2】

“为什么我们得出了不一样的结论?”①

电烧水、煤气烧水，哪个更合算？某市煤气涨价，家长纷纷抱怨。一同学（小学六年级）在小学科学课后问老师：妈妈说，煤气又涨价了，不知道现在烧一壶水用煤气合算还是用电更合算，老师，你说这个问题我们能研究吗？老师后来在班上赞扬并鼓励了这位同学，并请大家都来研究一下这个问题，可以自由组成小组回家后自己研究。同时提醒同学们要注意安全，务必请家长协助操作。但具体如何开展探究过程，以及探究方法是什么，教师没有给予指导。各小组探究后，教师组织同学们在班上交流，结果得出了不一致的结论。有的说烧一壶水，煤气省钱，有的则说用电省，争论不休。

教师：同学们，每个小组都得出了自己的结论，大家的结论并不一致，可是大家都觉得结论只能是一个，都觉得自己的对。下面，我请同学们思考一个问题：我们这样争论下去，都说自己是对的，能最终得出结论、判断出谁对谁错吗?

学生：不能。

教师：那怎么办，如何对大家的探究结论的正确与否进行判断或评价?

学生A：大家都说一说，你是怎样研究的，把研究的过程讲一讲。

学生B：每个小组都把计算的数据给大家说一下，让大家看一看有没有计算错误。

教师：对，大家都说得非常好，我们要讨论一件事，必须按照一定的规则进行，否则就是无规则、无原则的胡乱争吵。那是不会有什么结果的。大家刚

① 任长松．探究式学习：学生知识的自主建构：从两个探究案例引发的思考［J］．课程·教材·教法，2004（1）．

才都说了，要公开展示各自的研究过程、方法和统计的数据，让大家一起来质疑、评价。下面，咱们各小组一个一个地说。

（每个小组陈述完后，其他同学提问，该小组答辩。教师也参与讨论，如不时地提一两句质疑或反驳的话，大多是同学之间的交往、交流、对话、相互质疑和答辩）

教师（总结）：通过刚才各小组对过程、方法和数据的展示，通过同学们自己一起来质疑、批评、讨论，同学们知道了，要公平地对比两种烧水方法的花费大小，必须注意一些探究的规则。哪个小组没有做好，自己总结总结，想好了就给大家说一说。

小组 A：要注意烧同样多的两壶水。我们小组没有注意这一点，得出的结论就有问题了。

小组 B：我们小组虽然注意到了这一点，但只记录和对比了烧水所用的时间，没有计算和对比这些时间内所花费的煤气费和电费各是多少，就得出结论哪个更合算，对比的实际上是不同方法烧水速度的快慢，而不是不同方法的合算程度。因此，探究结论也出了问题。

教师：无论是从成功的探究中总结的经验，还是从失败的探究中总结的教训，这次经历使每位同学都有不少收获，这就是挫折和失败的教育价值。我们说"失败是成功之母"，从自己的挫折和教训中得到的收获对自己的长进有时更有作用、更有影响、更有促进。体验并总结了失败经历，常常使我们长进得更快、更扎实。老师希望你们不要怕失败，要珍惜自己的教训，珍视自己各种各样的经历、感受和体验。

小组 A：老师，我们打算回去再作一次实验。

小组 B：我们打算根据电和煤气的价格，重新计算一下。

小组 C：只是重新计算还不行，煤气费是根据烧了多少格算出来的，电费是根据用了多少度电算出来的，你们只记录了烧水的时间，还是不行。

教师：很好。下节课同学们再一次交流实验结论。这里我在同学们亲历探究的基础上讲点探究知识：咱们这种以比较为主要目的的探究实验，我们可以称为对比实验，其中有一些方面、有一些变量（如水的多少），在两组相比较的实验中应该保持一样，我们称之为变量控制。刚才我们保持一致的变量就是水的量（体积或重量），或者说我们对水量进行了控制。这是同学们自己总结出来的第一点。如果对比实验没有控制变量，结论就要出问题了。第二点，我们要对比的是两种方法烧水的合算程度。对于合算程度，不应该用烧水时间来计算，而应该用烧某些水所花费的钱数来表示，这一点，我们叫统计或实验的效度。刚才同学们也都已经分析出来了，如果忽略了这一点，实验效度就出问题了，得出来的结论也就不一定正确了。同学们不必记住这些名词术语，在今后的实验中只要注意这两个方面的探究规则就可以了。

【案例分析】

在这个探究式学习案例中，教师不再充当包办代替的角色，而是撤到后台，充分地放手，不再把现成的步骤一一列出，而是有条理地提供条件帮助学生自己去发现。整个过程是学生自己操纵的。在这一实验过程中，从提出问题、设计方案到探究过程的开展、探究结论的得出在较大程度上也是学生自主完成的。教学的前半部分，充分发挥学生的主观能动性，调动他们的思维积极性，通过亲身经历探索发掘的过程，让学生充分感受体验知识的构建过程，这种由学生亲自尝试、思考、解惑和总结的非指导性教学，为学生自主构建个人知识以及依照自己的思维方式去认识世界提供机会。

不同烧水方法合算程度知识的获得不是通过教师的讲解，而是学生自主建构，有了个体亲历探究内化生成的过程，关于探究过程中对变量控制和实验效度的概念（最后由教师给出了概念名称）的理解就融会贯通到学生自己的知识体系中。

在整个过程中，教师提供的最好支持和帮助就是给学生机会解释他们的探究过程、思维过程和方法。在讨论的过程中和最后总结时，教师适时地运用自己的知识（教师知识）参与对学生探究的质疑和提升，如在学生讨论中教师也参与其中，不时地插入一两句质疑或反驳的话，最后，在学生总结经验教训的基础上，教师帮助他们进一步提高。自始至终，学生的知识成为关注的焦点，而教师真正实践并体味着“平等中的首席”和“开路中的向导”的含义。

（三）探究式学习与接受式学习的具体运用情境

“以学科教学为例，对于物理教学来说，探究式学习是一个比较理想的载体。物理学中，许多概念和规律的学习都可以用探究式学习来进行。例如，把‘弹簧振子的周期与什么因素有关’作为一个课题交给学生探究，然后在课堂上由学生展示其探究结果。这样不仅满足了学生探究的欲望，而且激发了学习兴趣，培养多方面能力。而对于那些内容确定的，学生的任务就是在教师的讲解下通过阅读教材将有关的新知识进行理解、整合并纳入已有的认知结构中，这种方式的优点是教学效率高，能在相对短的时间内掌握较多的知识，而且掌握知识的系统性强。”①

---

① 梁云芳，钱志，卢飞麟．试论探究式学习与接受式学习的辩证关系［J］．当代教育论坛：学科教育研究，2008（3）．

【案例3】

确定位置[①]

郝 威

片段1：借助座位，探讨用“数对”确定位置的方法

初步感知，发现问题。

(1) 让学生借助身边的事物，用多种方式描述自己的位置。

(2) 为了使同学们说起来更方便，把全班同学按照列从左至右分成八个小组，并发给小组牌。再让学生说一说自己的位置。

(3) 课前每个同学从老师那儿抽取一个信封，里面写有学生新的座位，学生根据信息找到自己的新座位。(有两名学生的信息缺少一个条件，无法确定自己的位置)

通过这个活动，使学生感受到要想确定某个位置必须有两个条件，缺一不可。

片段2：自主探究，寻求方法

(1) 让学生说一说自己的好朋友在第几组第几个座位，教师记录。

引导学生发现，这样的记录方法太麻烦，产生能否更简捷地表示出自己位置的需要。

(2) 学生自主探究设计表示位置的方法，并展示汇报。

(3) 认识数对，指导数对的写法、读法。

(4) 用数对表示同学及自己的位置。

(5) 老师说数对，是谁谁就站起来。(1，6) (6，1) (2，7) (7，2)

引导学生发现交换数对中两个数字的顺序，位置就变了。

【案例4】

诺贝尔奖离我们有多远[②]

诺贝尔物理奖得主杨振宁教授一针见血地说：“传统的教学方法使会考试的孩子占了便宜，但中国最需要的恐怕不是会考试的人。”

小学自然第九册《摩擦力》一课，为了让学生理解影响摩擦力的大小是接触面光滑程度和重量大小两个因素，书中分别详细介绍了两个实验的方法、步骤。在实际教学中，我大胆改革，不给学生实验方法，让学生自己设计实验进

---

① 全国首届新课程小学数学优秀课例评选.

② 高春秀. 今日做教师 [M]. 北京：同心出版社，2008.

行研究。

课堂上，研究气氛非常活跃。先来看这一组，两个同学的意见居然不统一：在验证物体重量这一因素时，一个主张在光滑面上测，一个主张在粗糙面上测。我肯定了他们的研究态度，并在全班提倡“组内答案不唯一”的做法，最后建议他们将两个实验都做一做。结果当然不言而喻，两人得出了相同的结论。还是那组同学的思路清晰：他们先在光滑面上拉动木块，又分别放上不同砝码，得出两大组数据，同时得出了两个结论。他们的做法说明，原教材将两个实验机械地、顺序地定为1和2是完全没有必要的。有的同学思维更开阔，他们提出，摩擦力的大小与接触面面积、运动速度有关，更有一名同学居然提出六年级才学到的斜面的知识。我充分肯定了他们的研究成果，表扬了他们勇于标新立异的创新精神，并鼓励他们课下继续探究。

科学过程比科学结论更为宝贵，因为前者是点石成金的点金术，后者只是块金子。我没有局限于给学生金子，更使他们得到了点金术。相信会有这么一天，诺贝尔奖的名单中将出现“China”!

【案例分析】在一节课上，也许学生探究十或二十分钟还搞不明白的问题，老师用几分钟就把答案讲清楚了。可见，在时间有限的一节课上，满堂灌的讲授方法是立竿见影和暂时有效的。但从长远来讲，特别是从学生的未来发展和学会学习来讲就不尽如人意。因为学生走向社会后还要不断地学习才能适应不断发展的社会，而这种探究能力不是走出校门后才培养的，而是在学校里，甚至从小学一年级就要培养。另外，学生在初始阶段，探究学习可能会花费很多时间，不如教师讲授学得快，但经过一定的时间和阶段，学生的研究能力一旦形成，就会成倍地提高学习效率。对知识的掌握也是如此，学生在课堂上很容易掌握的知识很多都是模式化知识，只知道解决问题的步骤而不了解使用这种做法的原因，只能用来应付考试。这样的知识使学生的思维总停留在同一个层次上，使学生已习惯于不思考，习惯于等待，无法进行迁移和运用，更无法使用知识加深对事物的领悟，危害是不小的。以上案例中的两位教师都没有只图一时的短期效果，采取灌输式讲授方法，而是运用探究式学习方法。真正的课堂教学是一种开放式的、无法预知的自由论坛的形式，在这种开放式状态下，许多关于课堂经验的观点会通过一种富有建设性的智力碰撞形式得以涌现。

【案例5】

让探究学习和接受学习共喝彩

吴飞霞

（北师大版九年义务教育第八册）《用字母表示数》教学片断

以下文字摘自台江实验小学的博客。在文中吴飞霞老师以自己的具体案例阐述了在小学数学课堂教学中怎么处理好探究性学习和接受性学习。

在数学课堂上应怎样处理探究性学习和接受性学习？如何根据不同的教学内容，有效地引导学生采取探究性学习方式和接受性学习方式。这是值得探究的问题，尤其是在学习对学生来说较抽象、较陌生的内容时，探究性学习能走多远？接受性学习的度要多大？带着这些思考，吴老师在教学实践中作了一些探索。

［片断1］引导探究，学习新知

师：你们想知道老师的年龄吗？（课件出示老师和女儿的照片）猜猜看。

师：如果老师告诉你们我比女儿大25岁，现在你知道老师的年龄吗？为什么？有没有办法表示？

师：当女儿1岁时，老师的年龄该怎样列式呢？

生1：当女儿1岁时，老师比女儿大25岁，所以用1＋25可以表示老师的年龄。

师：当女儿2岁呢？

生2：当女儿2岁时，老师比女儿大25岁，所以用2＋25可以表示老师的年龄。

师：谁会照样子说一说女儿几岁时，老师的年龄又该怎样列式呢？

生3：当女儿3岁时，老师比女儿大25岁，所以用3＋25可以表示老师的年龄。

生4：……

师：观察老师年龄的式子，你发现了什么？

生1：女儿的年龄一天天在长大，老师的年龄也在长大，老师和女儿的年龄都是相差25岁。

生2：女儿长大1岁，老师也长大1岁，她们之间相差数不变。

生3：老师和女儿不管长多大，女儿与老师的年龄相差总是25岁。

师：如果继续往下数，女儿的年龄数得完吗？

生1：数不完。我们可以用字母来表示。

生2：我用字母a来表示你女儿的年龄，你的年龄就可以用a＋25来表示。

生3：我用字母x来表示你女儿的年龄，你的年龄就可以用x＋25来表示。

师：看来同学们会用不同的字母表示相同的数。如果请你选用一个你喜欢的字母来表示你自己的年龄，并用含有这些字母的式子来表示你们爸爸、妈妈的年龄？你们会吗？

【案例分析】片断1中，吴老师在教《用字母表示数》这一课时，对小学四年级学生来说，还没有建立起抽象的表达数的概念。这种情形下，吴老师课件出示自己和女儿的照片，从自己和女儿的年龄说起，从孩子们熟悉和能明白的身边事物出发，一步步引导学生思考、尝试、分析和设想，从自己的体验出发，从具体可感的事物开始，逐步建立起关于“用字母表示数”的概念含义。吴老师不急于先列出式子，照本宣科地进行抽象讲解，而是启发学生思维，一点点接近知识的内核，最后在她的帮助下，由学生自己找到和总结处“用字母表示数”的方法，顺利地完成了教学任务。

在吴教师的恰当指导下，学生自己去尝试、摸索和总结，从而培养学生爱动脑、肯思考积极主动的探究能力，这是一味地任凭教师的灌注无法达到效果。由此可见，探究性学习在积累直接经验，培养学生质疑精神和动手能力方面有其独特的作用。

［片断 2］数字和字母相乘的简写

在用字母或含有字母的式子来表示数量间的关系时，学生摆了 n 个三角形，需要小棒的根数是 $3\times n$ 根；摆了 y 个三角形，需要小棒的根数是 $3\times y$ 根；摆了 z 个三角形，需要小棒的根数是 $3\times z$ 根。

师：当数字和字母相乘时，如 $3\times n$ 可以写成 $3\cdot n$ 或直接写成 $3n$，当数字和字母相乘时通常把数字写在字母的前面。下面同学们动笔把这些列式简写一下吧！

［片断 3］

师：刚才通过大家的探究发现，用字母不仅可以表示一个数，还可以表示变化的数。那你们能用字母表示正方形的周长和面积的计算公式吗？（课件出示一个正方形，在边长处标出 a）请同学们动笔试试吧！

生 1：周长公式是：$a\times4$，面积公式是：$a\times a$；

生 2：我有个问题 $a\times4$ 改写成 $4a$，那 $a\times a$ 可以改写成什么？

生 3：我觉得可以改写成 aa.

师：老师告诉你，当两个 a 相乘时，直接在 a 的右上方写上小小的 2，读作 a 的平方，它表示两个 a 相乘。

【案例分析】

接受性学习在积累间接经验、传递系统的学科知识方面，其效率之高是其他方法无法比拟的。吴老师在教学片断 2 和片断 3 中，引导学生学习“数字和字母相乘的简写”时，采取的是接受式学习方式。她在自己的教学反思中谈到：“这一课中关于字母与数字改写的认识和两个字母 a 相乘该怎样书写与如何读，都是孩子们初次接触到的基本概念，他们没有这方面的知识和经验的积累，必须在教师的引导下通过积累丰富的感性认识，适时予以抽象去验证老师给出的结论。”因此该部分教学她果断地采取了接受性学习方式，收到了很好的效果。看来在实际教学中并不是所有的学习内容都需要用合作学习的形式和探究学习的方式来进行的，对一些学习内容来说接受学习也是必要的。因此教师要正确理解，妥善处理好接受学习和探究学习两者的关系，不要一味地提倡探究，而忽视间接经验的接受，因为从本质上讲，学生的学习过程是以学习间接知识为主，这就要求学生不需事事都按“发现”的步骤去探究。“一名学生不能只凭发现法学习，犹如一个发明家，不是一天到晚都在搞发明一样。”

发现学习倡导者布鲁纳的话是充满哲理的。以上三个教学片断中，我们不难发现，吴老师尽量从接受学习中挖掘探究的因素，充分利用讲授、提问、讨论等方法引导学生探究，为建构学生真正属于自己的活的知识而准备。

这两种学习方式在学科教学中都是必要的，而且是相辅相成的。教师在教学中要努力达成不同学习方式的整合、平衡和最佳结合状态，根据教学的实际需要和学习方式的多样性、差异性及选择性等特点，合理地把握时机，因内容而异，主辅分明，在接受学习中引入探究方法，在探究过程中融进接受学习，从而使传统的“接受性”教学方法与新课程改革倡导的自主合作、探究学习方式有机、有效地结合起来，优势互补，取长补短，以求更好地促进学生的发展。

无论是探究式学习还是接受式学习，在教学实践中各有优势和不足，在教学中不能把这两种学习方式完全对立起来，而是要将这两者相结合，任何一种单一的学习方式，都不足以更好地促进学生的全面发展。在探究式学习中学生可以进行个人意义的知识建构，在教师的积极指导下自己去尝试、摸索和总结，从而培养学生的自主创新能力，而不是一味地任凭教师的灌注。当然接受式学习也有自身的优点，这种方式可以在较短的时间内掌握更多的知识，而且往往所掌握的知识系统性很强。

总而言之，接受学习和探究学习都是重要的学习方式，应该彼此取长补短，相互促进，不可偏废。同时，还要努力实现这两种学习方式的有机整合。教学中应根据知识的不同特点来确定运用哪种方式，无论采用哪种方式，教师在这其中起了非常关键的作用，只有学习方式对了，这样的教学才能收到事半功倍的效果。

十、自主与合作

课堂教学中学生的合作是有条件的，一定是在学生自己思考的基础上，而不是一上来就盲目地合作；如何把握自主与合作的火候，是保证课堂教学有效性的关键。

自主学习与合作学习是新课程倡导的学习方式。“自主”顾名思义是自己做主，就是自我决定、独立思考、对自己行为后果负责。“在哲学上，自主性表现为主体性，它属于人区别于动物本质的一个根本规定。”① 自主学习指的是一种主动的、建构性的学习过程，是学生为自己确定学习目标、制定学习计划和安排，并对自己的实际学习活动进行监察、评价、反馈、调节和控制的过程。其核心思想是学生通过主动建构生成新知识的过程，而不是被动地接受或照搬从教师或课本获得信息的过程。合作学习是与竞争学习及个人主义学习相对应的概念。合作学习既是一种教学方法，又是一种学习方式。作为一种教学方法，合作学习有别于传统教学的双边互动观，强调课堂教学中的多边互动，不仅要求教师对整个课堂教学设计进行整体把握，分配学习任务，控制教学进程，同时要求教师关注与学生的交流互动，注重学生之间的相互启发、相互帮助。合作学习要求关注师生互动、生生互动。②

目前讨论自主与合作的论文很多，观点也层出不穷，但通过对一线中小学教师的访谈交流，发现他们在如何领导学生进行自主与合作的学习过程中有很多困惑，理论层面如何落实到实践的操作和调控，是许多老师面临的难题。为此，我在这里不想再对名词概念做别人的重复，旨在通过案例，探讨什么是课堂教学中有效的自主与合作，在自主合作中教师应注意的问题与把握课堂的尺度。

小组合作——分工合作、协调一致。

【案例 1】

六年级新授课《圆的周长》③

杨　静

片段：介绍用测量的办法探索周长和直径之间的关系

1. 测量圆的周长

要想知道你手中圆的周长是直径的几倍，你有什么简单、易行的办法？

小组合作用测量的办法，计算圆的周长是直径的几倍。

2. 小组汇报

---

① 高清海．哲学在走向未来［M］．长春：吉林人民出版社，1997：67.

② 朱宁波，陈旭远．新课程核心理念诠解［M］．北京：高等级教育出版社，2005：120.

③ 全国首届新课程小学数学优秀课例评选．

（1）汇报测量的方法：围的方法和滚动的方法。

（2）观察数据，提出疑问。

引导学生发现问题，大小不同的圆形的周长除以它的直径，得到的倍数都不一样，并没有像书中说的那样，圆的周长是它的直径的3.14倍，为什么我们得不到3.14这个数据呢？（误差的原因）从而发现测量方法的局限性。

师小结：看来，用测量的办法得不到一个确切的结论，要想知道周长是直径的几倍，还需要换一种方法。

【案例2】

自主识字 自得其乐
——《棉鞋里的阳光》教学案例与反思

我根据教材的特点、学生的实际情况以及自主性学习的基本理念，设计了三个教学目标：

1. 认识“棉、照”等13个字，会写“妈、奶”等6个字。

2. 正确、流利、有感情地朗读课文。

3. 有关心长辈的愿望，学会体贴长辈。

【教学片断】

这是一节识字课。

师：同学们，别看这些生字又多又难，但大家只要开动脑筋，就一定有办法记住它们！（学生们很快就讨论起来。交流汇报时，出现了“七嘴八舌”的生动局面）

生：我想出来了，老师，“合”可以这样记：“一人一口”就是合。

师：好，顺口溜的办法不错，谁还有别的办法？（一石激起千层浪，学生争相介绍自己的办法）

生：“棉花”的“棉”左边是“木”字旁，和植物有关，右上面有个“白”，因为棉花是白色的，右下角有个巾，棉花可以用来织成毛巾。

生：“躺”注意左边不能写成“身”。

师：提醒得不错，请大家伸出手，书空“躺”的左部分。还有吗？

生：我用换一换的办法记“晒”，把“洒水”的“洒”三点水换成日字旁就成了“晒棉被”的“晒”。你们同意吗？（学生都说同意）

师：我也同意，还有其他的办法吗？

生：我用加一加的办法记“晒”，是在“日”的右边加上“西”字。

生：我可以把“晒”编成谜语：“西边的太阳”。

师：很棒！真是个爱动脑筋的好孩子。

生："眼睛"这两个字的偏旁相同，都是"目"字旁。

……

学生们你一言我一语，繁难的生字被大家的"奇思妙想"化解了。这真出乎我的意料，我不禁为孩子们的聪明才智鼓起了掌。

【教者反思】《语文课程标准》指出："识字教学要将儿童熟识的语言因素作为主要材料，同时充分利用儿童的生活经验，注重教给识字方法，力求识用结合。运用各种形象直观的教学手段，创设丰富多彩的教学情境。"本节课，我让孩子们根据自己的生活经验进行联想、分析，选择记忆字形的方法，再通过正确的语言叙述，既巩固了识字，又发展了思维能力。孩子们在识字中表现得非常积极、热情、独立、自主，他们完全成为识字的主人。识字教学由枯燥变得有趣，由单一变得多样，识字成为学生的一种精神享受和生活需要，久而久之，学生定能养成良好的自主识字的习惯。

【案例感悟】

"积极倡导自主、合作、探究的学习方式是达到语文教学目的的基本教学策略。""要培养学生的创新精神和实践能力，必须从转变学生的学习方式入手。要将过去那种被动、封闭、接受性的学习方式转变为自主、合作、探究的学习方式。"①

自主性。教师要营造良好的有利于学生自主学习的氛围，保护好每一名学生的学习积极性，并要积极探求有利于学生主动学习的方式。

合作性。加强学生之间、师生之间的合作学习，促进师生知识的丰富和能力的提高，培养学生的合作精神和合作能力。

探究性。让学生拥有自主探究的空间，教师要引导学生走出课堂，在真实的任务情境中进行学习实践活动。同时，要让学生拥有探究的自主权，在学习时间的安排、主题的确定、研究角度的选择、方法的运用、结果表达的方式等方面，都应让学生自主选择。

【案例3】

小组合作②

四年级新授课《认识分数》刘清姝

片段：

(1) 学生小组活动，用各种形状不同的纸片，通过折一折、涂一涂得出这

① 朱慕菊主编. 走进新课程：与课程实施者的对话［M］. 北京：北京师范大学出版社，2002.

② 全国首届新课程小学数学优秀课例评选.

几种图形的二分之一。教师提问：观察这些图形的涂色部分，它们一样吗？有什么不同，为什么都能用 1/2 表示？然后进行比较交流，从中体会到：虽然纸的形状不同、折法不同，但都把这张纸“平均”分成了两份，所以每一份就表示这张纸的二分之一。

（2）在学生用同样的正方形纸折出了 1/4，教师抛出疑惑：你们折的 1/4 面积一样大吗？面对学生的错误判断教师并不急于评定，而是借助手势语言引导他们观察，创设了一个小小的辩论情境，让学生的思考在相互的交流争辩中逐步明晰起来。

【案例 4】

结论在无声的思考之后（合作的前提是自主思考）

孙 明

数学课上，教室里一片寂静，没有一点声响。同学们都在全神贯注地思考这样一道题：两个长方形，当它们的周长相等时，面积有什么关系？是否一定相等？

这不是一个轻而易举就能回答出来的问题，教材中也没有明确的结论。但学生们可以用已掌握的长方形的周长及面积的知识，经过一定的加工得到结论，这个加工过程就是思考和创造的过程。此刻的学生们正在思考中，不少同学还动笔画着算着。逐渐，同学们的脸上有了自信和笑容，有了豁然开朗的神态和跃跃欲试的表情。这时，我轻声地说一句：“现在可以和周围的同学交换意见。”瞬间，教师里的寂静被打破了，同学们通过画图、举例、计算得出结论：两个周长相等的长方形，其面积可能相等也可能不相等。因为周长相等的长方形，长和宽并不一定分别相等。两个周长相等的长方形，如果长、宽不是分别相等，其面积自然就不是相等的。

同学们得出的结论是正确的，而这个结论来自于前边“无声”的思考过程。想象一下，如果没有这个无声的思考，一上来就让学生们讨论，当然也可以讨论得热热闹闹，也可以得出最后的结论。但是没有了每个人自己认真思考的过程，讨论时被动地听别人发言的人就会多了，主动参与发表意见的人就会少了。学习的效果，讨论的深度自然要打折扣了。

【案例分析】上述案例中的老师很好地理解并实施了真实意义上的自主与合作的学习。她不追求课堂上表面的热闹，而是让学生实实在在地享受独立思考的过程，从而让学生在此过程中感受到思考的乐趣和自我发现的喜悦。这和时下某些华而不实、美其名曰的新课改课堂中“展示式”课堂的模式形成反照。

学生自主学习的实现是需要条件的。之一便是教师在课堂上要给学生真实的思考文本和问题——独立思考的时间，而不是走过场似的蜻蜓点水的一笔带过。没有时间的保障，自主成了一个好听的新名词而已。新课改以来，出现一种极端的行为，由过去的课堂的沉闷，教师一讲到底变成现在的学生的满堂说、满堂跑，看似热闹，学生的思考和知识的获得是大打折扣的。课堂的学生自主常常变成了自流，合作成了形式，三五成群，叽叽喳喳，浑水摸鱼者大有人在，小组的合作交流变得时尚和风行，这样的学习方式和教学方法是哗众取宠，有名无实。我想回归真实，应该是有效教学得以实现的一条出路。

如何实现真正意义上的自主与合作？呼唤“该怎样就怎样”的静悄悄的课堂？

【案例 5】严华银老师曾经以评委的身份参加全国性的语文课堂教学评比活动。

最近的一次，也是我多年来参加相类似的活动中见识的课堂层次最好的。所以在评课时，我较欣喜地引用了唐朝白居易《大林寺桃花》中的诗句“长恨春归无觅处，不由转入此中来”表达情感。我尤其点说了其中的一节课，大概是东北某位教师的一节课。她用比较长的时段给孩子独立看书、思考、分析，接着才围绕某些问题——主要是学生学习中发现的问题，进行研讨和交流。

这个“比较长”的时段是多长呢？大概在 8 分钟左右。

而这恰恰是一个有“争议”的教学环节。说它有争议，一是因为在这样一个环节实施的过程中，现场的数百名听课教师表现出来的情绪状态，是较多的不满、较多的烦躁、较多的“倒彩”。就是说，大家不能忍耐那么长时段的“空白”，或者说，对这样一种教学安排他们不能适应，自己的教学过程中，也几乎不会有这样的设计和实施。二是当点评环节有老师称赏这样的教学环节并以为是一种本真的教学、本真的学习时，不少教师明显地表现为很不以为然。增加了这样的教学环节，不到 10 分钟的时间，引来的是这样的反响，很能说明现实语文课堂的窘困和迷局。①

【案例反思】教师：真实的语文课堂究竟应该怎样“指导”②

教师在这样的语文课堂中的价值实现一方面是组织学生的学习和研讨，更重要的一方面则是及时了解和发现学生学习中的困惑，从而实施最为有效的“指导”。掌控课堂，驾驭课堂，始终掌握课堂的主动权，诚然有失偏颇，但如甩手掌柜般放任不管又是极不可取的。

---

① 严华银．“深化课程教学改革”深度调研报告．人民教育［J］．2010（17）．

② 严华银．“深化课程教学改革”深度调研报告．人民教育［J］．2010（17）．

“指导”就是课堂教学中“教”的问题。关键是在指点和引导。一是它的发生应该是在学生学习遭遇困难、出现障碍的情况下。如果说课堂中学生的学习是一个常态，有一个过程，那么可以说，问题和障碍将是伴随其学习全程始终的。而对于学习能力等等不一的全班学生来说，教师的及时指导就显得异常重要。所谓“及时”，就不是待“问题”集中到一起再加以集中解决，而是在“问题”产生的当下立马予以解决。因为对于某些学生来说，也许此一“问题”就是一块阅读本文的拦路巨石，不解决就无法继续他的阅读活动。这也正是课堂中教师的地位和作用发挥之所在。

二是如何指点和引导的问题。现实教学中教师的“教”我们通常称为满堂灌、满堂问，它们的共性在于不是基于学生的问题和需求，而是凭着自己的经验和感觉，一厢情愿地“陈述”和“告诉”。至于学生要不要，要多少，一般很少顾及。这里的指点和引导首要考虑的是学生的主观需要，是他们真正的问题所在；其次是就其问题解决的方法、思路层面的“点拨”、“引领”，或者是就问题本身的分解和分层，引导学生自己的思索和探究，以至于问题的解决和答案的获得。

当前在初中乃至高中渐有市场的“展示式”课堂的模式。语文课堂已经不是传统的课堂，从内容到形式，从组织方式到学习方式。首先，教师在这样的课堂上似乎少有什么地位和“尊严”，学生是语文学习成果展示和交流的真正“主体”。其次，学生在课堂中就是一点也没有什么顾忌地运用各种手段和方法全力“炫耀”自己的学习的体会、认识和成果——据说也不管你是正确的还是错误的。再次，课堂中学生不是按照传统小组的“坐法”——“秧田式”座位编排方式，而是设计成“T 型台”的格局，团团围定，相向而坐，据说是为了便于交流和对话，也正因如此，课堂整个气氛十分热闹——常常是热闹非凡，令人无法冷静。这样的课堂假如教师还有什么意义和价值的话，那就是可以在开场时被严格地限制着提几点要求，结束时说两句正确的意义不太大的“主持人语”而已。

真实的语文学习，一定是让学习语文的人真正自主。而真正的自主，首先表现为每一学习个体——学生独立的学习。什么是独立的学习？也就是几乎每一堂课都必须有学生自己的较多的静思默想的时空。

面对教材文本自读默思的时间更多一些，所谓亲近母语，指的不仅是距离，而且需要时间；精彩的语段多读一些，读的方式丰富一些，必背的就即时背诵出来，校园之“书香”需要琅琅的书声来烘托；让学生动手点评、造句写话、黑板板演的机会更多一些，理解和运用语言的能力岂能离开语言的实践和训练；让学生根据抽象的语言文字各自展开独立的想象和思索的机会更多一些，“声光电”尽管好看好玩，但对于学生形象思维能力带来的不是增长而是束缚、限制甚或破坏，对于语言能力而言，只会是“降解”而不是提升和增强。由此说来，语文课堂中的多媒体的使用，必须慎之又慎。

【案例 6】

还记得魏书生老师在 20 世纪 80 年代末期在厦门集美中学教学《爱莲说》的一个环节：

老师规定同学用 20 分钟左右的时间带着字典认真研读原文，遇到问题可以小范围低声研讨，但不得提问。结果该班有一名女生大概是不大适应，或者按捺不住，把一只右手举得高高，故意伸向站在讲台上一动不动的老师。

因为有言在先，魏老师佯装不知，而其也故意将头望向其相反的方向。谁知这位同学十分有定力和坚持，看来是弄得魏老师有点不好意思了，便终于走到这位同学的桌前。该同学很懂礼貌，连忙从座位上站起，对老师说：“老师，我就这一句话不懂，而且这句不懂，下面就更不懂了。”

魏老师问：“是哪一句？”

那名学生指着课本中的句子，读了一遍：“予独爱莲之出淤泥而不染，濯清涟而不妖，中通外直，不蔓不枝，香远益清，亭亭净植，可远观而不可亵玩焉。”

魏老师接着面向大家说：“这样吧，这位同学有一个问题，打断大家一下，我们一起来看看！”

待大家注意力集中过来，魏老师对该同学说：你把你不懂的部分给大家读一遍。

读完后，接着师生两人就此问题展开对话。

师：这么长一个句子，你全部都不懂吗？

生：不是，我就是四个字不懂：“中通外直。”

师：这就怪了！很难的句子你倒懂了，这样简单的你却不会。

（全班学生大笑）

师：为啥笑？我说错了吗？

生：（提醒）难句书下有注释，这个句子书下没有注释。

师：（恍然大悟）原来是这样。那不管了，我们就来看这个句子。这四个字你一点都不会吗？

生：是的。

师：我不相信！难道连一个字都不会？

生：不会。

师：我不相信！比如说，“中通外直”的“直”也不会吗？

生：（犹豫）那是不是“笔直”呢？

师：是啊！你不是说得很好嘛！不就是把一个单音的词，变成了双音节的词吗！（紧接着）“直”的解释会了，与它对应的“通”也是应该推断出来的吧？

生：老师，可以翻译成“通顺”和“通畅”吗？

师：很好！你一下子说出两个答案，都不错，可能“通畅”要比“通顺”更好一些，大家看，是不是？（紧接着）知道了“通”和“直”的意思，我们就知道这句话是描写“莲”的什么部位的了。很显然，这是描写“莲荷”的茎秆部分的。如此，也就不难看出“中”和“外”的意思了，能说得出来吗？

生：我知道了。“中”是“中间、内部”，“外”是“外面、外部”。

师：说得很好。那能否把这一句连起来翻译一下呢？

在学生很准确地翻译完了这一句子之后，魏老师开始说话了：

同学们，大家都看到了，该同学通过自己的认真思考，非常好地解决了她开始自认为一点都不会的问题。知道这靠的是什么吗？自信自己的能力特别是潜力，联系前后文的独立思考和推断。下面请大家继续努力自读，依靠自己的力量，你一定能解决全篇问题的90%以上。

【案例分析】结果可想而知，这样一篇颇有难度的文言文，魏老师用一节课的时间教学完毕，而且学生掌握的效果非常好，堪称扎实。本课的教学高明就在于他是依靠学生自己的力量解决了自己的问题。在他的课上，教师提供学生最多的是适当的路径选择，而不是目的地和终点；学生总是通过自己的努力去尽可能多地解决问题，是真的自己在学习和掌握知识，真的自己训练和培养了能力，因此，他的课堂效率和效益总是最高的，可以经得住任何规范的检测和考试。坚决不告诉学习者问题的答案，用我们现在流行的一句话：打死我也不告诉！一不告诉，二指路径，三是启发激励。这“约法三章”我们肯做到我们又能做到吗？假如以此路径来改造和建构新型的语文课堂模式和程序，是否会更好一些呢？

【案例7】记得在一所小学有一位语文特级教师，教学一篇名为《槐香五月》的散文。有一名学生在老师兴冲冲的讲解中，忽然站起来，极为认真地指出老师讲解中的不是，这个不是主要是指老师的讲解与网络上专家的分析和本文作者自己的陈述有比较严重的分歧，希望老师给予必要的解释。这位老师显得异常窘迫，提问质疑的同学弄得异常狼狈。

【案例感悟】问题的关键在哪里？实际上，给予学生自主学习时空的教学实际给教师提出了更高的要求。从魏书生的课堂我们可以看出，对文本的熟悉程度、对教材的解读能力、对多元解读的认识并评价水平，以及处理这样的教学环节所必需的教学素养如生成的技术、追问的技巧、比对和启发的方法等都成为语文教师基本的能力和素养。而且，不断更新的语文知识和文化知识，不断提升的人文知识和素养，也在时时促进我们所有的语文教师必须与时俱进，学习、提升并且不断更新。

而这样的工作是要以一辈子永无休止的学习、思索的劳动作为代价的。魏书生老师的实践给我们作出了优秀的榜样。

【特别提醒】

“放”与“收”

处理好自主与合作的关系，重要的是要把握好“度”，避免“自主”变“自流”，也就是在课堂教学中，教师要处理好“放”与“收”的关系。

新课改重视学生的主体地位，强调学生学习方式的变革，学生由被动的接受学习向主动的探究学习转变，但任何事情都有个度的把握问题，过犹不及是不可取的。现在的课堂教学由于过于强调学生的主体作用而淡化教师的主导作用，致使一些课堂出现教师不敢多讲，不敢给学生安排定量等问题，学生放羊现象时有发生，课堂过于追求热闹和新花样，“自主”变“自流”——放任自流，教学质量大打折扣。

有效教学重视学生的自主性学习，激发学生的自动性、主体性与创造性的发挥，但在课堂上教师的职责是引导者，是导航领路的向导，该管的必须管，这一点是不容置疑、不置可否的。教师对课堂行为的调控——“放与收”节奏的把握，教师对学生思维的梳理和启迪，何时都不可听之任之。

有效教学要求教师学会巧妙地处理课堂“放”与“收”的关系，把握好“放”与“收”的尺度，可以使这两种课型扬长避短，充分发挥各自的优势。传统式课型要在发挥教师主导作用的基础上，注重教学的互动性。教师教学时不应局限于教材，要多一些“放”，即从课堂知识的一点向课外拓展迁移，将课外知识灵动地穿插在教学中，以促进学生的“发散式”思考，激活他们的思维。

对于开放式课型，应该在保证学生主体地位的前提下，适度地“收”，即充分发挥教师的主导作用，使课堂布局的巧妙安排和课堂气氛的有效调控得到有机统一。

一般而言，以学生自教为主的“小先生课”、研究性学习成果展示课以及自编自演的课本剧表演课，教师尽可以大胆地“放”，让学生发挥想象，努力创新，只要参与者能够体味到成功的喜悦，答案自然是丰富多彩的。而在“质疑探究课”中，教师则要努力创设有利于学生参与的教学情境，鼓励学生大胆质疑。教师这时既是教学的组织者，也是讨论者中的一员；既可以作总结性发言，也可以只发表一己之见。经不完全统计这种探究课“放”与“收”的比例控制在7∶3左右为宜，即以“放”为主，适当收拢。在“放”与“收”的过程中，把握住相应的时机也至关重要。

遇到如下三种情况时要“放”：

第一，课堂气氛压抑时要“放”，因为“放”有助于调节课堂气氛，调动学生的积极性；

第二，教授重点难点时要“放”，因为重点难点必须通过学生的反复思考才能更好地为学生所理解；

第三，问题能够引起学生争议时要“放”，因为学生的参与意识需要新颖的教学内容来促发。

与此相应，遇到如下三种情况时要“收”：

第一，学生注意力分散时要“收”，因为教师的精要总结可以使学生很快回到解决问题的实质上来；

第二，讲到一般内容时要“收”，因为一堂课就如同一篇文章，必须做到有详有略，重点才能够突出；

第三，学生争论无果时要“收”，因为许多开放性题目其思维的覆盖面通常较广，而一堂课的教学时间又十分有限，绝对地做到追本探源、穷根究底是不现实的。

十一、情境与体验

（一）有效教学必须关注学生直接经验的获得[①]

体验是指由身体性活动与直接经验而产生的感情和意识。体验使学习进入生命领域，因为有了体验，知识的学习不再仅仅属于认知、理性范畴，它已扩展到情感、生理和人格等领域。

体验性是新课程学习方式的突出特性，在实际的学习活动中，它表现为：

第一，强调身体性参与。学习不仅要用自己的脑子思考，而且要用自己的眼睛看，用自己的耳朵听，用自己的嘴说话，用自己的手操作，即用自己的身

---

① 教育部师范教育司组编. 刘可钦与主体教育［M］. 北京：北京师范大学出版社，2006：116.

体去亲身经历，用自己的心灵去亲自感悟。这不仅是理解需求的需要，更是激发学生生命活力、促进学生生命成长的需要。基于此，本次课程改革特别强调学生参与，强调“活动”，强调“操作”，强调“实践”，强调“考察”，强调“调查”，强调“探究”，强调“经历”。

第二，重视直接经验。重视直接经验，从课程角度来说，就是要把学生的个人知识、直接经验、生活世界看成重要的课程资源；尊重“儿童文化”，发觉“童心”、“童趣”的课程价值。从学习角度来说，就是要把直接经验的改造、发展作为学习的重要目的。传统学习以间接经验为本，把间接经验绝对化，过分冷落、忽视直接经验的地位和作用，直接经验成为奴仆，从而导致知识与能力的脱节，只是成为外在的牵累，知识越多，心灵越干瘪。新课程强调关注学生的学习兴趣和经验，注重把间接经验转换为直接经验，间接经验整合、充实、提升为直接经验，使直接经验不断丰富、发展、升华，从而实现知识与能力的统一。

第三，重视感性因素。感性与理性是一对矛盾统一体，从心理学的角度谈，它们是指人的两种不同的心理机制与功能。感性是指人的感知、想象、情感、灵感、直觉等心理机制与功能；理性是指人运用概念进行推理、判断的心理机制与功能。从人类学的角度谈，它们是指同时存在于现实生活中的人身上的两种因素。感性因素是指人的本能、欲望、感情、情感等；理性因素是指人的理智、思考、抽象思维等。感性和理性具备的不同特性和功能，决定了两者在人的身心发展中的不同作用和价值，对人的成长而言，两种因素都是不可或缺的，这是人性的丰富完满性的必然要求。为此，学习不仅要借助于人的理性因素，同时也要发挥人的感性因素的作用。重理性、轻感性的学习只能造成对人性的肢解。新课程强调感性因素与理性因素的融合，使学习活动成为完整的心理活动。

【案例1】刘良华教授讲述过这样一个亲身经历：我曾经观察过广州动物园的一种儿童“坐船漂流”游戏：八只小船绕着一根铁柱围成圆圈。儿童坐在小船上，管理人员接通电源之后，小船开始绕着铁柱转动。最初我总感觉这个游戏太单调，没意思。后来发现一个秘密，“感觉”是这个游戏的关键：每个儿童的手里都控制着一个机关。这个机关能够让小船轻微地上升或下降。下降时，小船可以接触水面，激起水花，并引起轻微的震荡。这个机关何以是重要的？因为它让孩子在游戏中有参与感，准确地说是有操纵感。这个游戏之所以能够吸引儿童，关键就在于它给孩子提供了自主和体验的机会。

（二）要使学生获得直接经验，教师一定要学会创设情境，让教学贴近学生的认知情感领域，在自我体验中有效生成知识

1. 什么是教学情境

教学情境是指以直观方式再现书本知识所表征的实际事物或者实际事物的相关背景，是学生认识过程中的形象与抽象、实际与理论、感性与理性以及旧知与新知的关系和矛盾。创设情境既要为学生的学习提供认知停靠点，又要激发学生的学习心向。这是情境的两大功能，也是促进学生有意义学习的两个先决条件。

教学情境有两个维度：一是“境”，它是学生进行有意义学习的认知背景；二是“情”，教师必须用情感激发学生的学习心向，这是有意义学习的情感前提。创设情境既要为学生的学习提供认知停靠点，又要激发学生的学习心向。这是情境的两大功能，也是促进学生有意义学习的两个先决条件。

2. 为什么要创设教学情境①

德国一位学者有过一个精辟的比喻：将 15 克盐放在你的面前，无论如何你难以下咽。但当将 15 克盐放入一碗美味可口的汤中，你在享用佳肴时，就将 15 克盐全部吸收了。情境之于知识，犹如汤之于盐。盐溶入汤中，才能被吸收；知识需要溶入情境之中，才能显示出活力和美感……情境教学解决的是学生认识过程中的形象与抽象、实际与理论、感性与理性以及旧知与新知的关系和矛盾。我们知道，知识是人类从实践活动中得来的，是对实际事物及其运动和变化发展规律的反映。也就是说，知识本身是具有丰富生动的实际内容，而表征它的语言文字（包括符号图表）则是抽象和简约的，学生所学的正是语言文字所汇集成的书本知识即教材。这就要求学生不论学习什么知识，都要透过语言文字、符号图表把它们所代表的实际事物想清楚，以至想“活”起来，从而真正地把两者统一起来，从教育心理学角度讲，这样的学习就是有意义的学习。相反，如果学生只记住一大堆干巴巴的文字符号，而没有理解其中的实际内容，这样的学习便是机械的学习。

学生在学校里所学的不是零散的、片面的知识，而是“提炼浓缩”又“易于消化”的系统的、整体的知识。任何知识都是整体网络上的一个点或一个结，离开了网络，也就丧失了生存的基础。知识只有在整体联系中才能真正被理解、被掌握，从而体现其有意义的价值。也就是说，学生对新知识的学习是以旧知识为基础的，新知要么是在旧知的基础上引申和发展起来的，要么是在旧知的基础上增加新的内容，或由旧知重新组织或转化而成的，所以旧知是学

① 余文森．有效教学十讲［M］．上海：华东师范大学出版社，2009．

习新知最直接最常用的认知停靠点。

（三）有价值的教学情境的创设要点[①]

教学情境是有效课堂教学的基本要素，创设教学情境是教师的一项常规教学工作，也是新课程与教学改革的重要追求。我们要从促进学生有意义学习的高度，创设体现学科特点和学生年龄特征的既简洁有效又生动活泼的教学情境。

1. 主体性

创设学习情境的根本目的是充分发挥学生学习的主动性，促进学生学得更透彻。事件应是学生日常生活中的事件，问题应是学生遭遇的问题。教师认为不存在问题的情境，学生可能有疑问；反之，教师以为学生会困惑或感兴趣的事件，学生的实际情况可能并非如此。因此，学习情境要关切学生的生活世界，是在保证学生的主体地位的前提下由师生来共同建构的。不能由教师单方面硬压给学生。不能尊重并体现学生主体的情境创设是低效乃至失效的学习情境。

【案例 2】

在舞蹈教学中探索创新教育[②]

许培军

舞蹈是一门人体艺术。它在发展人的智能，培养和提高人才素质方面占有一定的位置。我校是美育特色校，舞蹈教学是实施美育的较好途径之一。为了更好地培养和发展学生的创新精神，我在构建新的课堂教学模式上进行了一些探索。

为了创设一个良好的艺术氛围，我把以往的上课前学生列队、师生问好，改为在优美的音乐中学生发挥想象，自由“舞”进教室。开始学生很不习惯，也很害羞，我就启发他们并带领学生“舞”进教室。一段时间后，孩子们便能根据自己对音乐的理解，把自己想象成各种人物、动物，甚至是植物大方地进入教室了。在新学期的第一节课上，六（1）班的轩杨同学悄悄地问我：“老师，今年是兔年，好多同学都学小白兔，我可不可以学大猩猩?”我给予了肯定，于是一只顽皮可爱的大猩猩出现在课堂上。我及时表扬了她肯动脑筋、不与人雷同，博得了大家的掌声。这更激发了她的学习兴趣、增强了她的自信心，同时也拓宽了其他同学的想象空间。

---

① 余文森．有效教学十讲［M］．上海：华东师范大学出版社，2009.

② 富凯宁主编．今日做教师（二）［M］．北京：同心出版社，2001.

【案例3】

形式化的情境

某教师在讲“两步计算式题”时，课始，创设了去游乐园玩的情境。课件演示：两名学生乘车来到游乐园门口，遇到了“拦路虎”，要求学生闯过“迷宫”才能进门，教师充满激情地问：“同学们有信心闯过吗?”同学们异口同声地回答：“有!”课件显示迷宫图：把算式和正确的答案连起来，连对了就能走出迷宫（只有一题是两步式题，其余均为一步式题）。学生顺利闯关后，教师表扬：“真能干!”追问：“这些题目中哪一题是与众不同的?”从而揭示课题“两步计算式题”。可以说，这种情境与教学内容并没有任何内在的实质性的联系，只是外加的一顶“高帽子”。

【案例分析】在新课程实施过程中，很多教师都注重通过“情境”吸引学生，激发学生的求知欲，提供攀爬支架，课堂因此有了生机，有了效率，但是，有的教师只把它当做点缀，还有一些教师却因此迷失了教学的方向。教学情境顾名思义就是指向教学的情境，促进学生学习的情境。上述案例中的教师创设情境却是兜圈子、猜谜语，让学生不知所云，反倒影响和干扰了学生的学习。教师创设的教学情境与课程的内容没有实质性的联系，是在课程内容（糖果）上人为地裹的一层糖衣，学生可能只是被花花绿绿的糖衣所迷惑，对五颜六色的糖衣有兴趣，至于自己吞下去的糖果是什么，却全然不知。

2. 生活性

新课程呼吁科学世界向生活世界的回归，强调情境创设的生活性，就是要理顺学生生活世界与科学世界的相互关系。因此，情境创设要关切学生的现实生活，注重联系学生生活的现场性，注重融合学生宝贵的经历体验，善于从学生鲜活、真实的日常生活事件中发现、挖掘学习情境的丰富资源。

皮亚杰曾经描述过这样一个“故事”：四五岁的孩子为了数清楚一些石头，把它们摆成一行，然后从1一直数到10。数完后，又从另一端开始数，发现也是10。他接着把石头摆成一个圆圈，依次数下去，发现了同样的结论。他究竟发现了什么呢？他没有发现石子的性质，而是发现了排列顺序的动作的性质。因为这些石子是没有顺序的，是他的动作使之成为直线顺序或圆形顺序或任何一种顺序。所以，从这里获得的经验与石子的物理性质没有关系，确切地说，与石子可以毫无关系，而完全可用数学符号来代替。这就是逻辑数学经验的获得，一个依赖于外界事物而又超越其具体形态的抽象过程。了解这个过程，将有助于我们给纯粹的数学“穿”上合适的生活外衣，然后将它呈现给儿童，而不是将数学“外科式”地改造得适合生活。

在学生生活经验基础上构建知识——关注学生的主动建构，鼓励学生调动自己已有的经验在合作交流中生成新的经验，让教学走进个体生活。

【案例4】

我的利息怎么算

——小学数学百分数的应用中“利息”一课的教学

仲崇恒

1. 课程描述：主题为利息，是苏教版小学数学第11册“百分数的应用”这小节内容的生活化和应用型的延伸。

2. 学习目标：理解本金、利率、利息、利息税等概念；掌握现行利息的计算公式：利息＝本金×利率×时间×（1－利息所得税20%）；了解百分点、千分数及存贷款利率调整的意义；初步认识科学理财的重要性；进一步发展学生的社会交往和有效交流的能力。

3. 背景信息：中国人民银行宣布自2002年2月21日起第8次降息，新闻媒体的广泛报道及各商业银行的通知宣传，为“利息”的教学提供了绝佳的丰富的信息储备，教学更显时代特色和应用价值。

第一课时

师（故事引入，媒体出示：玫瑰花债务案）：1984年，法国与卢森堡两国之间发生了一件轰动全球的债务案。让人意想不到的是这起纠纷竟然是由一束玫瑰花引起的。1797年，法国总统拿破仑偕夫人访问卢森堡，在参观卢森堡一所小学时，向女校长赠送了一束玫瑰花，价值3个金路易，他还在致词中说：“只要法国存在一天，每年的今天我都将派人送上一束玫瑰花，作为法卢友谊的象征。”可是拿破仑后来并没有兑现这个诺言。你想法国那么大，内政外交的事务那么多，他怎么会记得这个小小的许诺呢。然而卢森堡没忘。时隔187年后的1984年，卢森堡政府通知法国政府，要求赔款。法国政府的官员们哭笑不得，想不到卢森堡为一束玫瑰花当真起来。赔款的数目怎么算呢？卢森堡提出，自1797年起，按每年3个金路易、加上0.5%的利息，并以复利计算。法国政府官员开始很不以为然，以为不过是区区小数，可是当电子计算机将结果打印出来时，官员们全都傻眼了，这项赔款竟高达138万法郎。于是一件国际债务案由此产生了。同学们，你们想知道这项巨额债务是如何计算出来的吗？下面就让我们一起来研究这个与利息有关的问题。（板书：利息）

【教学片断一】

学生自学教材，两人一组研究，并互相选题自行练习，然后学生汇报。

生1：我知道了什么是本金、利息、利率以及如何计算利息，利息＝本金

×利率×时间，比如，现在存1000元的5年期定期存款，年利率是2.88%，5年的利息总和就是1000×2.88%×5=144，那么5年后到期时银行付出的本息总共是1144元。

生2：实际上得不到这么多的利息，因为要扣除20%的利息税。利息=本金×利率×时间×（1—利息所得税20%）。

生3：再说现在又降息了。

师：是这样。现行的银行存款利率是多少？请同学们上网查询或实际调查一下。

教师辅导：使用“搜索引擎”进行查询时，可以键入利率、利息、降息等词搜索中文网页。选择点击打开网页，并做好资料的摘录。

推荐网址：

中国工商银行 www. icbc. com. cn/other/rmbcredit. jsp；

中国建设银行 www. ccb. com. cn/other/rate. html；

CCTV财经报道 www. cctv. com/special/425/index. shtml；

神通网利率查询 www. shentong. com. cn/lilcx/ckllb. htm.

第二课时

【教学片断二】

学生交流：

生1（在实物投影仪上出示剪报）：2月21日，中国人民银行宣布降息。此次降息，金融机构各项存款年利率在现行基础上平均下调0.25个百分点，其中活期存款利率由0.99%下调为0.72%，下调0.27个百分点；一年期定期存款利率由2.25%下调为1.98%，下调0.27个百分点。各项贷款年利率在现行基础上平均下调0.5个百分点，其中六个月期贷款利率由5.58%下调为5.04%，下调0.54个百分点；一年期贷款利率由5.85%下调为5.31%，下调0.54个百分点。

生2：一千元的一年期定期存款，按最近一次调整前的2.25%的利率计算，在扣除了20%的利息税后，一年期利息收入有18元；而按1.98%的新利率计算，一千元一年期的定期存款扣除了20%的利息税后，一年的利息收入将降到15.84元，比原来的利息收入减少了2.16元。

生3：百分点是什么意思？

生4：我是这样理解的，百分点就是百分数中的分子部分。

生5：百分点主要用于两个百分数的比较，如由2.25%下调为1.98%，2.25—1.98=0.27，即下调0.27个百分点。又如，我国公众具备基本科学素养的比例从1996年的0.2%提高到2001年的1.4%，增长了1.2个百分点，平均每年增长 0.24 个百分点。

生 6：我们还发现年利率一般用百分数表示，月利率用千分数表示，如活期存款年利率为 0.72%，月利率为 0.6‰（学生出示资料、实物投影仪显示，www. shentong. com. cn/lilcx/ckllb. htm ）

生 7：我们小组在调查中发现，人们在取款时很少是正好到期就取。多为提前支取或延后支取。

师：你们有没有问问这样利息怎么算？

……

【教者反思】

学习有价值的数学

仲崇恒

《数学课程标准（实验稿）》指出：数学教育应面向全体学生，实现“人人学有价值的数学”，小学生学习的数学应是生活中的数学，是学生“自己的数学”。数学只有在生活中才能赋予活力与价值。数学的教与学应该联系生活，注重个性体验，变传统的“学书本中的数学”，建立起生活数学的教学模式。

这次学习主题“利息”（人教版六年制小学第 12 册第 1 单元“百分数的应用”）源于课本、直击生活，真实而具体，可操作性强。教材中仅有一个例题，但由于编写较早，例题内容与目前实际情况不一致。照本宣科，无异于画地为牢。教学时我紧紧抓住 2 月 21 日降息这一契机，把生活中的鲜活题材引入数学课堂，大力开发“利息”这一生活话题，选择“利率、利息计算、单利复利、投资、分期付款”等内容，让学生研究。由于涉及的问题具有综合性和开放性，学生反映强烈，对此非常感兴趣。

“学生之间的信息差”也是一种学习资源。通过学生自主活动及互动教育，可以掌握学科课程难以包容的信息和技能。在这节课的教学中，教学活动以学生的自我活动为主，学生讨论、汇报、交流，仁者见仁，智者见智，紧扣利息这一学习主题步步深入，层层推进，学生成为学习的主人，学生的学习活动成了“一个生动活泼的、主动的和富有个性的过程”。

这几日课的教学使我深刻地体会到：数学即生活，数学活动向生活的回归必定是学生的数学学习架构起弹性空间使“应用教学”成为一种趋势。

【案例分析】生活离不开数学，数学离不开生活。数学知识来源于生活，而最终又服务于生活。随着现代生活水平的提高，商品经济的不断发展，“利息”的计算在人们的日常生活、工作中已经非常广泛了。人们将手中的余款存入银行可得利息，向银行贷款须付利息，所以“利息”应用题的教学已经成为学生进一步学好课本知识，与商品经济挂钩，培养学生生活意识必不可少的一课。联系生活讲数学，把生活经验数学化，把数学问题生活化，使数学知识真正为我们的学习、生活服务。

3. 形象性

强调情境创设的形象性，其实质是要解决学生形象思维与抽象思维、感性认识与理性认识的关系。我们所创设的教学情境，首先应该是感性的、可见的、摸得着的，它能有效地丰富学生的感性认识，并促进感性认识向理性认识的转化和升华；其次，应该是形象的、具体的，它能有效地刺激和激发学生的想象和联想，使学生能够超越个人狭隘的经验范围和时间、空间的限制，既让学生获得更多的知识、掌握更多的事物，又能促使学生形象思维与抽象思维的互动发展。

【案例 5】①

在教学面积单位时，为了让学生初步建立 1 平方米、1 平方分米、1 平方厘米的面积概念，就可以让学生说说生活中哪些物体表面的大小约为 1 平方米、1 平方分米、1 平方厘米。通过观察、比较、判断，学生基本上知道了一张饭桌面的大小约为 1 平方米，一个小学生的手掌面的大小约 1 平方分米，一个小学生大拇指的指甲面大约为 1 平方厘米。将面积单位与学生比较熟悉的物体进行比较，使学生对这三种面积单位有了深刻的认识。

教学情境就是以直观方式再现书本知识所表征的实际事物或者实际事物的相关背景，显然，教学情境解决的是学生认识过程中的形象与抽象、实际与理论、感性与理性以及旧知与新知的关系和矛盾。捷克教育家夸美纽斯曾说："一切知识都是从感官开始的。""在可能的范围内，一切事物应尽量地放在感官的跟前，一切看得见的东西应尽量地放在视官的跟前，一切听得见的东西应尽量地放到听官的跟前。……假如有一个东西能够同时在几个感官上留下印象，它便应当用几个感官去接触。"并认为这是教学中的"金科玉律"。虽然这种论述未免有绝对化之嫌，但的确也反映了教学过程中学生认识规律的一个重要方面：直观可以使抽象的知识具体化、形象化，有助于学生感性认识的形成，并促进理性认识的发展。特别是在小学阶段，学生形象思维占优势，教师更应该注重创设情境。

【案例 6】

一位教师教学《守株待兔》，很快就教完，可学生并不理解其寓意。这时教师灵机一动，扮成守株待兔者，倚在黑板下，闭目打坐，让学生"劝"自己。学生兴致倍增，纷纷劝起老师来："老师，你等不到兔子啦"……"老师，

---

① 洪玲．数学教学生活化的思考．江西教育，2003（9）．

再等下去你会饿死的!”老师还模仿守株待兔者的口气和学生争辩。学生越劝说，兴致越高，就越深刻地理解这篇寓言的意思。

【案例感悟】表演是高一层次的形象性，因为它不仅是教学内容的外观形象，而且展现了人物的内心世界。教学中除教师表演外，还可让学生表演，学生表演有独特的教学意义。正如苏霍姆林斯基所说：“从本质上，儿童个个都是天生的艺术家。”实际上，儿童不仅具有潜在的表演天赋，还有着爱表演的个性特征。表演能够有效地调动并发挥儿童的积极性和创造性。语文教材中有些篇幅戏剧因素浓厚，语言的动作性强，教师要善于把它们改编成小品或课本剧，让学生走进课文，扮演课文中的人物，在“动”与“乐”中把握课文的内涵，理解人物的性格、语言、动作、神态及内心世界。

4. 学科性

情境创设要能够体现学科特色，紧扣教学内容，凸现学习重点，体现学科知识发展的过程、应用的条件以及学科知识在生活的意义与价值的一个事物或场景。只有这样的情境才能有效地阐明学科知识在实际生活中的价值，帮助学生准确地理解学科知识的内涵，激发他们学习的动力和激情。学科性是教学情境的本质属性。

教师要创设一种情境，使学生进入一种“愤悱”状态，即朱熹所言“心求通而不能”，这是对学生进行启发的前提和教学的逻辑起点（要趁热打铁；“启和发，是指老师的点拨，引导”）。通过启发，培养学习者举一反三、触类旁通的问题解决能力和学习迁移能力。

创设问题情境又不等于简单地提出问题也不等于提出简单的问题。要创设一个大情境，整个课堂紧紧围绕这个大情境层层展开。同时，问题本身要在“最近发展区”内解决。

【案例7】

在问题情境中生成

以下是特级教师薛法根在教学中的一次经历：

教学《第八次》一课时，我发现文中布鲁斯王子动员号召人民起来抵抗的情节省略了，留下了空白，也留下了一个想象补白的空间，便即兴设计了这样一个问题情境：布鲁斯王子会怎样运用蜘蛛织网的故事来动员人民呢？请你当一回王子，写一份简洁有力的动员书。课堂上，学生的言语智慧得到了充分的体现：

生：父老乡亲们、同胞们：苏格兰在经受侵略，苏格兰在经受磨难，苏格兰在哭泣、在流血啊！（师插话：以情动人，高!）（众笑）虽然我们一连失败了七次，但那算什么？你知道吗，就连小小的蜘蛛都能坚持不懈，第八次结成了一张网。难道我们连一只蜘蛛都不如吗？（师插话：以理服人，妙！）我们一定能像蜘蛛一样，获得第八次抵抗的胜利！勇敢的苏格兰人，拿起你的武器，跟我前进吧！（掌声）（师插话：身先士卒，鼓舞人心！算我一个！）（众大笑）

生：苏格兰的父老乡亲们、亲爱的同胞们：我们失败了七次，但并不表示我们永远失败了。（师插话：很有哲理！）你看，那只小小的蜘蛛，最终还是战胜了大风，在第八次结成了一张完整的网。我们难道还不如这只蜘蛛吗？面对侵略军，我们缺少的不是枪弹，不是战士，而是坚持不懈的精神！（掌声）只要我们干第八次，就一定能取得最后的胜利！（师插话：假如第八次不成功呢？）不成功，便成仁！（众大笑）（师：你都牺牲啦？你应该还有第九次！第九次不成功……）我们还有第十次！第十一次！不成功誓不罢休！（师：这样好像太野蛮了，可以改成：不成功就……）誓不回家！（师：这样才是好男儿！）来吧，战士们，同胞们，胜利属于苏格兰！（掌声）

【案例感悟】特级教师薛法根讲述了自己在教学中的感悟：言语智慧是一种实践性智慧，是一种基于言语经验基础之上的，在生活中生成的言语智慧。这种智慧绝不仅仅通过“言语知识——言语能力”这样一种转化模式来实现，而是通过学生无限的、自主的、生活化的言语实践活动获得的。因为语言只有在生活活动中、在生活交际中才具有显示的意义和价值，才为使用语言的人所积极而富有创造性地运用。离开了具体的、生活化的言语活动，学生的言语实践就难以产生生命的活力。学生的言语形成是先有言语经验，后有言语知识。而我们现在的语文教学试图通过告诉学生言语知识，然后通过情境运用知识形成能力，这样科学主义的言语训练模式看似科学合理，实则违背了学生言语能力获得的内在规律。学生的言语能力、言语智慧只能依靠学生自己的言语实践，在实践中逐步领悟汉语言的运用艺术。而这种语言的运用艺术、表达智慧是通过一个个具体的生活中典型的言语个案体现出来的，所以学生的语言学习和实践也离不开具体的生活情境实践。在语文课堂上，教师要善于运用教材蕴涵的、即兴生成的言语实践契机，创设生活化的言语实践活动，鼓励学生运用言语智慧解决问题，获得思想与言语的提升。

【案例8】

确定位置[①]

郝　威

片段1：借助座位，探讨用“数对”确定位置的方法。

---

① 全国首届新课程小学数学优秀课例评选.

初步感知，发现问题。

(1) 让学生借助身边的事物，用多种方式描述自己的位置。

(2) 为了使同学们说起来更方便，把全班同学按照列从左至右分成八个小组，并发给小组牌。再让学生说一说自己的位置。

(3) 课前每个同学从老师这儿抽取一个信封，里面写有学生新的座位，学生根据信息找到自己的新座位。(有两名学生的信息缺少一个条件，无法确定自己的位置)

通过这个活动，使学生感受到要想确定某个位置必须有两个条件，缺一不可。

5. 情感性

情感性是指教学情境具有激发学生情感的功效。第斯多惠说得好："我们认为，教学的艺术不在于传授的本领，而在于激励、唤醒、鼓舞，而没有兴奋的情绪怎么能激发人，没有主动性怎么能唤醒沉睡的人，没有生气勃勃的精神怎么能鼓舞人呢?"教师入境入情，才能使学生的心动情发，与作者的情感产生心灵的共鸣。

教师必须用情感激发学生的学习心向，这是有意义学习的情感前提。正如有的学者所指出的，从血管里流出来的是血，从山泉里流出来的是水，从一位充满爱心的教师的教学里，涌腾出来的是一股股极大的感染力。它可以使学生产生同样的或与之相联系的情感。它可以使学生产生同样的或与之相联系的情感。

【案例 9】

一位小学语文教师在教"奶"字时，亲切地对学生说："看，左边是女字旁，右边像个驼背的人，这就是奶奶的'奶'字，奶奶年纪大了，走路时背弯弯的，还要拄个拐棍。"这种充满亲情之爱的教学，把本来死板板的、不会动弹的文字，变成了有生命的东西，钻进了孩子的脑海里。相反，"如果照着教学法的指示办事，做得冷冰冰的，干巴巴的，缺乏激昂的热情，那是未必会有什么效果的"(赞科夫语)。这是因为"未经人的积极情感强化和加温的知识，将使人变得冷漠"。

【案例感悟】在教学中，如果教师上课冷漠，那么学生听课也必然冷漠。教师无激情讲课，学生必然无激情听课；教师无真情讲课，学生必然无真情听课。没有激情，课堂教学就像一潭死水；没有真情，师生即使面对面，也犹如背对背。只有激情和真情才会在师生间产生一种互相感染的效应，从而不断地激发学生学习的热情，唤起学生的求知欲，诱发学生进入教材的欲望。情感激发的目的在于为课堂教学提供一个良好的情绪背景，学生兴致勃勃、兴趣浓厚，甚至兴高采烈，这是教学的最佳精神状态。英国教育家洛克说得好：“儿童学习任何事情的最合适的时机是当他们兴致高、心里想做的时候。”

【案例10】

缺乏真情的情境

一位教师上《董存瑞舍身炸暗堡》一文时，为了活跃气氛，问学生：“你们最崇拜谁?”学生纷纷举起了手。有的说崇拜球星罗纳尔多，有的说崇拜影星赵薇，有的说崇拜棋圣聂卫平……学生交流结束后，老师反问学生：“你们猜，我最崇拜谁?”话音刚落，学生们异口同声说：“老师崇拜董存瑞。”一听这么整齐的回答，在多媒体教室坐着的近百名听课教师顿时爆发出一阵哄笑。

【案例感悟】情境不仅包含场景，而且内含情感。任何情境如果没有教师的感情投入，都会失去其教学功能。有些情境从认知层面看是到位的，是有价值的，但是教师以一种机械的方式来展示它，结果正如苏联教学论专家斯卡特金所指出的：“我们建立了很合理的、很有逻辑性的教学过程，但它给积极情感的食粮很少，因而引起了很多学生的苦恼、恐惧和别的消极感受，阻止他们全力以赴地去学习。”当然，我们强调的是真实的情感，而不是虚假的情感。

6. 悬疑性

学习情境要促进学生智力活动的展开，吸引学生的注意力，关键是要提供学生感兴趣的问题。因此，悬疑性是有效学习情境创设的根本特征。教师在讲授了知识内容之后，再呈现与之相关的情境以印证所传授的知识。严格说来，这不是学习情境，只是一个无须质疑的证据，很难激发学生的思考。另外，一些教师平铺直叙地把情境呈现给学生，不加以分析和提示，对情境中是否包含问题不予关注，这违背了设置学习情境的初衷与主旨。

【案例11】

“推拉门”里的奥秘①

刘振津

“生活中处处有数学，不信，你看!”电脑屏幕上出现一个活动推拉门。这是我在教平行四边形的认识中的导入情景。简洁的话语、生动的画面，瞬间扣住学生的心弦。同学们又惊喜，又诧异。喜的是“活动推拉门，我熟悉!”“不仅见过，还亲自拉过呢!”诧异的是“这么普通的活动推拉门里，会有什么数学知识?”一石激起千层浪，同学们顿时打开思维的闸门，搜索知识的宝库。

---

① 富凯宁主编. 今日做教师（二）[M]. 北京：同心出版社，2001.

“我发现里面有长方形！正方形！”“我发现里面还有三角形！”“里面还有菱形和梯形呢！”正当同学们为自己的发现兴奋不已时，有一个同学却若有所思，不无疑惑地问：“老师，我不明白，这个推拉门怎么这么奇怪？它又会伸，又能缩呢？”“是呀？这是怎么回事呢？”全场顿时一片茫然，面对学生思维的火花，我及时予以肯定、赞扬，并抓住这个契机，“同学们，今天我们就一起来研究‘推拉门’里的奥秘！”真是一波未平，一浪又起！同学们兴趣盎然地投入到探索知识的氛围中。通过动笔画一画，从推拉门的平面图形中，找出几种四边形。结合电脑演示，归纳出五种四边形——长方形、正方形、梯形、平行四边形、菱形。在潜移默化中，导入新知。

在对新知的探求过程中，我大胆放手，让学生通过亲自动手操作，体验、领悟新知。请同学们以小组为单位，利用手中的学具和已有的知识、方法，来研究平行四边形的特征。同学们通过动脑思考，利用直尺、三角板进行实际测量，通过分析、讨论得出平行四边形的特征。在初步认识平行四边形，能判断一个图形是否是平行四边形后，让学生补画平行四边形的另两条边。使学生对平行四边形的认识从感性上升到理性。在了解平行四边形的特征时，我请同学们拿出自制的平行四边形框架，并启迪思维：“在拿的过程中，你发现了什么？”使学生在“动一动”中感受到：平行四边形“易变形”。这时用电脑再次演示活动推拉门，并设问：这次看到他，你有什么新发现？学生拉动手中的平行四边形，又看看伸缩自如的推拉门，恍然大悟！“啊！我明白了！”学生自得其乐，这种效果不言而喻。

在巩固练习这一环节中，我注重了思维的灵活性与创新性。用四根两两相等的小棒，摆成学过的图形。有的同学先摆成长方形后，又重新组合摆成一个长方形（或平行四边形），双手指轻轻一推这个长方形（或平行四边形），就变成了平行四边形（或长方形）。最后的练习时：把一个平行四边形，通过剪拼，成为以前学过的图形。有的用三角板画出高后，再沿这条高剪，有的直接用手折出一条高后，沿着折痕剪。有的剪下一个直角三角形，有的剪下一个梯形，有的剪下两个直角三角形……虽然剪法、拼法各不相同，但都迸射着思维的火花。直到下课，他们还意犹未尽。热情的投入，积极的参与，使他们体验到成功的快乐。

【教者反思】数学来源于生活，生活中处处有数学。通过这堂数学课的教学，我谈几点对数学课堂教学的肤浅认识：

（1）平凡中见神奇。兴趣是最好的老师。教师要善于挖掘生活中的、平凡中的神奇，激发学生求知的欲望。一个小小的推拉门，很是不起眼，但其中却蕴涵着丰富的数学知识。从身边的事实入手，学生倍感亲切，而这亲切之中又颇具神秘感，从而激起好奇之心，探究之意。

（2）电教手段中见实效。现代化教学手段的合理运用，无疑为突出重点、分散难点起到推波助澜的作用。优美的图画、亮丽的色彩、逼真的动态。动听的音响，声、形、色的有机组合，构成学生的试听最佳状态，势必取得事半功倍的效果。

（3）参与合作中见成效。人人参与，看看、想想、说说、画画、摸摸、剪剪、拼拼，多种感官参加学习，加深了感性认识，提高了学生的各种能力，进一步发展了思维。

7. 背景性——借助“背景”创设的教学情境

所谓背景知识是指与教材课文内容相关联的知识的总称。背景知识与新知的关系不如旧知与新知的关系那么密切、直接，它们之间没有必然的逻辑联系，但背景知识同样是学生学习和理解课文的一种重要的认知停靠点。没有必要的背景知识，阅读思考往往是无法进行的，背景知识越丰富，阅读理解水平就越高。课堂教学的背景知识主要包括作者介绍、“时代背景”、“历史典故”。

【案例12】

学生叫我“华罗庚”[①]

……在数学的造诣上我远没有华罗庚高，但在学生们眼里，他们往往把敬佩和喜欢混杂在一起，好像我也像大数学家一般权威呢！一至六年级的数学课，我都听；一至六年级的数学课，我都上。上课时，我往往结合教学内容讲华罗庚的名言和故事。如华罗庚说过：“复杂的问题要善于‘退’，足够的‘退’，‘退’到最原始而不失去重要性的地方，是学好数学的一个诀窍。”再如，讲“四舍五入”法取近似值一课，我给学生讲了华罗庚与相声大师侯宝林的故事。一天，两位大师饮酒聊天，你一言我一语甚是开心，侯宝林问华罗庚：“2+3在什么情况下等于4?”华罗庚左思右想难以解答，侯宝林笑着说：“答案只有一个，就是在数学家喝醉酒的时候！”华罗庚恍然大悟，原来侯宝林是调侃他不会饮酒。他灵机一动哈哈大笑道：“好一个幽默大师，原来你在拿数学找我的乐呀！好，我也出一道题让你解解。”他对侯宝林说：“我麻烦您到街上买一斤橘子汁，外带一包爆米花。一斤橘子汁四角四分钱，一包爆米花四分钱，贵了我不买，少了我不依！”侯宝林听后着实为难了一阵，但他也非常聪明，思索了一会便有了主意，他去十家食品店，每家只买一两，打了一斤橘子汁，余下的四分钱买了一包爆米花。他用的是数学中的“四舍五入”法。华

---

① 华应龙. 学生叫我华罗庚［J］. 人民教育，2009（2）.

罗庚高兴地对侯宝林说："想不到幽默大师还很有数学细胞呢！"

【案例感悟】特级教师华应龙通过讲故事教数学，给我们很多启发。课堂教学中恰当地引入一些趣味横生的文学掌故、数学史趣闻、科学家轶事等，对促进学生的有意义学习是很有益处的。

上述类型并没有穷尽教学情境的外延，总之，教学情境是多种多样、丰富多彩的，因而对其也就有多种的解读和定义，如乔纳森在《学习环境的理论基础》一书中，对情境是这样描述的："情境是利用一个熟悉的参考物，帮助学习者将一个要探究的概念与熟悉的经验联系起来，引导他们利用这些经验来解释、说明、形成自己的科学知识。"荷兰数学教育家弗赖登塔尔在《数学教育再探》一书中也提出关于情境的理论，他认为情境可以是以下几种：场所（即一个有意义的情境的堆积）；故事（即它可以是一个真实的故事，也可以是一个经典的或虚构的特别例子）；设计（即被创造的现实）；主题（即一个与现实带有多种联系的数学定向的分科分支）；剪辑（即从各种印刷品上发现大量数学的人们遇到的麻烦）。对于有效教学来说，重要的是教师要学会抓住教学情境的实质和功能，促进学生的有意义学习。

十二、关注细节

【思考】

什么是细节？

为什么教育要关注细节？

有效教学关注细节的实质是什么？

关注细节的方法——以案说理。

关注细节——用心教学、用心研究学问、用心研究学生，"见微知著"。

（一）关注细节的含义——让细节说话

1. 唯细节能动人

演员倪萍在反映农民工生存命运的影片《泥鳅也是鱼》中谈道，导演杨亚洲曾派几名北大的实习生去农民工活动较多的场所现场录像，回来后分析画面，发现几乎女子身上都戴首饰，多数是金的，以耳环居多，而且克数很大，杨导问倪萍，你有耳环吗？倪萍说有很多，但嫌麻烦，很少戴；杨说，对，你有很多，所以也就不在乎，而她们可能只有这么一副，很金贵，并且注意到了吗？她们是一个流动的群体，没有固定的家，所以贵重点的东西都要随身携带；后来在影片中倪萍饰演的泥鳅就戴着一副大大的金耳环，并在情节的发展中加上一段：金耳环丢了，夫妇俩满地找寻的一个让人很辛酸的细节，为影片增了不少戏——真正的艺术一定是从真实的生活中来的，没有对真实生活的体验，对人的关注，缺少对细节的挖掘，就不能动人。教育也是如此。教育是生活的一部分，教育是人生命的一部分。我们真正去体悟教育，真正地从事教育，感受教育，首先一定要从细节入手。

2. 什么是教育细节

细节，按照《现代汉语词典》解释，就是“细小的环节或情节”。教育细节，顾名思义，就是教育情境中的细小环节或情节。它体现在教师的教育教学行为之中，体现在教师的教育教学言语之中，体现在学生的反应——言行之中。教育细节反映了教育者的教育理念，展示了教育艺术，见证了教育者的品质，体现了教育者的良苦用心。细节，尽管细小，却往往能折射出整个教育世界，能导致教育的成败。[①]

3. 于细微处见精神

美国行动学大师杰克·弗莱曼在《成功中的细节竞争解决什么》一书中指出：“细节的重要性，被太多的人忽视了，他们总是眼高手低，不善于从小入手、从微做起，以至于让自己每天所做的一切都是大而不实的空架子。这种容易导致失败的人性弱点，是成功的天敌！”是的，在生活中，每个人都离不开细节，细节是成功的基础，或者说是成功的引导者。

同理，教育过程、教育情境也都是由很多的细节组合起来的，教师只有用心教学、用心研究学问、用心研究学生，用心体会课堂里发生在师生、生生之间，每天看似平常，点点滴滴的细小的情节，才会炼就“慧眼”和“慧心”——见微知著，拥有发现问题和改变心灵的法宝，一句话“细节只有用心才能看得见”，这就是关注细节的含义，让细节说话的意义。因此，关注教育细节，优化教育细节，从教育的细节处着眼，以此管窥教育真谛，这是提升教师智慧、解决教育难题、提高教学效果的一条有效途径。

（二）关注细节的实质

1. 细节见功力——有真功夫才会在细微处见精彩

【案例1】

贾志敏老师的“法眼”

一次，特级教师贾志敏老师板书了这样一个句子：“寒假里，我和爸爸有

① 王翔主编. 关注细节：青年教师教育叙事一百例［M］. 上海：学林出版社，2008.

幸来到杭州。”粗看，好像没啥问题。但经贾老师一番“咬文嚼字”，就让人叹为观止：

1. “有幸”，指“机会难得”，“非常幸运”。句子中的“有幸”能管住“我”，要管“爸爸”，则牵强附会。原因很简单，上海、杭州相距不远，“爸爸”去杭州机会一定不少。因此，把“有幸”一词提前，置于“我”的后面较为贴切；

2. 把“和”改成“随”或“跟”较为准确，以此表达晚辈对长辈的尊敬；

3. 从行文中能看出，小作者是在上海写就这篇习作的，故不能用“来到”，须换成“去”或者删去“来”字；

4. 到杭州去干什么？小作者没有交代。这样，容易产生歧义：难道“奔丧”去、“扫墓”去也算“有幸”？岂不笑话？因此，后面加上“游览”就顺理成章了。

经修改，原句变成：“寒假里，我有幸随爸爸到杭州游览。”既通顺又明达。没有这么一番较真，不经过这般咀嚼，很难品出“语文”个中滋味来。

【案例分析】最令人击掌赞叹的要数贾老师对语言的敏感。学生作文、言语中出现的哪怕是丝毫差错，也逃不过他的“聪耳”与“法眼”。在常人看来似乎没有问题的语句，他都能“挑出一点儿刺”来，而且，经过他分析讲解之后，会让你心悦诚服，释然开怀。这种“于细微处见精神”的功力，是贾老师长期在语文教学实践中修炼的真功夫，能抓住学生习作中语言表达的细小差错，从细节入手分析词语在语境中具体运用的方法，让学生叹服并心悦诚服地在改正错误中真实地感知汉语言的神奇魅力，贾老师的“法眼”正是对有效教学要善于发现学生问题，关注学习细节的体现。

2. 课堂细节体现教师人品

“课堂无小事，事事育人；教师无小节，处处美德。”一名教师如果心里没有学生，那么就难以做到“用心”教学。有效教学的课堂，应该让每一名学生如沐春风、如饮甘露；真正的好课应该启人心智却又润物无声，于细微处见大写的人。“人，有人品；课，有课品。人品有高下，课品有好差。”教师的人格决定了课堂的品位，课品即人品。在不经意的言谈举止等小节中，教师要时时修正自己的品行，因为课堂教学磨练的不仅仅是技艺之功，更是人格品质的锻造。

【案例 2】

“我知道，就你知道！”

薛法根

小学语文特级教师薛法根深情地讲述了这样一个故事：1998 年，我成为当时江苏省最年轻的小学语文特级教师，一时颇为沾沾自喜，经常外出上公开课。一次，我在常州上《她是我的朋友》，课堂上一名女同学表现特别积极，每次提问都要抢着回答。一回，我的问题刚说完，其他同学正要读熟思考，她却抢着举手，嚷着："我知道，我知道！"我随口说了句："我知道，就你知道！"那位女生赶忙放下了手，低下了头，似乎偷偷地流泪了。我曾想弥补一下自己的过失，大概是顾着上课进程吧，直到下课都没有抚慰她。精彩的课堂教学似乎也让人容易忘却课堂上曾经发生的不快，我也很快就把这个课堂细节淡忘了。谁知，庄杏珍老师不知从哪儿知道了这个课堂上的"小插曲"，晚上打电话给我，询问我最近上课的情况，特别问了我那一个课堂细节。她严肃地对我说："有的错可以改正，也可以原谅；有的错却不可以犯！课品如人品啊！"是啊，教学水平再高，教学能力再强，如果失却了人文关怀，也就失却了人格魅力，那么，他的语文课堂将永远没有生命力、没有感染力。

【案例分析】给薛法根老师以极大影响的庄杏珍老师一身正气，敢说敢做，她的眼里"不揉沙子"。这"不揉沙子"就是对课堂教学中哪怕是微小，常人不会太注意的细节——教师的一句话、一个眼神，甚至是说话的口气，如果它不符合教育的理念和方法，也绝不会放过。薛法根老师是让人非常钦佩的名副其实的特级教师，但这件小事他一直难以忘怀，庄老师的"不揉沙子"和薛老师的反思勇气，都让我们从细微处看到了教育的真精神——小事不小，课品如人品。庄老师用她一生的语文教学生涯，给我们诠释了这样一个朴素的真理。

3. 细节体现关怀——关注学生当从课堂细节开始

教育也是细节决定成败。有效的课堂要体现出关怀的细节。教师的神圣使命与最大职责，就是让每一名学生都拥有幸福的精神生活。课堂细节虽细微，但对学生的影响很大。所以关注学生当从课堂细节开始。

要学会站在学生的立场思考，要替学生着想。

"只要多抓教育工作中的细节，用心体会当事者的感受，然后探索规律，寻找解决的办法，长期坚持下来自然就把握了教育的脉搏。"（李希贵）

关注细节，就是要学会观察。如果你不注意观察学生，仅仅停留在语言的表面，不去设法了解学生某种行为背后的原因，你的说服力就失去了针对性和力量。如果不能从真实的教育环境中体验出学生的真情实感，提炼出打动学生内心的精髓的东西，就很难有实在的教育效果。

【案例3】[1]

掉下来了的教具

一节公开课上，执教老师用双面胶将一个木制的教具贴在黑板上。当学生板演的时候，斜上方的教具擦着孩子的肩掉下来，老师也有点慌乱。这时教室里出奇的静。老师很快镇定下来，她将教具从地上捡起，然后使劲地往黑板上按。那教具被牢牢地粘住了，再也没有掉下来，老师像什么事都没发生一样继续上着她的课，对碰没碰到孩子、吓没吓着孩子，没有过问。这节课相当精彩地完成了，讨论交流的时候好评如潮。

【案例分析】学生在校的大部分时间在课堂上度过，因此课堂上的学习、精神生活的质量，直接关乎学生心灵的成长。我们常关注课堂设计是否新颖，是否有效，而对发言、板书等教学细节很是大意。细节见精神，关爱学生的心灵，最好的抓手就是这些细枝末节。案例中，教师没有对此时此刻课堂中的学生当下的生存状态（受惊吓）给予直接的、积极的关怀，教师只是顾及到知识传授的设计程序，而没有体现出她作为一个人如何与学生相处。教师的冷漠是最大的杀手。我们的课堂上每天都上演着这样耐人寻味的教育细节，表面上好像不需要思考，甚至天经地义，其实都是教师以自我为中心的暴露或残留，体现的却是自己的教学理念。“课堂是师生的一段共同生活，是他们一段共同的生命历程，然而许多教师在教育实践中似乎忽略了这些。”[2]

关注细节，其实就是关注教学行为的改变，就是关注新课程的理念落实；关注细节，就是追求教学实践的智慧与艺术的统一。

【案例4】

师生微笑着问早

早晨7：30，当天值班的是张校长，他微笑着站在校门口，向每一位进校的师生问早、问好。起初，一些学生见了他，躲得远远的，从校门的另一侧快速地溜走。于是，他就站在了校门的中间。果然，几乎每一名学生都会和他相视，微笑着问早，有的还敬了个队礼。一个小男孩漠然地从他身边走过。张校长便叫住了他，问：“你忘了什么没有?”小男孩茫然地看着他，想了一会儿，摇了摇头：“没有。”一声声问候让小男孩恍然大悟：“老师好!”张校长笑着摸了摸他的头：“谢谢！你真的没有忘记!”小男孩快乐地跑进了人群中……一直

① 中国教育报［N］. 2003－3－12：4

② 吴小鸥. 论关怀型课堂. 中国人民大学书报复印中心《教育学》，2006（3）.

到8：00，足足半个小时，张校长就微笑着站在那儿，尽管笑得连脸上的肌肉都有点儿酸，不知道叫住了多少名学生，也不知道问了多少回“你忘记了什么”，但他觉得很值。几年过去了，师生微笑着问早，早已成为校园早晨里一道亮丽而又温暖的风景。

【案例感悟】教育，就是这样需要现场感。改变学生，教师先要改变自己，你给了孩子什么，孩子就会回报给你什么。向孩子微笑着问早，最简单、最自然，却最有力量。学生就是在这样日复一日的一个一个现场中，习得了礼貌，学会了感恩。小而专注的教育细节，足以引起持续而重大的改善，找到那个“支点”，就不难撬起整个“地球”。学校始终关注并寻找的，正是那一个个足以撬起“地球”的“支点”，积聚起那一点一点的教育力量。

【案例5】

把“!”改成“?”①

一位年轻的女教师，接手一个大家都摇头的班。第一次进教室，学生使用“对面的女孩看过来”的歌声“迎接”，而黑板上一行大字又跳出来：“我们是差生!”

她没有责备学生，笑着讲道：13年前，有一个和你们一样大的山村女孩考上了县中，但只能在差班。可她不服输，暗暗发誓要取得好成绩，并在桌子上贴了张纸条“我挺棒”鞭策自己。工夫不负有心人，3年后，她以优异的成绩考上了大学……

“想知道那个女孩是谁吗?”女教师问道。

“谁?”一名学生怀疑地问。

女教师自豪地回答：“远在天边，近在眼前。”

“哇!”教师里沸腾了。

女教师转过身子，“黑板上的字写得多漂亮啊，可惜符号用错了!”

“用错了?”学生们疑惑不解。

女教师提高嗓门说：“我们大家一起用力把这个叹号压弯，加油！一，二，三——”

女教师一边说，一边用红色粉笔把叹号改成了大大的问号。于是，“我们是差生!”改成了“我们是差生?”

女教师用殷切的目光注视着学生，“我们怎么回答?”

“不，我们挺棒!”一名学生响亮地回答。

---

① 李长娟. 有效教学与师德修养［M］. 北京：世界图书出版公司，2009.

“对！”女教师高兴地说，并激动地把这句话工工整整地写在了黑板上。

教室里响起了一片热烈的掌声。

【案例感悟】这位女教师巧妙地变更两个标点符号，由感叹号变成问号，改变了黑板上那一句话的内涵，改变了学生对自己的看法，增添了学生对教师的信任和对自己的信心。一个由“!”改成“?”的小小细节，让我们看到了伟大师爱于平常中见真情和智慧的神奇！同时，这位可爱可敬的女教师又用自己的故事点燃了学生心中希望的火把，让学生从对自己前途灰心丧气中走了出来，因为相信老师而“相信自己，相信未来”！关注黑板上的“!”，把它改成“?”的过程，就是细节体现关怀——教师关注学生，当从课堂细节开始的感人事例，从中不难看出“没有爱就没有教育”的真谛，而我要加一句：没有细节，爱就是一句空话。

教育，只有在抵达心灵深处的那一刻，才真正产生力量。你越让学生感觉到你不是在教育他，教育的效果往往越好，这就是“无痕迹教育”——于细节处见精神。春风化雨、润物无声的教化力量，正体现在数不尽的教育细节中。“一滴水见大海”，从小入手、从微做起，折射出的是教师对教育的深刻理解与不懈追求，因为教师懂得“任何外在的逼迫、灌输，犹如凛冽的寒风，只能让学生像刺猬一样，蜷缩起全身，紧紧地裹住内心的世界。”而好的教育于细微处体现尊重、信任与关怀，让学生如同接受礼物一般悦纳老师的引领。教育的力量来自对学生心灵的关注，来自于无数个体慰学生心灵的教育细节。

十三、教学时间的分配

教学时间的分配是指教师在课堂授课时将授课各环节内容的时间比例进行分配的过程。教学时间是一种很重要的教学资源，它能否被有效地利用，直接影响到课堂教学的效果，是衡量教学成效的一个重要指标，也是教师调控教学进程的重要依据。

通常教师应对教学时间进行合理的分配，与教学活动无关的事情尽量不要在课堂上进行，以免降低教学效率。教师应在课前对教学活动进行精心的设计，上课后，快速地进入教学。而且要把握最佳的教学时间，最好是将课堂分为复习旧知 、新课导入、新课讲解、巩固练习、课堂小结等几部分。将一节课的前 5 分钟用于组织课堂教学和复习上节课学过的内容；第 5 至 10 分钟进行新课导入，使同学先对本节课要学习的内容进行了解；在思维高峰期的时候也就是第 10 至 25 分钟安排教学内容的讲解，使同学们知道本节课学习的重点和难点；第 25 至 40 分钟进行知识巩固和练习，教师个别辅导与巡视；最后的 5 分钟用来总结并布置作业。

以下是关于教师进行课堂教学时间分配方面的案例。

【案例 1】

教师讲《治水》一课[①]（初级中学语文课本第八册）

教学过程：

（一）组织教学（5 分钟）

教师检查学生人数、讲解课堂要求、检查课业用品等。

（二）检查复习（10 分钟）

1. 上节课我们学习了什么内容？

2. 马丽骅给斯大林的信的主要内容是什么？

3. 书信有哪些格式？

（三）进行新课（25 分钟）

1. 板书题目、作者。（1 分钟）

2. 教师朗读课文，然后同学们朗读。（10 分钟）

3. 讲述故事，解说课文大意。（14 分钟）

（1）大禹以前，劳动人民虽常年与大水斗争，但不能把大水克服。大禹治水时，情况却迥然不同了。

（2）大禹带领劳动人民去治水，自始至终，坚持工作，“三过家门而不入”。

（3）由于劳动人民的集体力量和大禹的忘我精神，终于战胜了自然灾害，引水入海，奠定了农业生产的基础。

（四）布置作业（5 分钟）

1. 课后阅读课文四遍，要求吐字清晰，一字不多，一字不少，一字不错。

2. 知道课文的大概内容。

【案例 2】

教师讲解乘法分配率（四年级上册）

教学过程：

（一）比赛激趣，提出猜想（3 分钟）

① 胡谊. 教学设计：心理学的原理与技术［M］. 上海：华东师范大学出版社，2010：97.

看哪组做得又快又对

第一组：8×27＋8×73　　第二组：8×（27＋73）

引导学生发现：这两道题运算顺序不同，但结果相同，两道题可以互相转化，可以用一个等式表示：8×27＋8×73＝8×（27＋73）。

（二）引导探究，发现规律（20分钟）

（1）（出示贴瓷砖情景图）

先让学生估一估需要多少块瓷砖，然后独立思考，在小组中交流，让每一名学生都在小组中说一说是怎么想的。

（2）反馈交流情况。

方法一：6×9＋4×9＝54＋36＝90

方法二：（6＋4）×9＝90（块）

（3）指导学生结合观察算式的特点。

① 注意让学生用数学语言描述算式表示的数学意义及运算顺序是什么，然后比较两个算式。

② 注意让学生体会两个算式之间存在的关系：（6＋4）×9和6×9＋4×9中的“9”的特殊性，让学生用自己的话说一说。

（4）举例验证

你还能举出含有这样规律的例子吗？（板书：举例）

（5）把结果相同的连线，如有争议可以通过算一算来验证一下

（4＋6）×7	4×7＋6×7
10×5＋5×11	（5×6）×2
5×2＋6×2	（13＋9）×4
13×4＋4×9	5×（10＋11）

（6）归纳总结，概括规律

① 说一说这些算式有什么共同特点？

② 我们能不能用一个式子把乘法分配律表示出来呢？

引导学生用 $(a+b)\times c=a\times c+b\times c$ 表示。

（三）探索规律，应用规律（5分钟）

（1）我们发现了乘法分配律，它有怎样的应用呢？

（2）同桌研究下面的式子怎样计算比较好？

（20＋4）×25　101×38　23×15＋15×77　26×19＋26

（3）小结：通过以上计算，你认为怎样的计算应用乘法分配律简便？

（四）巩固练习（见习题设计）（10分钟）

（五）总结（2分钟）

这节课你有什么收获？你对这节课的表现满意吗？

（六）布置作业（5分钟）

1.（20＋4）×25　　16×13＋14×13

2.（10＋4）×3＝　　×3＋　　×3　　5×（25＋8）＝5×　　＋5×

3.（20＋14）×5　　75×23＋25×23　　25×41

4. 解决问题

红旗小学要买78套桌椅，一张桌子45元，一把椅子15元，共需要多少元？（用两种方法解决）

【案例分析】

案例1中教师的授课方式看起来没有太大的缺点，但经过仔细分析就会发现该教师的教学时间分配的不够合理。以每堂课45分钟计算，该教师组织教学的时间占11％，检查复习的时间占22％，总体来说时间过长，这无形中就浪费了大家宝贵的时间。教师进行新课讲解的时间虽然为25分钟，但朗读时间就占据了整节课的22％，实际讲解课程内容才占31％，这说明该教师没有抓住教学重点。而且一节课学生思维的最佳时间应该是上课后的第5分钟到第20分钟，该教师却在上课后26分钟时才进行新课程的具体讲解，这时同学们已处于疲劳期，不能更好地接受新的知识。整堂课都是以教师为中心，没体现学生在课堂上的主体地位。

案例2中教师的教学时间分配的相对合理，首先该教师只用了3分钟就快速地进入了教学，通过比赛让学生愉快地参与到学习活动中，能激发起学生的参与意识，快速地进入到学习状态。教师进行新课授课的时间为20分钟，并对学生进行引导，这一环节打破了传统的教学模式，采用自主探索、小组合作交流、分组讨论汇报等形式，为学生创设了良好的学习氛围，使学生真正成为学习的主人。新课程讲解结束后，又用了10分钟的时间进行巩固和练习，使乘法分配律进一步得到应用巩固，从而达到学以致用的目的。随后只用了2分钟的时间作总结，使同学们对本节课的知识进行了回顾与反思。最后又给同学们留了课后作业，以达到对知识巩固的作用。

王仁甫老师在长期探索实践的过程中发现，课堂教学的45分钟之内，学生的生理、心理状态分为五个时区，起始时区5分钟、兴奋时区15分钟、调试时区5分钟、回归时区15分钟、终极时区5分钟，并根据这种规律，完成不同的教学任务。在起始时区，促进学生的兴奋点从课间活动转移到课堂学习中来，引导学生将注意力集中到课堂教学内容上，并且尽可能缩短这一时区。在兴奋时区，把学生的思维引入最佳境界，并尽可能延长兴奋时间，最大限度地达到教学的密度、力度，尽可能地解决教学重点、难点。在调试时区，进行调试，帮助学生度过疲劳阶段，可安排一分钟的笑话、幽默、音乐，或变换教学方式如练习、朗读、实验等。在回归时区，把教学推向新的高潮，如巩固新课和能力训练。在终极时区，加大信息量，加快语速，强化情绪，总结新课，圆满完成任务。[①] 这五个时区的创设，符合学生的生理心理规律，构成课堂教学的时间“场”，能使45分钟的价值充分体现出来，使课堂教学处于最佳状态。

【案例3】

反思拖堂

今天的优质课，我的一大失误就是拖堂，课后反思，发现自己竟然是习惯性的拖堂，并不是因为实在讲不完才拖堂的。这与我平时的恶习有很大的关系，明明一节课已经完成任务了，只需要结束语了，偏偏还要再说一些无关痛痒的话，占用学生几分钟的时间，很早就有同事提醒过我，可是我还是死性不改，几乎节节拖堂，现在想想自己都受不了。痛下决心，改掉恶习，不再拖堂。首先认识到拖堂这一坏习惯的严重性，然后制定出切实可行的办法来改正这一恶习。虽然，今天并没有拖堂很长时间，但是我已经充分认识到，它在一节优质课中起到的反面作用了，我是一个喜欢追求完美的人，但是往往做出并不完美的事情。像今天这节课，我从昨天晚上开始构思，今天早上六点多醒来重新在脑海里过电影，对每个细节都考虑了几遍，虽然由于时间问题，准备不是很充足，但也是用了一番苦心的，但是今天竟然出现了拖堂三四分钟的现象，非常遗憾。

同事们帮我查找原因时，我忽然发现，这样的拖堂竟然是我潜意识里的影响。我平时喜欢拖堂，总觉得能多给学生讲点就多讲点吧，能比别人多讲几分钟就多讲几分钟吧，既不考虑学生有多反感，也不考虑对其他同事的影响，这是很自私的表现。拖堂成了习惯，一节课不多上几分钟，感觉像是少了点什么似的，实际上，如果能在上课前抓紧点时间，提前一两分钟进行课前准备，也许比课后拖堂效果会好。

以前，我从未把拖堂当成一回事，老是想着不是才占了你们两三分钟的时间吗，我还不是为了让你们多学点知识？现在想想，其实这种想法本身就是错误的。课间的几分钟对于学生来说是很重要的，可以让学生疲倦的脑子休息片刻，为下节课的学习作好准备，拖堂虽然自己多讲授了些东西，但是效果不好且影响下节课的开展。

---

① 参考王仁甫. 45分钟价值曲线［N］. 中国教育报，2002—09—19.

再往深里反思，我感觉我的拖堂习惯和自己的性格有关，我有时候太啰嗦了，老是怕学生不会，没有掌握住，不停地重复，差生可能会因此有些许进步，但是好学生也会因此而耽误一些时间。班中的学生参差不齐，程度不一，有些同学不用讲都会的东西，而有些学生却根本什么都不记得了，一边讲新知，一边复习旧知，很影响进度，但也没有办法，两极分化严重，不能丢下一个，常常会因为复习而完不成学习任务，拖堂竟成了习惯。但是，不管怎样，拖堂这个问题目前是亟待解决的。

【案例4】

关于华应龙先生的“好课要舍得浪费时间”

张勤坚

华应龙先生的讲座中，谈到他的一个观点是“教师在课上要舍得浪费时间”。这实在是一个很对我胃口的观点。因为我在前一段时间的苏州团队比赛中，就曾经把“不顺”比“顺”更有价值，以及“教学设计的精妙与上课事实上并不完全是一回事”等，与同伴及评判交流过。但这种交流，仅仅是一种意识上的自我反思，甚至希望把自己的理解和思考“强加于人”而已。如今华应龙先生谈到的“浪费”两字是那么理直气壮，而我也似乎找到了支撑自己教学理念的“救命稻草”。

笨办法并不一定就是最无效的方法。技巧性太强的东西，也并不一定最让人记忆深刻。一个跟斗比一步跨过更能给予学生深度体验。谈到这个问题，我又要重提以前我曾经的观点“要敢于上一堂不‘完整’的课”。其实和华老师的所谓“浪费”时间还是有共通之处的。

但很多时候，我们自己似乎想明白了，却未必有信心去上，尤其是在所谓的公开课或者评优课上“敢于实践”的人就更不多了。你舍得浪费吗？你舍去的是什么？得到的又会是什么呢？舍不舍得是一种心态，敢不敢于却有些决绝的味道了。

十四、给学生机会

给学生机会，笔者认为包含给予学生表现的机会、及时改正错误的机会、为学生提供选择与创造的机会三个方面。

《新课程下的初中教师发展标准》中提到：教师应有正确的学生观。这就要求新一代的教师有“抓细节”的能力。及时发现学生在课堂内外思维的火花及闪光的瞬间，给学生以表达自我想法的机会，让其亲自感受成败体验，并及时给予学生有效评价。

【案例1】[①]

（背景：小静，初中学生，平时上课较沉默，成绩在中等徘徊，属于班级中不太出众的普通学生。）

“同学们，昨天让大家针对《出师表》进行备课，大家准备得怎么样了？现在谁想上来讲啊？”只见学生们纷纷低下了头，而不经意间老师看到小静的手欲举非举，于是决定让她讲解。果真没有让老师失望，小静的讲解相当漂亮，思路清晰，翻译准确而且与同学间的互动也恰到好处。老师给予了极大的鼓励与评价，其他学生也向她投去敬佩的目光。小静同学感到得意万分，课后也开心不已。

于是近期的语文课上，小静异常活跃，老师也尽量让她回答其能回答的问题，以培养小静的自信心。在随后的学习生活中，老师还让小静当上了小组组长，收发作业。小静的学习积极性越发高涨，成绩进步显著。

【案例分析】

1. 这个课堂中的情况，我们都经历过，只是教师采取的处理方式不同，收到的成效不同罢了。我认为案例中的处理方式很恰当。有些学生由于腼腆而不敢轻易在课堂上发言，他们害怕失败，害怕老师的责备，哪怕方法再好也不敢说出来与大家分享，而过后又会因为自己没有说出想法而后悔自责，这时候就要求老师用发掘的眼光找到他们，并给予鼓励，让他们把握住表现的机会。而案例中的教师发现了这一点，并开始挖掘，同时给予适时的评价以激励她，给她下次的发言作了很好的铺垫。

2. 案例中的教师符合《新课程下的初中教师发展标准》中提到的教师应有正确的学生观的要求。学生是在不同的教育背景中成长起来的，所以他们的学习生活环境也不尽相同，因此我们必须尊重并承认每名学生的个性和价值，相信每名学生在学习上都有专长的部分，给所有学生提供平等、完整的学习机会。

3. 通过观察、谈心等形式及时了解学生的心理特点和思想变化，而且要适时恰当地给予学生鼓励，以便更好地树立学生的自信心，从而更好地抓住机会，减少不必要的因错过机会而留下的遗憾。因此在教育实践中，教师应用发现的眼睛来挖掘学生的闪光点，并给予展现的机会，在展现之后应给予积极的

---

① 齐齐哈尔大学学生作业案例，这是我的一个学生自诉的真实故事。

评价。给犯了错的学生自我反省的机会，用慈母般的爱去滋润他们的心田，相信我们会收到意想不到的教育效果。

【案例2】

撤销的“记过”处分

2003级学生宋××，计算机科学与技术专业。2004年，该生因高考发挥失误，没有分到理想学院。新学期开学后，意志消沉，经常旷课。2005年，我到学院作辅导员，曾经坚持每天早晨到他宿舍督促其上课，但一段时间以后，宋××又故态复萌。在教育无效的情况下，我只好按照学院的规定——旷课10节，警告处分；旷课20节，严重警告处分；旷课30节，记过处分——对其进行处理。宋××以为不过是学院拿来唬人的招数，但当自己被叫到办公室，当面在处分通知上签字，处分决定被装入学籍档案时，他的眼神开始变得慌乱。“能不能再给我一次机会?”我心中也有些不忍，但想到之前自己那么多的努力都被他化为乌有，狠狠心，把装有处分文件的档案收到了档案橱。这次打击显而易见，我料到宋××会比较消沉，第二天，第三天，他都会迟到十几分钟。在课堂上也是蔫头耷拉脑的，甚至出现酗酒现象。我没有刻意过问，有意考量一下他的心态变化。一星期后，他明显憔悴了不少（心里难受，看来还是挺想上进的)。我让他说说这一个星期的感受，“几乎是一片黑暗了，特别是档案里有了这个处分，将来走向社会都抹不掉，太残酷。”我又问了问他对旷课乃至厌学的态度，他说现在想明白了，但为时已晚。“这次处分对你的触动确实很大，我能体会到这一个星期你是怎么熬过来的，这样吧，我给你一次机会，如果你能坚持天天按时上课，我可以考虑把你的处分从‘记过’降为‘警告’，如果你能在期末考试中把成绩提到班级前10名，我就当着全班同学的面把处分撤销。”他似乎不敢相信，但看看我不容质疑的眼神，脸上浮起了笑意，“谢谢老师”。改变长期形成的习惯当然是有难度的，我隔三差五地到宿舍进行督促。一个月之后，宋××基本能按时出勤了。我又找了学习委员，让他经常陪着宋××学习，这样一直到期末考试。成绩公布，他的学习成绩竟然排到第六位拿到了奖学金。他兴冲冲地说：“老师，我请你吃饭!”没提撤销处分的事情，他不提，我可不能忘，“不忙庆祝，我先兑现我的承诺”。在一次班会上，当着全体同学的面，我撤消了宋××的“记过”处分。

【案例分析】

1.“人非圣贤，孰能无过。”学生不是圣人，犯错是在所难免的，如果此时教师不考虑原因及批评的言辞和场合，很容易使学生自尊心受伤。一旦学生的自尊心受到了伤害，不仅不利于学生对错误的认识和改正，反而容易引发学生的逆反心理。因此，教育犯错误的学生时，一定要讲究方式方法，给予学生自我反省的机会，以便学生从心底想改正错误。

2. 案例中的教师巧妙地用让学生以达到教师要求的期末成绩换回对其处分的方法来激励他，使他在学习的同时改掉错误，这在给学生反省机会的同时收到了显著的效果，既提高了学生的学习成绩，增强了他的自信心，激发了学生对学习的兴趣，又帮助他撤销了处分，可谓一举多得。给予学生处分虽然在学生集体中起到了警示作用，对学生个人而言却是一次沉重的打击。教育的本质是“育人”，学生犯错在所难免，但要在犯错后为其保留改正的机会，这才符合教育本质的要求。

3. 在实际的教育教学中，面对众多在不同教育背景下成长起来的学生，要寻找到一条培养健全人格，全面发展建设者的有效途径，必须使教育方法与学生个性相结合。案例中，宋××在受到处分、认识到自己的错误后，给予了教育者一个“导之向上”的机会，当得到老师的“只要期末成绩达到要求就能撤销对其处分”的承诺后，他便更加努力学习，最终通过自己的努力达到目标，撤掉了处分。

学生的心理是复杂的，学生的心理又是简单的。他们渴望在他们有展示自己欲望，可是由于自己的犹豫或腼腆而不敢主动展示时被老师发现，并给予他们勇气站上那早已准备好的舞台。这就要求教师要有一双挖掘的眼睛，随时给学生机会。当然，学生要的不仅仅如此，当他们不经意间犯下错误时，他们渴望被原谅，渴望有一个改正的机会，渴望老师能理解帮助他们，不要选择放弃。

给学生一个机会，让你收获一份不一样的惊喜。

【案例3】

由“找座位”引发的教育反思

刚开学没几天，孩子们就嘟囔着：“该调座位了，再不调就闷死了!”看得出，很多孩子对现在的同桌不满意，盼着有所改变。不过，我这个“老班”并没有马上顺应“民意”。因为每次调换座位都让我绞尽脑汁，要照顾到个子高矮，又要协调学习差异，还有几个调皮鬼需要“特殊照顾”。总之，这件事看似简单，要做好还真不容易！这天课间，我愁眉苦脸地站在教室门口，想着该怎么调换座位，无意间听到两个女孩的对话。“我要是能和你一组就好了。”“是啊，那咱俩就能一块儿做作业了!”我的脑海中顿时闪过一个主意：干吗不让孩子们自己选择同桌呢？我不常说要尊重学生的自主权吗，既然孩子们有这个意愿，我不妨给他们一个尝试的机会。当我把这个想法告诉孩子们时，教室里一阵骚动。在调换座位前，我跟学生“约法三章”：“首先，所选之人能和你互帮互助，共同进步；其次，所选的位置要适合自己的身高，不能不顾及他人；第三，如果所选的位置与别人发生冲突，不得强行驱赶，要以理服人。最后，时间限定为十分钟。”随着我一声令下，孩子们立刻忙碌起来，有大呼小叫找朋友的，有小声和别人商量的，有惊慌失措的，有喜出望外的，教室里像过节一样热闹。十分钟过去了，找好座位的孩子陆续坐下来，只有四个孩子还没找到合适的位置。

【案例分析】

给学生机会意味着为学生提供选择的机会。选择性是主动性的一个显著特征。让学生真正成为学习的主人，就应该给学生以充分选择的机会，让学生干自己愿意干、能够干、想要干的事情。例如，教师布置作业有 A 类或 B 类，学生可以自选。基础题之外有选做题，让学生选择比硬性规定学习任务更能激发他们的主动性。当新的问题出现时，让学生选择解决的方法。有时让学生自己提出本节课的学习目标，最后检测是否达到目标。在这样的环境熏陶下，学生与教师的合作性日益增强，利用已有知识解决新的问题的能力也逐步提高。

【案例 4】

老师，您再看看我①

小学的时候是我经历的比较多的时候，各种活动的参加使我积累了经验，但是让我印象最深的一次就是我的第一次演讲。

第一次的演讲其实我并没有放在心上，或者说是小孩子的心理没有让我把事情看得太重，当我拿到有着好几篇字的纸时，抵触心理就出来了，我把演讲要背的稿子，看都没看就放在别的地方了。等到演讲的那天，我为我的懒惰付出了代价。我记得那天天气特别好，全校师生全都拿着小凳子坐在操场上，然后一个一个班的代表走到最前面开始演讲，我记得当时我拿着演讲稿紧张的手心都冒汗了，“怎么办啊?! 这么多的人看着紧张死了，稿子还没背熟呢，怎么办啊!”我看了眼老师，只见老师正专心地看着前面的学生讲演，根本没注意我，当时的我也松了一口气，“太好了，没注意我”。正当我考虑是不是和老师说放弃的时候，就轮到我班了，当时的我完全慌了。但还是装着非常镇定地往前走去。站在前面，看着那么多的人，我才发现我脑袋一片空白。

“各位亲爱的老师、同学……”我记得我说完了还没 20 句话，就已经把后面的词全忘了，在那么多人面前我什么都想不起来了，我知道自己丢定人了。

---

① 齐齐哈尔大学音乐学院学生作业案例。

最后，我都忘了自己是怎么走下去的，在经过老师面前的时候，我忍不住看了她一眼，好吧，她还是没看我。我知道她是不会看我了。

【案例5】

当课堂遭遇沉默时……

马瑶芳

今天上午是我的两节作文课，我做了这样的安排：第一节课完成《积累运用》中的口语交际——演讲，第二节课指导作文。上课铃声响起，我像往常一样迈着轻快的步子走进教室。昨天已经布置学生观察、准备，我相信一节课能很顺利地完成口语交际任务。

简短的课前导入后，同学们就分组进行交流。孩子们情绪高涨，课堂气氛热烈，看来大家准备得一定很充分，我暗自点了点头。几分钟后，我要求每个小组选派代表自由上讲台介绍，其余同学可以补充或提问。随后，我静立一旁，期待地望着一张张熟悉的面孔，想象着会是谁第一个走上讲台。

可等了两分钟，谁也没有走上讲台，教室里出奇的安静。我疑惑了：演讲很简单，上台交流应该有话可说呀。我扫视着大家，碰到的却是躲闪的目光、游离的眼神、羞红的脸蛋、低垂的脑袋……这时，我意识到我的学生退却了。

因为我要求的是自由上台，谁都不敢主动、大胆地迈出那勇敢的一步。见此情景，我忙对大家说："同学们，说得不好没关系，相信自己是最棒的。走上讲台，你就是勇敢者、胜利者！"这时，一名女生响应了，她的上台赢得了大家的掌声。随即，又有三四名女生陆续上讲台介绍，总算没让我太难堪。哪知她们下去后，又是一阵沉默。没办法，我使出了激将法（男女生比赛），接着几名男孩子也迈出了勇敢的步伐。可随后又是沉默，我只得再次鼓励、激将，激将、鼓励，这样连续了几次，用了两节课的时间才完成一节课的任务。

课前的安排泡汤了，我心里充满了无奈、不满、生气。今天的课堂怎么了？为什么学生难以迈出那勇敢的一步？是自己的教学方法有问题，还是学习内容让学生觉得有困难？我分明看到学生在学习上的依赖性，成绩差点的学生依赖成绩好点的，让他们成为课堂的主角；成绩好点的学生依赖老师，老师叫到了就回答。而我们所希望的积极主动的学习是那样的微乎其微。看来，学生该好好反省反省自己。课后，我给学生布置了小练笔，写写今天的课堂，写写自己或是同学、老师。

失之东隅，收之桑榆。第二天学生的小练笔却给我带来了欣喜。随着文字的流淌，我感受到一颗颗稚嫩、可爱的心。在他们的笔下，有为自己大胆表现而高兴的，有为自己的怯弱而内疚的，也有为同学的表现而不满的……尤其是班长的文字，她既认真地剖析了课堂现状，也为同学的表现而深感内疚。作文结尾他写道："作为班长，我衷心地向老师说声'对不起！'"看到这里，我深深地感动了：一个多么善解人意、多么善于思考、多么懂事的孩子呀！面对这样的孩子们，我还有什么理由抱怨呢？

放下学生的作业本，我沉思着：课堂是教与学的双边活动，学生在课堂上不佳的表现，作为教师的我何尝没有责任？《语文课程标准》强调："学生是语文学习的主人。"口语交际同样必须突出学生的主体地位，让学生积极参与，主动交流。自己在教学中怎么不多给学生创造些自主交流的机会呢？在平时的教学中从生活入手，给学生创设交际情境，赏识自己的学生，激励他们交际的信心，他们的口语交际能力怎么会不能提高呢？

从一堂不成功的口语交际课中，我更加意识到作为教师的责任。当我们常常为课堂上学生的沉默而生气时，我们也应该反思自己的教学。我们是否还在应试教育的跑道上继续前行，而忽视了学生习惯的培养、能力的提高以及潜能的开发？不过，从小练笔的成功中我也更加深切地体会到作文生活化的内涵。因为学生亲历了课堂，有着真实的体验和感受，因而有话可写，下笔成文。因此，教师要善于引导学生去发现、去认识、去体验生活中有价值的东西，用自己的真情记录生活，热爱生活。

课堂教学是一门艺术，而课堂中常常出现我们无法预知的沉默或是尴尬。我们只有不断地学习才会把握住课堂，才会让我们的教学更加精彩。

【案例6】

"误导"一下学生①

在教学中，张思明老师有时甚至有意识地"误导"一下学生，再让学生检错，找漏洞，从反面加深认识。且看他的一节立体几何课：

问题是：最少用几颗地球同步通信卫星，其讯号可以覆盖整个地球？

站在讲台上的张思明先是自言自语："我看有两颗卫星就够了。"很快，学生们就画出了图1，并且看出了老师的结论是错误的。老师让了一步，语气肯定地说："三颗卫星一定够了。"并画出了图。这时大多数学生支持老师的结论了。老师得意地问："谁还敢有不同意见？"部分学生的逆反心理被激发，开始认真地寻找老师的破绽，不一会儿就通过图3发现老师的结论还是错的。"那你们看结论应该是多少颗？"学生们在老师的鼓励下，得出了"4颗卫星可以

① 给你数学的美丽天空：记北京大学附中数学特级教师张思明．中国教育报［N］，2002－9－7（3）．

满足题目要求”的结论。老师脱口说道：“这回不会再错了吧?”然后翻开一本准备好的《立体几何解题辞典》，给学生看，书上这道题的结论就是如此。最后，再启发学生用自己学过的其他学科知识，来考查这个结果的正确性。学生们才发现，他们设计的“四星”结果在物理学上是不能成立的，因为地球同步卫星只能定点在地球赤道平面的轨道上。无疑，这样一节课可以培养学生独立思考和理论联系实际的学风，这样的学习过程可以给学生许多意外的收获。

【教者反思】

老师不总是对的①

教师在教学过程中应是什么样的角色?张思明说：“我们常常习惯于把教学过程变成一个教师自编、自导、自演（少数学生当群众演员）的教案剧，我们的角色是编剧、导演、主演，是正确的化身，是英明的先知。现在我常想，是不是应该时常去扮演一下这些角色：模特——他不仅演示正确的开场，也表现失误的开端和‘拨乱反正’的技能；参谋——提一些求解的建议，提供可参考的信息，但并不代替学生作出决断；询问者——故做不知，问原因，找漏洞，激励学生弄清楚，说明白；仲裁者——评判学生工作及成果的价值、意义、优劣，鼓励学生有创造性的想法和做法。”教师在备课中、在课堂上，应该着重考虑什么?“以前我想的是，应该把什么东西给学生，以什么方式给学生?后来我发觉，这并不一定好。其实我们常常应该逆向思维一下，想一想把什么不交给学生，而让学生自己去发现?”由此，他从多年的教学实践中探索出了“导学探索，自主解决”的教学模式。它可以通过如下形式来实现：引导与问题的设置——探索讨论后或分解或化归——自主解决问题——自我评价，练习小结——求异、探新，延伸问题链——回到第一个环节。

【案例 7】

雷锋、大树与米老鼠

——独特的创意源自何方

朱华贤

创意从哪里来?是关上房门冥思苦想得来的吗?不是；是睡梦中突然来的灵感吗?不是，是一天到晚捧着书本从文字中寻找来的吗?恐怕也不是。创意来自何处?我以为创意来自独特的亲身感受，来自自己真切的实践，是感受与联想的结果。

---

① 给你数学的美丽天空：记北京大学附中数学特级教师张思明．中国教育报［N］，2002－9－7．

在学《雷锋叔叔，你在哪里》一课时，老师要学生说说我们身边的雷锋，班中几名优秀的学生都说的是：他帮同学擦桌是小雷锋，他把笔借给同学是小雷锋，他帮邻居收衣服也是小雷锋……“还能说出其他的雷锋吗?”老师不满足这样的回答，试图再问。可是，学生都摇摇头。老师刚想引导学生从另外的角度思考时，发现一只小手胆怯地举了起来，马上又放了下去，而后还是举了起来。一看，原来是施鹏辉。平时，这位小朋友老是答非所问，乱扯一通，把课堂搅乱。时间长了，老师就不太爱让他来回答。今天没其他学生来答题，凑个数，听听再说吧。“老师，大树也是雷锋。”说完，他把头一缩，舌头一伸，笑嘻嘻地看着老师。

“什么，大树?”老师恼怒地重复了一遍，心想让他说身边的雷锋，他竟然把大树给扯上了，这不存心捣乱吗？其他的小朋友哄堂大笑：“哈哈，大树也可以做雷锋？大树又不是人，傻瓜！……”你一言我一语，课堂一下炸开了锅。老师起先也觉得不可思议，转而一想，也许有道理，就亲切地问：“你说大树也是雷锋，老师想听听你为什么这么想，能告诉我吗?”他先是一愣，然后轻轻地摇摇头。老师蹲下身子，轻轻地握着他的小手，笑眯眯地看着他，过了好一会儿，他才微锁着眉说：“老师，您不批评?”老师诚恳地摇摇头。“暑假里，我看到爸爸妈妈在田里干活，热得满头大汗，后来他们回来在池塘边洗完脚就躲在大树下吃西瓜，这样太阳又晒不到，很凉快，大树就像个雷锋。”

“哦，原来真的是这样。这显然是个很新鲜的比喻。”老师又问：“你们觉得有道理吗？你们身边还有这样的雷锋吗?”这一次，令我大开眼界：“小乌龟帮小白兔过河是雷锋。”“青蛙保护庄稼也是雷锋。”……教室里乐开了花。

“大树也是雷锋”也许根本算不上多大的创意，但它毕竟与众不同，具有独特性。为什么许多优秀学生只能想到人，而不能想到大树？而一个平时不为大家看好的同学却能想到大树，思维新颖，而且言之有理？根本原因，就在于他有亲身体验，有独特的感受。这种感受在他身上留下了深刻的印象，一旦出现相同或相似的情景，就会对接上号。感受有不可替代的独特性，感受属于亲历者，而没有这种体验的人，不管如何冥思苦想，也不大可能出现类似的感受。“实践出真知”，至理名言！

“米老鼠”是卡通世界里最伟大的形象，风靡全球，不论贫穷落后的非洲小国，还是盛极当代纽约伦敦，都可以看到“米老鼠”的形象。你知道这个形象的诞生经过吗?

——他是一位孤独而窘迫的画家，一直梦想自己的作品有朝一日能够出现在画展，然而失败却如影随形。为了生存，他在一家教堂找到了一份修补那些褪色或者破败的壁画的工作，由于报酬低廉，只好借用一间废弃的车库作为临时住所兼办公室。每天都在四面透风还夹杂着汽油味的车库里工作到深夜，最痛苦的是每次熄灯后都有老鼠在房间里乱窜，发出吱吱的尖叫。这不，刚刚入睡就又被一只老鼠吵醒了。反正睡不着，他索性趁着外面透进来的一点光亮观察起那只小老鼠来。这些“小精灵”有着一双晶亮的小眼睛，充满了机警和好奇，还不时表演出各种滑稽有趣的动作。原来小老鼠还这么有灵性，他不再感到孤单，把他当做了伙伴。小老鼠见他没有伤害它的意思，竟然大白天也跑到他面前活动，表演精彩的“杂技”，画家的生活不再孤苦与单调，临摹小老鼠成了他度过漫漫寒夜的最好方式，作为报偿，他也会奖励小老鼠几颗花生或者一些面包。几年过去了，卡通世界里最逗人最有趣的形象“米老鼠”诞生了，而且迅速风靡全球，这位年轻的画家，就是美国当代最负盛名的卡通漫画艺术大师华德·狄斯耐先生。

【案例感悟】

给学生机会就意味着给学生多一种经历，多一种经验和体会，多一种创造的可能；给学生机会亲自动手做事的机会，而从不急于先告诉他该如何去做；让他自己去做，使他从自己的错误中学习，因为你不能代替他的人生体验。

从“大树也是雷锋”到“米老鼠”的诞生，给我们什么启示呢？也许明眼人一下就能悟出：创意源于自己的真切感受。让我们想象一下，假如华德·狄斯耐没有这么一段苦难的经历，假如他住在车库里没有小老鼠的光临，他会有创作“米老鼠”的灵感吗？如果说磨难是人生的学校，那么，丰富的经历、独特的感受，就是创意的源泉。（朱华贤）所以给学生机会，就是给学生提供创造的环境，给他一个选择、尝试和不断挖掘自身潜能的自由天地。

十五、留 有 空 间

有效教师能激励学生去挖掘自身的潜力。教师的最大贡献就是帮助学生意识到自己的潜力并去塑造，进而改变他们的生活。

特级教师贾志敏在《突出学生，淡化自己》一文中讲过这样一件事：20世纪80年代初，某省一个教育代表团到上海考察。他们找到上海师专的语文教学专家张平南老师，希望观摩一节优秀教师的语文课。张平南思忖：一师附小的特级教师臧慧芬教学经验丰富，她班上的学生自学能力特别强。于是，带着他们来到一师附小。那天，臧老师上的是课外阅读指导。臧老师的开场白仅寥寥数语。之后，便由学生介绍各自的读书习得。孩子们互动交流，踊跃发言。其间，有提问，有抢答，有补充，还有争论，气氛颇为活跃。课堂俨然成了孩子交流、学习的天地。而臧老师则适时点拨、引导，连总结也言简意赅。话语虽然不多，却句句都说在点子上。课毕，听课者大惑不解："这算高水平的课?"因为他们认为臧老师话语不算多，形象不光鲜，语言不出彩，连普通话也不地道……张平南老师问："这班学生怎么样?"这一问，大家情绪高涨："好，好！学生个个能说会道！我们的孩子无法相比!""这就对了，臧老师留出时间给学生，让他们成为课堂的主人。久而久之，学生的能力就得以提高。今天课上学生的表现充分证明了这一点。"张老师说，"我们看课，是要观看学生在教师的指导下，学习和提高的过程。臧老师的经验也许就是'突出学生，淡化自己'"。众人不语，似乎都认同张老师的意见。提起旧事，引出老话：我们该怎样上课？该怎样听课？张平南老师在 20 多年前说的话，今天听来，我们仍然感到非常中肯、亲切。

【案例 1】

教师勿轻言"停"①

韩　影

教学《圆的面积》时，我喊了两次"停"：一次是让学生用手中圆的 16 等分的纸片，按课文中的拼剪方法拼得一个近似长方形后，提问：你们发现了什么？"老师，我发现……""停！你是不是发现长方形的长是……宽是……"第二次是，在利用拼得的近似长方形，老师与学生一起推导圆面积公式的基础上，教师启发说道："下面同学们发挥自己的聪明才智，动脑思考，动手操作，看看还有没有别的拼法来推导圆的面积。"同学们一听，人人拿出学具，大胆实践。"停！由于时间关系，老师来说吧。"两个"停"字，不知无情地浇灭了多少刚刚迸发出来的创新思维的火花。因此我认为：老师勿轻言"停"。

今年又教圆面积，吸取了上次课的教训——切忌教师勿轻言"停"。真正给学生留出思考的空间，让学生做到了"三动"相结合。还是这节课，仍然是这两个问题。我大胆放手让学生自己去实践，去经历一番科学家的"发明"、"创新"过程，学生的思维就十分活跃了。于是出现了：不仅给自己拼摆出了近似的长方形还与同学一起推导出了圆面积的计算公式，并且得出多种求圆面积的思路。

【案例感悟】教师勿轻言"停"，把培养学生的创新思维真正落到课堂教学

① 中华人民共和国教育部基础教育司编．素质教育案例精选［M］. 北京：中华工商联合出版社，2002.

的实处。就像特级教师贾志敏老师的语文课，不仅要用耳朵听，还需要用眼睛看，用心思揣摩——特别是当学生在自由读书、书写作业的空当儿。此时，你也许以为没有什么“招儿”可看、可学的了。其实不然，你还得留意他是如何忙着谋划与点拨的。要知道，所有的精彩，或许正是在这时候酝酿出来的。真正的大教师，往往能化平淡为奇特，点石头成金子。工夫恰恰隐含在等待的火候之中。

【案例2】

为《致西伯利亚的囚徒》而流下的泪水

刘　群

就拿语文学科来说，在同一个知识目标、情感目标下，学校没有统一的进度要求，也没有硬性的篇目要求，老师们有更多的选择空间。“毕竟，对于美的欣赏，每个人的理解各不相同。”杭州二中的语文教师陈婕说。普希金的《致西伯利亚的囚徒》，在新教材中不是必修课文，可陈婕却坚持一定要给学生上好这节课。“如果学生在这里见不到普希金则可能再也见不到普希金了！”课上得很投入，也很成功。陈婕在课堂上流了泪，许多学生也流了泪。有人可能会说：高考的时候，泪水是没有用的，不会加分的呀。可陈婕却认为，学习语文不是用来考试的，考试的东西学生很快就忘记了，但灵魂的触动会让他一辈子记住。“对这样的课，我们校长（叶翠微）一定不会说：喂，这个考试用不上！正相反，他一定会为我鼓掌。在课堂上我们是完全自由的，包括选择的自由，也包括创造的自由。”不要低估了自由的价值。杭州二中众多个性鲜明的教师，众多闪烁着灵动与智慧之光的课堂皆源于此。

【案例3】

谁找到了胜利的感觉？

仲崇恒

今天是讲除法（两位数除以一位数）的第三天了。通过课堂上的板演讲解以及练习，我看到学生列竖式计算的速度和正确率都有了明显的进步。一班的情况比二班要稍好一些。上午在做课堂作业时，我问：第一次做这些除法计算题时，你们做错了许多，我很着急啊，后来我想到这都是暑假惹的祸，因为假期会让人变笨的，现在看到板演的六名同学都作对了，我太高兴了，你们的聪明回来啦。不知你们谁从中找到了胜利的感觉？唰，一班举起了38个小手，有的还举起了两只手臂。不过同样的话在二班问的时候，人数要少了许多。至少目前看来，两个班的差距还有。我想这种差距也就是一两节课的事情。回想这三天来上课的情形，我看到了自己的急躁。常常说要把自己当孩子，事实上做得不好。正如一个网友说的，习惯了高年级的教学，思想里多多少少有了定势，开学前理念的准备有了一点，但实施起来还是两层皮。登高望远可也，但居高其实不能很好地临下。看待一个事物，平行观察也许是最好的方式。几天下来，逐步发觉有每个班都有三四名学生作业拖拉。昨天在二班上课时迫不得已实行限时分段作业，就是先布置三个笔算题，时间8分钟，有百分之七八十全部完成时告诉其他学生把手头的题完整地做完就可以了。随后批改我看到有一个男孩只做了一个！接着再做一个文字题，下课前总算把所有作业收来啦。作业无论如何不能留到课后。我一方面要加强口算，逐步提高书写速度。这里我的习惯又跳出来啦，不知这样的处理对不对。我要不要慢一慢，等等孩子呢？

【案例反思】在教学过程中，学生遇到困惑时，我有如下体会：在进行数学课堂教学时，要创造一个宽松和谐的教学氛围，减轻学生的思想压力，给学生的创造性思维创造广阔的空间。教师和学生要像朋友那样平等相处，要尊重学生的人格，使学生感到心情舒畅，无后顾之忧，这样才能开动脑筋、发动机器，在学生回答问题出错时，教师要进行鼓励，不能一棒子打死，这样，学生们才没有心理负担，才敢想、敢说。如某学生回答问题，“触了礁”，我总是温和地给予鼓励，使他重燃其思维的火花，知道出错的原因，在这样的氛围中，其他学生也积极思考，大胆地提出各自的见解。通过对该问题的剖析，学生们的创造性思维得到锻炼。在数学教学中应把握好学生的求知心理，适当地加以引导，使学生的创造性思维向纵深发展。在学生提出答案与设想时，教师要认真倾听，准确把握学生当时的心理状态，适当地引导他们，激发他们的创新思维。数学教学应该贴近生活，提高学生利用所学知识解决实际。

【案例4】

结论在无声的思考之后①

杜田会

数学课上，教室里一片寂静，没有一点声响。同学们都在全神贯注地思考这样一道题：两个长方形，当它们的周长相等时，面积有什么关系？是否一定相等？

这不是一个轻而易举就能回答出来的问题，教材中也没有明确的结论。但学生们可以用已掌握的长方形的周长及面积的知识，经过一定的加工得到结

① 富凯宁主编. 今日做教师（二）[M]. 北京：同心出版社，2001.

论，这个加工过程就是思考和创造的过程。此刻的学生们正在思考中，不少同学还动笔画着、算着。逐渐，同学们的脸上有了自信和笑容，有了豁然开朗的神态和跃跃欲试的表情。这时，我轻声说一句："现在可以和周围的同学交换交换意见。"瞬间，教师里的寂静被打破了，同学们通过画图、举例、计算得出结论：两个周长相等的长方形，其面积可能相等也可能不相等。因为周长相等的长方形，长和宽并不一定分别相等。两个周长相等的长方形，如果长、宽不是分别相等，其面积自然就不是相等的。

同学们得出的结论是正确的，而这个结论来自于前边"无声"的思考过程。想象一下，如果没有这个无声的思考，一上来就让学生们讨论，当然也可以讨论得热热闹闹，也可以得出最后的结论。但是没有了每个人自己认真思考的过程，讨论时被动地听别人发言的人就会多了，主动参与发表意见的人就会少了。学习的效果和讨论的深度自然要打折扣了。

通过这节数学课，我认为作为数学教师，在课堂上，除了掌握生动、亲切的有声语言，还应该适度地运用无声语言。因为数学教学重要的是发展学生的思维。而思维需要的是一种静静的环境和无声的氛围。为学生创造一个无声的、深刻的思考空间。

【案例 5】

刘可钦老师刚接五年级，发现班上一位姓陈的学生，期末考试语文、数学、英语三门学科都没及格。尤其是语文，错别字连篇，读书、写字的速度慢得让人心焦，最让人担心的是他学得慢忘得快，昨天刚刚背诵的诗句，今天就忘了，要么经常"串门"，把两首诗混在一块儿。显然，他这列车厢已经严重"脱节"，刘老师重新为他"量身定做"设计了一套教学计划和训练方案，即"三个一"：每天识记 4—6 个生词，以免混淆；每天听写一段话，并跟着老师朗读、背诵，以积累基本句式，锻炼记忆力；每天看 3 页老师选定的读物，以逐步扩大阅读量。简单、容易，小陈很快就不怕学语文了；"低起点严训练，迈小步不停步"，这样的教学正合小陈的学习节奏。于是，他找到了学习的自信，一步一步赶了上来，一学期后居然考了 64 分，终于合格了。

试想，如果按照原来的教学进度，他会被活活"拖死"。要知道，有多少学生就是在这种不适合的教学进程中，被永远抛在了路上。刘可钦老师说得好："作为老师，要永远给孩子以希望。因为，迟开的花也一样鲜艳。"对于很多学困生而言，也许别人用 40 分钟就能学会的内容，他们要花 80 分钟，甚至更多的时间才能消化。教育，就是要给予学生足够的时间，给予学生适合的教学。对有些孩子来说，慢的教育，才会一路风景。

【案例6】

上 课 装 傻[1]

那天上课，讲到一个问题，有些好的学生很快就弄明白了这个问题，可有些差点儿的怎么也没弄明白，这时我就故意装傻，我说："同学们，这个好像不对啊，我怎么弄不懂呢？"学生们的兴趣一下子被调动起来。"老师连你都搞不懂？你看嘛，是这样的……""哎呀！冉老师你怎么还不明白？"看着他们争着想帮助老师弄明白而着急的样子，我的心里却在暗自高兴，如果我把结论直接给学生讲出来，肯定会又清楚又省事，但是学生特别是理解力暂时慢些的学生又能接受多少呢？他们会真正理解消化吗？他们还会动脑筋去想一想吗？他们还能这么会说吗？看来，我装傻让他们急一急，还能调动他们的积极性，培养他们的表达能力，启发他们的思维呢！

其实，作为教师，我们不只是传授知识给学生，还要让学生自己学会知识，让他们真正学会，而不是"灌输"给他们。教师在课堂上不能个人当表演者，我们应该是导演，让学生来表演，课堂中学生才是真正的主人，我们是"引导者"。教师装傻能让学生理解，让学生去反思，让学生去真正把学到的知识弄清楚明白。我们适当装一下傻，是非常有用的。人们都很敬佩发现真理的人。其实，真理常常就在你的身边，看你有没有一双敏锐的眼睛，有没有一个善于思索的头脑，有没有敢于坚持真理的勇气。

【案例感悟】

装傻也是一种特别的智慧

教师不要总是"拨乱反正"，把自己认为正确、理想的解法"奉送"给学生。有时教师可以有意露个破绽，让学生攻击；有时面对学生的问题可以做出无能为力的样子，激发其他学生来解。张思明老师的一席话是多么一语中的！"想一想把什么不交给学生，而让学生自己去发现？"这就是给学生留有空间，留有自主发现、选择、尝试和改变的自由天地，让学生在取得成绩和经历失败的真实经验里重新发现自我。要知道有时候，教师不总是"对"时，学生的收效反而更好。

---

① http://ranqiduan. t. sohu. com/.

【特别推荐】

给学生多一点调皮的空间①
——质疑全天候班级管理法

那天到某小学去听一节五年级的语文试教课，从后门走进教室坐定，发现前门旁第一组的第一张学生课桌前，面对面地坐着一位中年教师，她正在批改作业。原以为等上课铃响，她会离开，谁知，整整一节课，她都在批改，只是偶尔抬起头来扫视一下学生。课后，问陪同听课的教导主任，得到的回答是："这是学校的制度，凡班主任都要求在教室里办公，这样，能时时刻刻地看管学生。哎，你别说，纪律确实要好得多，那些调皮的学生也老实了，这叫全天候管理法。我们是从一所很有名的民办学校学来的。"当问到"这样做，上课的教师会不会感到别扭"时，这位教导主任承认："任课教师起先是有点意见，但现在也习惯了、认了。而且有的教师也可以少费一点精力抓纪律，特别是副科，原先总有一些是乱糟糟的，现在要好得多。"

听后，我竭力想寻找一些这样做的好处，也确实找到一些，但内心总觉得不大对头，我在想：假如我是学生，我会怎么想？假如我是任课教师，又会怎么想？假如我是班主任，心里又会有何感慨呢？

毫无疑问，这种全天候班级管理的出发点是好的，就是为了更全面地管理学生的课堂纪律，提高课堂效率。想出这种办法，可谓煞费苦心，没有责任心的人是想不出来的。从短期来看，效果也许会有一些。但从长期来看，这无疑是一种弊多利少的管理模式，特别是对学生，不良影响甚至伤害可能会很大，持续很久。

相对而言，班主任是一个班级的最高管理者，其权威是不可否认的。上每一节课班主任都端坐在教室前面，这犹如国王君临小民，当然有一定的震慑力，有的可能连大气都不敢喘，即使是调皮的学生大多也不会轻举妄动，如果是一些胆小和内向的学生，更是不敢有丝毫走神。课堂纪律要遵守，即使是音、体、美之类的副课，也应该有一定的规矩。但是，遵守纪律也得有个度。对于小学生来说，上课时偶尔做个小动作，讲几句多余的话，甚至彼此悄悄地开个玩笑，顶老师几句，都是正常的，算不上什么。孩子天性活泼好动，在课堂上犯点错，违点规，不但是难免的，而且也是应该的。一个人在课堂上从来不做小动作、不走神、不敢越雷池半步、把纪律当圣旨的人，将来绝对不会是一个富有创造力的人，这是早已被无数事实证明了的。

---

① 朱华贤．给学生多一点调皮的空间［N］．光明日报，2006－12－13．

班主任“虎视眈眈”地端坐于前，让孩子们每时每刻都处在高度紧张之中，在维持了纪律的背后，极有可能扼杀了孩子们的顽皮和童真，是禁锢孩子们应该有的自然与天真、活泼与生动。久而久之，有些学生就会变得缩手缩脚，谨小慎微。心理学研究表明：长期处于高压政策和强者监视下的人，会产生心理变异，重者还会出现心理疾患，这也许就是全天候管理潜在的弊端。

不管是班主任还是其他任课教师，都应该有自己的职责权限，该管什么和不该管什么都要有明确的分工。班主任端坐于前，这无疑扩大了权限和职责，承担了不应该承担的职责和义务，增加了他们的工作量，失去了自由的空间。同时也减少和削弱了其他教师的权限和职责。这种减少和削弱，很容易让任课教师产生这样的心理：我们只管上课好了，其他就什么也甭管了，反正有班主任在。这种心理，既不利于教师间的关系协调，也不利于对学生的有效管理。班级管理也是一个系统工程，需要每一位教师密切配合，一个班四五十名学生的管理，仅靠班主任一个人的智慧和能力，往往是难以胜任的。

孩子调皮，这是上帝给予的特殊权力，谁也不应剥夺。给孩子多一点调皮的空间，给他们一些犯错的机会吧。纪律是需要加强的，但加强纪律不能像居委会防止小偷似地监控学生，也不是母鸡孵小鸡似的形影不离地护卫学生。教育中所采取的一切手段，都不能以扼杀学生的天性为代价，也不能以妨害学生的个性发展为筹码。

【感悟】在希腊人看来，学生必须有充裕的时间体验和沉思，才能自由地发展其心智能力。

我在中学教书时，在智力活动完成特别好的课堂上，常给学生下课前几分钟自由聊天、大声说话的时间，学生特别高兴，甚至于对下节课其他老师的上课，都起到了精神放松的调节作用。教师根据自己的教学计划，对讲授时间进行适当压缩，留出几分钟的时间让学生自由利用。课堂上留有空白，学生便可以在空白时间里朗读、演讲、讨论、阅读、解疑……

平时，我们总是唯恐学生浪费了大好时光，因而把学生在校的每一分钟都安排得满满的，以为这样就可以帮助学生把握时间了，其实，通过实践我们可以发现，这样做会起到很大的负面作用。首先是使学生完全没有创新的机会。学生的每一分钟都被老师牢牢地把握着，他们根本不用思考我下一刻要做什么，在孩子们的心中只是机械地照着老师说的做就可以了，他们不需要思考，也没有必要思考，为什么要这做样。学习只是为了不受老师的批评，长此下去，学生谈何创新，他们连思考的时间都没有，还会有时间创新吗？其次，教师过度地干涉学生的时间，会让学生丧失自我支配时间的能力。他们只是机械地在老师的指导下学习，可是，如果有一天老师突然没有布置任务，让学生自由安排时间时学生就会不安，不知道该怎么办，不知道是做语文好还是做数学好，也不清楚自己到底哪一点不会，他们会像无头苍蝇一样不知所措。这是很可悲的，我们的社会不需要这样的人才，我们需要培养的是一群有头脑、有思想、有自主能力、有挑战精神、有创新意识、紧跟时代要求的新型人才。再者，过度地支配学生的时间，会让学生产生依赖心理，感觉老师安排着自己的一切，老师的话就是绝对真理，从而丧失了自主性，作为一个个体，每个人都要有一定的自主性和独立能力。

十六、教学相长

“教学相长”，这是一个师生之间共同成长的话题。这个话题已绵延几千年，它第一次见于先秦时期的《学记》，其朴素的哲理深入人心，其影响也不仅是在教育领域。多年前我曾在《读者》上看过一篇《农妇语录》，其中“农妇与小儿子的谈话”让我眼前一亮：“我看雷老师的水平不低。谁都有不懂的东西，不懂就问，这也是水平。老师向学生请教没有什么好笑，大队书记也问过我怎样种茄子呢!”这位可敬的农妇，她睿智的话语道出了“教学相长”的含义——教师可以向学生学习。

教学相长——教和学互相促进，是我国古代教育传承下来的一份宝贵财富。出自《学记》：“虽有佳肴，弗食不知其旨也；虽有至道，弗学不知其善也。是故学然后知不足，教然后知困。知不足然后能自反也，知困然后能自强也。故曰：教学相长也。”它涉及的关键词有：教与学、教师、学生、相互学习。这里的“学”非指学生的“学”，所以，它原先并不是表述师生关系的命题。它强调的是教师在教的过程中可促进学。后来，明代大学问家王守仁把这一思想发展为师生之间互相推进，共同提高。① 人民教育家陶行知在《陶行知文集》中关于教学相长有很多精辟的论述，值得反思与借鉴，其中“做先生的，应该一面教一面学，并不是贩卖些知识来，就可以终身卖不尽的。”“共同生活中，教师必须力求长进。好的学生在学问和修养上，每每欢喜和教师赛跑。后生可畏，正是此意。我们极愿意学生能有一天跑在我们前头，这是我们对于后辈应有之希望。学术的进化在此。但我们确不能懈怠，不能放松，一定要鞭策自己努力跑在学生前面引导学生，这是我们应有的责任。师道之可敬在

① 殷海华.《学记》教育智慧品读［M].长春：吉林大学出版社，2008.

此。所以我们要一面教，一面学。”教学相长这一思想可以概括为三个方面：

（一）教可以促进学与思

当今教育同古代相比，一方面今天的学生观比较开明，学生自主意识非常强，学生获取知识的途径更为多样化；另一方面，现代教学内容更为丰富化，而且教育对象大为增加。因此在此情境下，对于教师而言，教是教师的本职工作。教师在教授学生的过程中，自身必须有足够的理论知识作准备，“教然后知不足”就是说教师在教的过程中感到自身知识困乏时，应该及时学习，不断更新自己的知识。孔夫子曰：“学而不厌，诲人不倦。”我认为说的就是教师要不断学习，这样才有新鲜的血液补充，我们才能教诲人没有疲劳感。反之，如果教师天天卖旧货，翻来覆去地讲，那就会索然无味。教师没有积极性，学生学习效果差。现代的教育不是只需要一个只会将知识传递给学生的教书匠，而是需要一个复合型的新型教师，现在知识更新得很快，这就需要我们每位教师要养成终身自学的习惯。除了专业方面的学习外，还要注意学习一些教育教学理论，用于指导我们的教育教学工作。因此教可以促进学，要教学生，教师必须不断学习。

从教师的角度来说，教学过程就是一个自身专业化成长的过程。第斯多惠说得好：“谁要是自己还没有发展、培养和教育好，他就不能发展、培养和教育别人。”为教学生，教师必先教自己，以促进学生的学为落脚点，教师自身的教与学在教学中也是同步发展的，一位语文教师对此是这样举例说明的：为教好鲁迅小说《药》，首先必须博览、研读与《药》有关的研究资料及鲁迅的其他作品，以增强对鲁迅作品的感悟，其次还得搜集研究名师处理本课的教学研究成果或方法，把它当做自己教学的借鉴，这样一课一课地“教”，一课一课地“学”，天长日久，日积月累，就能使自己成为语文教学所需要的“杂家”和“专家”。学高为师，身正为范。“要想学生好学，必须先生好学。”（陶行知）“把学生造成一种什么样的人，自己就应当是这种人。”（车尔尼雪夫斯基）

【案例1】

“弓足”的波澜[①]

于漪老师在课堂上讲《木兰诗》时，有一名女生提出疑问，认为诗中写的“同行十二年，不知木兰是女郎”这句话不可信。理由是如果同行十二年，还不知木兰是女郎，难道军士们都是傻瓜？别的不说，木兰总得洗脚，一洗脚，洋相就要出来了，因为女子在古代是要裹脚的。她这一说，其他学生七嘴八

---

① 于漪. 反思［M］. 南宁：广西教育出版社，2008：193－194.

舌，也十分赞同。我在一片喧嚷生中随口说了一句："那时女子还不裹脚。"下课了，学生还是不罢休，追着问"那么，从什么时候开始裹小脚的呢?"我被问懵了，回答不出。我只能老老实实地告诉学生："不知道，没研究过，这个问题我也说不准，等课后查查资料再告诉你吧!"我被学生问住，挂黑板了。

课后，果真查了不少资料，终于弄清妇女裹脚是从南唐李后主时开始的，从而给了学生圆满的答复。

【案例分析】承认自己不是万能的，这并不会让学生蔑视你，只要教师不是不懂装懂，糊弄学生，只要教师是真诚的，偶尔课堂上有点瑕疵，倒更真实，更可信可爱。问题是教师要思考怎样化阻力为动力，把自己在教学中遇到的问题和不足当成进一步学习的动力。就像案例中的于漪老师，她在课后先查二十五史没有记载，查风俗史才找到答案：南唐起女人开始裹小脚。于老师在《反思》一书中感慨道：一是教以后总比教以前清楚一点，为什么？因为学生想问题与成人有区别，他们好奇心强，更直觉，更喜欢究根问底（我想这也是应该欣慰的，因为学生更了不起。正是学生的'问'，让我们发现了备课时没想到的问题，看到了自己对知识储备的不足）。二是"教然后知困"。由于时代在前进，社会在进步，学生思维活跃，视野开阔，想得宽，想得深，也想得杂。涉及的问题五花八门，这就大大增加了教者"困"的程度。"困"在哪里？文化积淀薄弱，相关的知识贫乏。"知困"远远不够，更重要的是下决心解"困"。怎样才能逐步解"困"？怎样才能在有限的课堂教学时间内，正确而及时地解答学生提出的各种各样的问题呢？其实，语文教育家于漪老师取得的成就已为她如何解"困"作了最好的注释。她的教学之路鲜明地印证了教可以促进学——教学相长的内涵之一。她有一名言："与其说我做了一辈子教师，不如说我一辈子学做教师。"是谓"教可以促进学"的注解。

【案例2】

教学相长——《棉鞋里的阳光》教学案例与反思

课堂上，孩子们正绞尽脑汁地讲着"自己在家为父母做的事"，忽然，有一位叫雪梅的小女孩站起来说："老师，你为自己的父母做过什么事？快给我们讲讲吧!"

"我?"我语塞了，我没想到孩子们会出这么一招。"快说啊，我们要听!"孩子们兴奋地鼓起掌来，这下，一向随机应变的我显得尴尬了。怎么会这样？怎么反过来问我了？哎，这可怎么办，我该怎么说呢？我努力搜索着，可脑中一片空白，什么也想不起来。

正在这时，下课铃响了，我趁机给自己找了个台阶："同学们，老师下节课再告诉你们，好吗?”孩子们热情不减地回答：“好!”回到办公室，我静静地坐在办公室，回忆着刚才的一幕，一年级的孩子，他们的心灵是纯洁的，提出这一想法，纯粹是善意的，因为他们也想了解老师在生活中是怎样的一个人。他们的好奇心在我这儿却遇阻了，白白地失去了与他们“零距离”接触的机会。

【教者反思】

《棉鞋里的阳光》这一课，通过对小峰母子给老人晒棉被、晒棉鞋的描写，赞扬了尊老敬老的好风尚，让学生懂得应该怎样关心长辈，学会体贴。学习课文后，让孩子们说说“自己为家里人做了什么事”？这个问题虽然简单易答，也确有孩子能列举出一两件事出来，可他们感兴趣的却是老师在生活中的事，我怎么没想到呢？新课改开始后，我努力在课堂上体现学生的主体性，让学生尽情地读，尽情地说，大胆地问，可我就没有把自己的情感、故事及生活结合教学适时地展示给学生，以至于面对学生的发问，我竟无言以对。细细想来，这些年，我们一家三口和老人没住在一块儿，平时生活成了两点一线，学校里忙工作，回家还得做家务照顾儿子，哪里还有心想老人，照顾老人。我已想不出“为老人做了什么”，可怕啊！我的心灵受到了极大的震撼。

老师为人师表，应率先垂范，不只是在课堂上用书本上的内容去熏陶教育学生，教孩子做人，更应该用生活中的言行去潜移默化、感染学生。想到这儿，我知道了下节该怎么上，更明白了生活该怎么去做……

（二）教师也要向学生学习

教学相长现在的意义是指师生之间互相推进，共同提高，即教师不仅要传授学生知识，还要向学生学习。“教然后知困”还有一个原因就是教师如果不了解学生，就不能很好地引导学生学习，对学生的学习进步起不了很大的作用。陶行知先生说过：“成为一名优秀的教师条件之一就是跟小孩学习——这听起来很怪，其实先生必须跟小孩学，才能了解小孩子的需求，和小孩共甘苦，才能救小孩，才能发挥他们小小的创造力。”[①] 陶先生还说过：“只需你甘心情愿跟你的学生做学生，他们便能把你的‘思想的青春’留住，他们能为你保险，使你永远不落伍 。”毛泽东提倡教师“向学生学习，向自己的教育对象学习”[②]，甚至提出教师自己的教与学要三七开，即：“教员要向学生学 7 小时，再教 3 小时，有课本时，对半分，向学生学 5 小时，再教 5 小时。”[③] 一味

---

① 陶行知. 陶行知教育名著教师读本［M］. 上海：上海教育出版社，2003.

② 毛泽东. 毛泽东著作选读（甲种本）［M］. 北京：人民教育出版社，1965.

③ 毛泽东. 毛泽东书信选集［M］. 北京：人民教育出版社，1983.

地强调教师向学生学，或许有失偏颇，但教师得一定程度地向学生学习。魏书生老师在其多次演讲中总是强调教师要多向学生学习，他就是个典型成功的案例，因此他的教学很成功，特别在班级管理方面。

【案例3】

"老师，你的解释有错误"

袁 冲

这是棒球击球跑垒的新授课，按教学计划，只要能让学生了解并作出击球跑垒的动作就行了。课上，教师把男生分成两组后，简单地讲述了防守队员应该如何投球和传接球，攻方击球后应该如何逆时针跑垒踩包，提了些学练要求就让学生上场演练了。在刚开始的几个回合中，由于攻守不协调，出现了一边倒现象，没有精彩可言。一会儿，一些同学产生无聊感时，有一名男生突然向教师说："老师，你的解释有错误。以前在体育频道上也看到过棒球比赛，就是看不懂，人家跑垒好像不是这么回事。我就知道投球和击球都有好几次机会的，好像一个是三次，一个是四次，不是现在的一次性就完，这样一点儿也不精彩。你说呢？"一言既出，满场哗然。

教师一时语塞，这是教学内容拓展开发的一个教材，对师生来讲，本身很有新意又有趣，大有开发的潜力。不过，对棒球的比赛方法、规则、流程，说实话，教师也没有好好研读，处于摸索阶段，"现学现卖"，了解了一点就先上场了。面对学生一语中的的指责，虽然有意辩解，但也总不能不懂装懂吧。教师平静了一下，对那名同学说："你的提问很好！其实，老师也不是全才，我也是在课前刚学习怎么打棒垒球，今天确实准备得不够充分，所以一时也不能给你作出满意的解释。""我想能不能这样，下课后我们大家一起去查找一些资料，下一节课共同来解释这个问题。"接着，教师不失时机地给予了表扬，又说："你的想法是个好主意，我们不妨先来试一试，今天老师邀请大家一起练！"结果，同学们一起动脑，课堂上练得十分欢快。之后的一堂课前，同学们早就在那交流学习资料，在场地上比划开来了。

【案例分析】课堂中传统意义上的教师的教和学生的学，将会不断让位于师生的互教互学，彼此将形成一个真正的"学习共同体"。在这个共同体中，"学生的教师和教师的学生不复存在，代之而起的是新的术语：教师式学生和学生式教师。教师不再仅仅去教，而且也通过课堂被教；学生在被教的同时，也在教人。他们共同对整个成长负责，从而教学相长。"

案例中，教师以学生质疑为契机，以练习中的问题为起点，通过师生共同的探索，既有效地化解课堂的尴尬局面及不和谐气氛，又让学生消除了学习的

“压抑感”和“神秘感”，形成了自主探究意识与创新精神，在乐学、爱学、善学的自主活动中，发展自身的学生潜能，展示自己的课堂创生，这样的体育课堂，才更活跃、开放，才会更富有生命力。

同时，我们也应该看到，学生课堂中的质疑和异议，会让教师加强对“自身薄弱环节”的重视。教师应该为能教这样的学生而感到幸运，这样的学生和这样的课堂，给了教师很好的学习动力，也在一定程度上促进了教师的专业化发展。

（三）学生可以超过教师

在这一点上，孔子曾说“三人行，必有我师焉”，可见学生不一定不如教师，而且是“青出于蓝而胜于蓝”的。韩愈深刻意识到了这一点，说：“弟子不必不如师，师不必贤于弟子，闻道有先后，术业有专攻。”他一语中的，学生是可以超过教师的，但在今天的课堂中仍会出现“满堂灌”、“一言堂”等现象，教师一味地灌输，学生只有被动地接受，即使教师讲错了，学生也要接受，这就提醒教师要改变教学方式，更主要的是要改变观念，要意识到教学相长三个层面的意思，特别是最后一层，在某些方面学生是可能超过教师的，要给学生创造自主发展的空间。教师在课堂上要引导学生敢于发现问题、提出问题，与教师共同切磋，最终达到共同进步的目的。

【案例4】[①]

生物课上教师出了一道思考与练习题：“有人说‘汗液与尿液是一样的’，你是否同意这一说法，请说明理由。”教师在进行这部分内容的教学设计时，初衷是把该题作为课堂练习，组织学生讨论，以促进学生对知识的理解。可是在实际教学中，同学们对该题的讨论进程及结果，大大出乎教师的预料。

因本题为开放型讨论题，答案可以是两种完全相反的结论。为调动学生参与讨论的热情，有效地组织讨论。教师先将黑板一分为二，分别写出“汗液与尿液一样”和“汗液与尿液不一样”的字样，然后宣布，会将同学们回答出的理由分别逐条列在黑板上，只要言之有理即可。

同学们开始讨论时的焦点集中在是否同意结论上，有同意此说法的，也有反对此说法的，都对自己的观点说出了理由。可随着各人阐述理由时，有同学提出不能绝对地说“汗液与尿液一样”或“汗液与尿液不一样”，因为两者有相同也有不同，因此讨论题应改成“比较汗液与尿液的异同”。此观点提出后，得到多数同学的认同。这让教师感到非常惊喜，也就顺应“民意”，同意将题目改为“比较汗液和尿液的异同”。

---

① 陈桂生. 师道实话［M］. 上海：华东师范大学出版社，2004.

教师首先让学生阐述“汗液与尿液相同”的理由，大家的回答集中表现在两个方面：(1) 它们都含有代谢废物；(2) 它们所含的物质种类大致相同。可有一名同学突然提出：“味道相同”，课堂一片哗然，有同学马上站起来笑着说：“请问是什么味道呢?”该生理直气壮地说“咸的”，又有同学紧接着质问道：“如果你说尝过汗液，我们会相信，难道你还尝过尿液吗?”大家情不自禁地“哈哈……”该生面红耳赤、很为难地说了一声“你才尝过”，紧接着严肃稳重地说：“由于两者的组成成分中都含有无机盐，根据我们的生活常识推断，汗液和尿液的味道应该是咸的。”班上有同学在微微点头肯定他的说法。教师顺势引导学生认识到：有的问题可以运用已有的知识或经验进行分析、推理、判断，或提出假设、设计实验、进一步验证等，从而得出结论。这时，有同学提出：为什么我们平时不容易闻到汗液的味道，却容易闻到尿液的味道呢？许多同学也露出困惑的神色，笔者告诉学生：“味道”和“气味”是两个不同的概念，“味道”通过舌进行辨别的味觉，而“气味”则是通过鼻辨别的嗅觉，这些知识将在以后学习。同学们这才恍然大悟。

【案例感悟】在上述案例中教师通过不断发问、引导学生去讨论问题，学生也通过讨论交流去领会其中异同点，结果学生的认知水平大大出乎教师的预计之外，教师也受到学生的启发，一步步推进课堂进度，整个课堂气氛活跃，教学效果令人满意。

“教学相长”的思想，是中国教育史流传下来的最宝贵的教育遗产之一。随着时代的发展，这一思想又被赋予新的内涵。信息技术使我们获取知识的手段更便捷。“不出屋而知天下”已不再是传奇。在多媒体环境中长大的学生，甚至比教师知道的更多也不是新奇。教师如不加强学习，真的是容易落在学生之后。许多教师因此真正地提出：“和孩子一同成长”、“恭恭敬敬地向学生学习。”

十七、教学机智

（一）什么是教学机智

教学机智在《教育大辞典》中被定义为：“教师面临复杂教学情况所表现的一种敏感、迅速、准确的判断能力。”在课堂教学中，情境瞬息万变，情况错综复杂，随时有可能发生意料不到的各种偶发事件，它需要教师正确而迅速地作出判断，并能妥善处理。这就要求教师必须具备教育机智这一基本的能力素质。俄国教育家乌申斯基在《人是教育的对象》中阐述了教育机智的重要性："不论教育者怎样地研究了教育理论，如果他没有教育机智，他就不可能成为一个优秀的教育实践者。"

（二）教学机智的特征

教学机智有它本质的特性，如偶发性、及时性、得当性。教学中的问题都是突发性的，不在计划之中，如果教师不能及时、恰当地解决，就很可能使问题陷入僵硬化的程度，影响教学计划的顺利执行，也影响学生的身心发展。

（三）影响教育机智形成的因素

影响教学机智的形成有多种因素，但真诚是其核心基础。

第一，教师要热爱生活，真心真意地热爱自己的事业，真诚真挚地热爱学生，善于观察学生的特点与变化。

一个老师只有爱学生，才会看到学生的可爱之处，出现问题后，也会以一种和谐的方式解决，从而促进学生的发展。

第二，教师要有较强的职业技能和丰富的教学经验。经验丰富的老师更能在教学活动中发现学生的问题，灵活巧妙地解决问题。

第三，要求教师具备良好的心理素质。如果在面临突发事件时，老师能沉着冷静地思考处理问题的方式，才能使问题得到妥善解决。教师具有教学机智，掌握教育的艺术，是进行有效教学的基本途径。教师的教学机智不是靠天赋，而是在教学实践中获得的经验与理论的结合。

【案例1】①

特级教师贾志敏老师在上《程门立雪》一课时，贾老师让学生给生字组词。一名学生站起来给"尊"字组词："尊，遵守。"同学们顿时哄堂大笑。"他并没有错，他还没把话说完呢！"老师神情自若，微笑地望着那位学生："遵守的遵，去掉……"那位学生立即领悟过来："遵守的遵去掉走字底，就是尊敬的尊。""你们刚才笑得太早啦！"课堂上爆发出一阵热烈的掌声，听课的老师不禁为执教老师高超的教学艺术叫好！

有位教育专家认为："所有难教育的孩子，都是失去自尊的孩子；所有好教育的孩子，都是具有强烈自尊心的孩子。教育者就是要千方百计地去保护孩子最宝贵的东西——自尊心。"我们不难看出回答问题的孩子的确把问题答错了。贾志敏老师不慌不忙，神态自若，说："他并没有错，他还没把话说完呢！"给学生留足了面子，给了孩子宝贵的自尊。接着给了孩子一个台阶"遵守的遵，去掉……"，孩子马上醒悟："遵守的遵去掉走字底，就是尊敬的尊。"

---

① 李长娟．有效教学与师德修养［M］．北京：世界图书出版公司，2009．

"你们刚才笑得太早啦!"课堂上爆发出一阵热烈的掌声。问题解决了，既节省了时间，提高了课堂的效率，又保护了孩子的自尊。贾志敏老师为"教学机智"的内涵作了很好的注解。

贾老师在处理这个事件时，表现出十分理解学生的行为，充满浓浓的人情味，充满对人的理解和尊重。这正是优秀教师在对待学生时表现出来的品质，贾老师的心与学生贴得很近，他的眼睛能看到学生的内心世界，所以他能走进学生的精神世界，欣赏学生并尽力满足学生精神成长的需要。因此，在具体情境中，与学生相处时，一个机智的教师知道如何从更深层的意义上理解学生的心理。机智具有道德直觉的特征，一个机智的教师瞬间就能知道做什么是合适的、正确的或好的，而这样的能力又是建立在对孩子个性和环境的教育理解的基础上。①

【案例2】

某老师在上课时发现有几名学生上课不注意听讲，总是在书本上或者是在课桌上乱涂乱画。老师并没有指责他们，而是提出了成立板报小组的想法。由这几个爱乱涂乱画的同学组成小组，负责班级的板报、宣传报的设计与制作。

【案例感悟】案例中的老师发现了贪玩孩子身上的艺术闪光点，看到了他们对艺术的兴趣，组成板报小组，解决了同学的毛病的同时也促进了学生身心的和谐发展。

【案例3】

"这是我故意写错的"

我在家乡的一所小学听课时，有个老师板书上出现了错别字，学生指出后，老师面不改色地说"这是我故意写错的，看同学们能不能发现"等等。

要知道，这些耍小聪明的伎俩不是教学机智的表现。其实教师承认自己不是万能的，这并不会让学生蔑视只要你是真诚的，有点瑕疵，倒更真实、可爱！教学机智强调能使教师在不断变化的教育情境中随机应变的细心能力与妥善解决突发事件的能力。这"随机应变"不是圆滑和世故，不是小聪明和小花招，而是根植于教师爱学生、懂童心，真诚包容的博大心胸与智者仁爱的情怀里，而有的教师为了自己的"面子"，硬是装成具备教学机智的能力是不可取的。因为真正的教学机智不是"术"而是"道"。

---

① [加] 马克斯·范梅南. 教育敏感性和教师行动中的实践性知识 [J]. 北大教育评，2008 (1).

【案例4】

我爱每一片绿叶①

田立君

教高一（1）班时，有一名男生学习刻苦，做事认真，课堂尤其爱举手发言。但由于他的动作、声音有女性化的特点，遭一些同学嘲弄，起外号为“小李子”（暗指李莲英），大呼小叫时有个男生故意在“子”音上打颤儿，模仿太监的细声细气。

有一次回答问题之后，故伎重演，教室里顿时笑声一片。我当时甚是恼火，正要发作，抬头猛然间瞥见了窗前那棵枝繁叶茂的大树，灵感即发。我没有直接批评做恶作剧的那个男生（给他留个面子，也避免那个遭讥笑的男孩过于尴尬），只是用目光“钉”住那个发怪声的男孩，若有所思，缓缓地但又是不怒自威地说道：“世间没有一片树叶是相同的，不同的树叶组成千姿百态的树。每一棵树都有它存活的理由，每一片树叶都有它生长的权力，我爱每一片绿叶!”

教室里静极了，我甚至听到了自己心跳的声音，刹那间迸发的每一句话打湿了我的双眸，一阵沉默之后，课堂上爆发出热烈的掌声。

那个出怪声讥笑他人的男孩低下头，脸像透明的红萝卜（他平时素以起外号嘲弄人“著名”，自称“嬉皮士”）。一切又归于平静，课继续讲。那天上午，教室里弥漫着一种无法用语言说清的氛围，空气中流动着暖暖的情愫。下课后，几名学生来到窗前，凝视着高大的杨树，久久没有离去。

当天午休后，我又单独找来几名学生谈话，讲了发生在美国一所学校里“小红帽”的故事：在美国印第安纳州，由一个叫苏珊的10岁小女孩不幸得了白血病，化疗夺去了她美丽的金发。就在她准备上学前的一个星期，她的老师朱莉安女士得知了这一消息。她不动声色地对全班学生说：“下周我们准备去帽子厂参观，我们的劳动实践课是学习帽子的制作过程，明天就请同学们把你们五颜六色、各式各样的帽子戴上，上课也不必摘，要是有小红帽，那就更漂亮了……”

当苏珊怯怯地推开教室的门时，她下意识地摸了摸自己的小红帽，抬起头来惊呆了：同学们也带着一顶帽子，而她的朱莉安老师居然也是一顶红帽子，还有些歪斜，像个调皮的小孩站在讲台前向她微笑……

“……没有人会知道我没有头发了。”苏珊的脚步一下轻松了，她像从前一

---

① 这是我在高中教书时，发生在我的课堂上的一个真实的故事，时间是1998年初夏。

样一步三跳式地来到自己的座位上。通过这个故事，渗透理解差异，承认差别，尊重他人的理念。

二年后，这两名男生都如愿考取了南方两所重点大学。

1998年教师节前夕，我接到了本市电视台的电话，让我注意收听九月九日晚八点十分的“温馨祝福”点歌节目。

“亲爱的田老师，在这个特别的日子里，您永远的每一片绿叶为您点播‘好大一棵树’……”。

倏地，热泪涌满了我的眼眶，孙悦的歌声化作片片绿叶在我的眼前飘舞，叶脉如此清晰，隐隐地散发着清香。

【案例感悟】

提倡“无痕迹教育”：你越让学生感觉到你不是在教育他，教育的效果往往越好。教育无痕，有效的教育是把教育目的隐藏起来的教育，是不动声色的教育。“无痕迹教育”是教育的最高境界，这是批评的艺术，是尊重的教育，是没有教育的教育。美丽的朱莉安老师，我永远记住了她的名字。她对我的影响是深远的，这是真正的心灵教育，爱的教育。

李镇西老师在他的《与青春同行》一书中深情地写到：“是的，教育需要方法，需要技巧，需要智慧。一句话，教育需要机智，但教育决不仅仅是技术层面的事，它首先是一种‘心心相印的活动’。教育机智之树必须根植于尊重学生的沃土才会枝繁叶茂。唯有拥有心灵对心灵的尊重，才会有明察秋毫的教育敏感、情不自禁的教育本能和化险为夷的教育智慧。于是，教育者所期待的‘最佳教育时机’将随处可见，并且常常不期而遇。”①

教学机智是教师成功地处理教学中意外事件的特殊能力。它是建立在教师的观察和了解学生的基础上，它是观察的敏锐性、思维的灵活性和意志的果断性三位一体的独特结合。教师的观察力应准确、深刻、细致、敏锐，以便在课堂教学中做到“因材施教”、“有的放矢”。教师的创造性思维能力表现在课堂教学中能够富于想象，灵活多变。教师的意志品质突出地表现为自制能力，即善于控制自己的情感、行为、约束自己的动作、言语，抑制无益的激情等。教学机智不仅体现出教师对学生明确、积极的感化作用，而且也能够对任何措施适时而巧妙地加以节制。

(四) 运用机智时应把握的教育原则

在实施教学机智中应把握一定的教育原则，以保证有效教学的顺利进行。

第一，当问题出现时，教师应引导学生向着正确的方向前进，循循善诱，

---

① 李镇西. 与青春同行 [M]. 北京：高等教育出版社，2005：65.

将其不足之处改正过来。

第二，要挖掘学生心中积极的本质。

第三，要建立在爱学生，促进学生发展，实施有效教学的原则上。

【案例5】 在一堂英语课上，英语老师在讲“母鸡”一词时，有一个同学用怪语调问老师有没有公鸡啊，班级顿时哄堂大笑。老师不仅没有批评这位同学，反而对这位同学提出表扬，表扬他问题提的好，接着老师给大家讲了公鸡这个词，还讲了小鸡这个词。在讲完单词后，老师又讲了英语发音中的语调问题，说这个同学刚才提问的语调不正确。

案例中的老师，恰到好处地运用了她的教学机智，既没有影响教学计划的顺利进行，也给同学设计教学情景增添了新知识内容。这个老师的做法体现了第一原则，有效教学得到实现。

【案例6】 有两个同学吵架了不愿进教室，这时将要上课的数学老师走过来，知道了这个事情，老师便说“我拿的教具很沉，你们两个帮老师拿进班级吧”，那两个同学便帮老师把教具拿进教室。上课时，老师当着全班同学的面，表扬了这两位同学，大家给予他们俩热烈的掌声。他们羞愧地低下了头，而后是互相看了一下对方，笑了。

老师巧妙地解决了这个突发事件。这个老师的做法体现了第一原则，“当问题出现时，教师应引导学生向着正确的方向前进。循循善诱，将其不足之处改正过来。”教师的这种能力应是建立在教师真诚的基础上的。

（五）教学机智的作用

教学机智的作用在于，它是进行有效教学的有利条件。

一方面，教师通过教学机智灵活地处理教学中的各种事件，在无形中能建立良好的师生关系。良好师生关系的建立，既能增加学生学习的积极性与兴趣，又能促进教师的教学效果，以保证教学计划的高质量完成。

另一方面，教师运用教学机智解决各种突发事件，能使不利条件化为有利条件，一句话、一个动作，就能保证教学计划的顺利进行，学生在情境化教学中更能形成有效学习。

【案例7】 一位教师在教学拼音时，为了让学生分辨“u”和“ü”，便打了一个比方：“小金鱼（ü）头上长了两只大眼睛，挖掉了两只眼睛，就不再是小金鱼了。”这时有个同学在下面窃窃私语：“挖掉眼睛，多残忍呀。”这时老师机敏地说道：“这只小金鱼呀是变形金刚，挖掉了眼睛，就变成乌（u）鸦了。”于是，赢得了课堂上一阵轻松的嬉笑，教学也得以顺利进行。

应该说，这位教师运用教学机智来化解课堂上的意外“问题”是巧妙而有效的，但这位同学提出的不是“知性”问题，而是“德性”问题，但教师关心的焦点显然是在知识的传授上，把学生中表现出来的“德性”问题“巧妙”地转移到“知性”问题上，没有抓住教育时机对学生德性进行发掘和培育。在狭隘的教育目标指导下，运用教学机智只要能解决当下问题即可，无意关注课堂上的教学事件作为教学资源的重要价值，因而也就不可能对这种“意外”的资源加以充分利用与适时转化，以达成课堂教学生成的目标。

【案例8】[①] 在学习语文课《萤火虫》时，老师问学生，萤火虫燃烧了自己，怎么啦？有的孩子回答说，萤火虫燃烧了自己，他就死了；也有的孩子说，萤火虫燃烧了自己，他没怎么；还有一些同学各持不同的理解。这时，教师无法给这些理解给予肯定，因为书本上的正确答案是：萤火虫燃烧了自己，照亮了人间。所以，老师不能给予肯定，相反，不断运用所谓的教学机智，一步步地启发，让孩子得出“正确”答案：萤火虫燃烧了自己，照亮了人间。这样的教学事件在传统的课堂教学中俯拾皆是。传统教学中运用教学机智的被动性，有可能使教学机智成为割断学生思维发展的“利剑”。

【案例分析】

教师在正常的课堂教学中（如讲解、提问和组织讨论），由于所提的问题本身有一定的难度，经过学生的深入思考，他们会提出一些教师意想不到的疑难问题，使教师一时难于回答。这类事件处理不好，必然会打乱正常的教学秩序。

在处理这类事件中，要求教师应做好：第一，要实事求是，不懂不能装懂，更不能胡乱回答，蒙混过去，造成误人子弟；第二，采取恰当的方式，用最短的时间，把学生的思路引向疑难问题的“结局”，尽快导入正常教学；第三，要注意保护学生的好奇心（这才是创造性思维培养的核心，要鼓励学生的质疑，肯定欣赏他，质疑的前提是独立思考，无论结果如何，都是最可贵的探索，这也需要勇气；要敢于承认教师的不足，这并不可怕，“老师，你错了!”让我喜忧参半——喜的是学生超过了我，忧的是提醒自己要抓紧，要终生学习，不能吃老本啊!）第四，一定要尽快地兑现许诺。

【案例9】

“失误”也能焕发力量

《班主任》杂志上报道这样一个案例：

班上有两名男生，一个叫刘治，一个叫刘冶，两个孩子名字虽然只有“一点”之差，学习、生活上的表现却有天壤之别。刘冶学习刻苦，成绩名列前

① 吴刚平. 教育改革的课程论意义［J］. 教育研究，2002（9）.

茅，乐于助人，深受同学和老师的好评。刘治却是典型的淘气包，学习成绩总拖班级后腿。老师经常感叹：名字差一点，怎么做人竟会差别那么大！

期中考试后，班里要进行表彰奖励，班主任精心作了准备，第二天班会上班主任大声地向全班同学宣读获奖者名单："获得助人为乐标兵的是——"班主任老师突然发现，奖状上写的是刘治，由于老师的疏忽，多写了"一点"儿，而眼前的情况让老师必须当机立断：是承认错误，还是顺水推舟？老师犹豫了片刻，还是还是洪亮地念出了刘治的名字。同学们愣了片刻，马上爆发出热烈的掌声，那是所有获奖同学中最响亮的。这一刻，刘治的眼中含着泪花，在同学的掌声和注视中，刘治用颤抖的手接过奖状。目睹这一幕老师庆幸自己有这样的失误。最后我宣布刘冶同学将得到的是一份更加特殊的奖励：他将参加全校举行的表彰大会。

班会后，刘治小心翼翼地问班主任："老师，你是不是把我和刘冶弄错了，这个奖励是我的吗？"老师心里一惊，看似大大咧咧的刘治这么心细，说明他是非常在乎这个奖励的，决不能让他刚刚建立起来的自信心瞬间崩溃。我马上肯定了他，并且说了他很多的优点，表扬了他一番，刘治玩世不恭的脸上露出了真诚的微笑和坚定的神情。

正是这一小小的失误，带给刘治全新的变化。原来这个调皮捣蛋，让老师家长头痛的刘治渐渐消失了，一个努力进取的刘治正在不断赢得和刘冶一样的赞赏。

【案例分析】

教师不断面临挑战，这些挑战可能来自外部也可能来自教育者和被教育者，可能是好奇却远离目的的提问，也可能是非善意的挑衅，或是扰乱课程秩序的种种行为等事件都可能造成尴尬局面，影响教学计划的顺利进行。在这种情况下，如果教师能用一句话、一个动作，变不利条件为有利条件，就能促进教学的顺利进行，取得更为理想的教育效果。"一个富有机智的教师是具有敏感性的教师，能够从手势、举止、表情和身体语言等间接方面理解儿童内在的思想、理解、感情和渴望。"①

教师的这种教学机智，也许在潜移默化中影响了学生的一生，给同学留下更多的人品、思想中的教育，不失为教育教学的成功。成功运用教师的教学机智不是一句话这么简单而已，需要教师建立在爱学生，又丰富经验的基础上，面对突如其来的事件能冷静、果断、灵活地处理好问题。教师育人任重而道远，一个成功的教师要付出很多的心血才能把课讲好，把学生培养成心智健全

① [加] 马克斯·范梅南. 教育敏感性和教师行动中的实践性知识 [J]. 北大教育评论，2008 (1).

的和谐发展的人，需要教师较强的心理品质、职业技能与丰富的经验以及灵活开放的处理问题的思想等更多的优秀品质。

【案例 10】

课桌上的水[①]

张满玉

教师在教学过程中往往会遇到一些突发性的事件，对这些突发事件处理得好坏，将直接影响一节课的教学质量，也因此体现出教师掌握课堂的水平。

我在教初三《几何》课时，遇到这样一件事情。上课铃响了，我走进初三某班教室，“起立”、“坐下”，我目视全班同学，准备将教科书和教案放在讲桌上。可低头一看，水迹浸湿了大半个讲桌，教案和教科书根本无法放，只好放在第一排同学的课桌上。“这是谁干的?”我本能地问了一句，教室里鸦雀无声。怎么办？要是追问下去，会影响本节课的教学任务，要是不追问，又觉得面子上过不去。可冷静一想，我何不就此导入新课呢？于是拿起粉笔在黑板上写到：请看命题，“讲桌上的水不是从楼顶上漏下的”是否真命题。有几个同学举手回答：“是。”“为什么？你怎么知道是真命题?”同学们你看看我，我看看你。“老师知道你们想什么，这节课我们不追究水是谁弄的，只探求水是不是从楼顶上漏下的。”我态度诚恳，教室里的紧张气氛立即缓和下来，同学们也积极进入思考状态。我提示，大家一起来分析，此命题的题设是什么？结论又是什么？一个同学答道：题设是“讲桌上的水”，结论是“不是从楼顶上漏下的”。“假设是从楼顶上漏下的，那么楼房顶部会有些什么现象?”我接着启示。“楼顶是湿的”、“有小洞”、“有裂缝”……显然，这已经激发了学生的思维，课堂气氛也随之活跃起来。

导入新课后，我又和同学们一起分析了两个例题，接下来让学生阅读反证法的定义和例题的证明过程，完成课堂练习。最后，强调运用反证法证明的三个步骤，本节课的教学任务完成得很轻松。

下课后，有一个叫张强的学生走进我的办公室，“老师，课桌上的水……”“别说了，认真完成作业，就是最好的认错。”

本节课我将讲课桌上洒水这一件事作为命题很巧妙地导入新课，既化解了课堂上师生之间僵持紧张的气氛，又为导入新课寻找了一个良好的素材。

【案例感悟】只有教育机智是远远不够的，还必须有一颗热爱学生的心。

---

① 中华人民共和国教育部基础教育司编. 素质教育案例精选［M］. 北京：中华工商联合出版社，2002.

处在学习过程中的学生就像一杯没倒满的水。通常老师们只看到“一半是空的”，却总是看不到“一半是满的”——前者否定，后者肯定，哪一种会对学生产生激励作用呢？当然是后者。这个案例中，如果教师只是简单地呵斥、否定那两名学生的话，整堂课就会死气沉沉，是教师的实践性智慧“化干戈为玉帛”，使这堂课能顺利地进行下去。

【特别推荐】

在职场中成长为智慧型教师

朱小蔓

教育智慧是什么？它不是工匠性的技能、技巧，不是追求外在的模仿可以学得的。教育智慧是优秀教师内在的秉性、学识、情感、精神等个人独具的性格化的东西在特定的情境下向外的喷涌和折射。它常常表现为教师在处理教育情境时的自持、分寸感、敏锐和机智。教师可能事先无计划、未有预见，也不一定有规则和程序，但在特定的瞬间所表现出来的行为是规范的、适宜的、流畅的、合理的。这是为什么呢？这是因为称得上教育机智的东西集中了教育品性的精华，是这一宝贵精华的自然的流淌。现象学教育学的代表人物马克斯·范梅南认为，教育机智和教育智慧的核心是指向儿童的关心品质的，没有关心就没有真正的教育机智、教育智慧。我是同意这个看法的。因此，教育智慧必然关注人的身心和谐统一、关注人的学识与道德的统一。

教育的技能、技巧是可以模仿的，可以培训的，但教育智慧是训练不出来的。培养、造就智慧型教师除了接受教育机构正规的知识、能力、价值观等方面的培养外，更需要个人长期不懈的自我精神修养，包括个人阅历、生活经历与职业经历的体悟与反思、对人际的洞察与敏感、勤奋的写作等，而这一切都与自己的直接教学、教养及教育管理工作有关。教育工作职场是教育修养提升的永不枯竭的源泉。如果没有这一不断充实着、丰满着，不断滋养着，又不断奉献着的一点一滴的生命心血过程，就不能成长为真正智慧型的教师。智慧型教师那临场的天赋、即席的创作、完美的应答以及润物细无声的绝妙，是孩子们成长的福音，是人们对教育、对好教师永远的景仰。

十八、鼓 励 质 疑

“不能因为学生问得幼稚而不予回答，不能因为学生问得离奇而随便搪塞，更不能因为自己工作忙而责怪学生多嘴，要鼓励学生探索好问的精神。”

——斯霞

“质疑”一词在《辞海》中的解释：“提出疑问，请人解答。”本小节侧重谈教师要鼓励学生质疑——教师鼓励学生提出疑问。

一本关于爱迪生的书中谈到这样一个例子：爱迪生有一次问老师 1＋1 为什么不等于 1，他的理由是两根蜡烛可以熔为一根，结果老师以为他故意捣乱而把他轰出教室。罗巴切夫斯基上学时，当他的老师在黑板上画了两条平行线讲授两条平行线永不相交的欧氏几何第五公设时，他曾站起来问道：“老师，线画得长一些会不会相交？”老师不得已，只好将平行线延伸到了黑板边沿。“再长一点呢？”老师又把线延伸到墙角。结果，罗巴切夫斯基也被老师轰出了教室，在那种情况下，罗巴切夫斯基的行为似乎显得十分愚蠢。但正是他，日后创立了非欧几何，而在罗氏的非欧几何中，两条平行线在曲面中是可以相交的。

爱因斯坦创立相对论也是基于同样的原因。《爱因斯坦论文集》中记载了爱因斯坦说过的一段话：时间和空间的问题对许多人来说都是清楚的，但他一直没有弄明白。这绝不是因为愚蠢，对于一个 13 岁就能研读康德的《纯粹理性批判》的人来说，这只是意味着他对牛顿时空观有自己不同的独特的看法，这可以很好地解释为什么正是爱因斯坦而不是别的什么人创立了相对论。也正是由于这个原因，许多学者才指出，提出问题比解决问题更重要。

学生能够提问对学生来说就是一种进步，提问的作用是显而易见的。教师该如何激发学生积极的提问呢？

（一）鼓励质疑的要点

（1）为什么教师要鼓励学生质疑？质疑与创造性的关系是怎样的？

杨振宁曾经说过，中国学生的基础知识比较扎实，但不会提出问题，到了实验室，提不出问题来。这是现在中小学乃至大学课堂中的普遍现象。

学问学问，学自问始，疑为学先。学贵有疑，疑而生问，多问多得，少问少得，不问不得。学习所以必要，是因为有不懂的问题。学习的过程就是发现问题、提出问题、钻研问题和解决问题的过程。而问题的发现和提出，首先是学生自己的事，是老师或其他人不能取代的。面对诸多看似平常的现象，如果教师善于创设问题情境，鼓励学生“多问一个为什么”，学生的思维会从疑问中得到深化——“用进废退”。质疑和解疑的过程是师生思维训练培养质疑的习惯，受用终生。我想理想的教师答疑是思想、是逻辑，是理论的厚重，是知识的丰富，广博学识中闪现机智，辨证中彰显幽默的过程。

变革和创新往往从质疑开始。创造力十分尊重肯思考、有主见的人，更看重能坚持正确己见的人。我常想教师如果让学生中的“杞人”一直忧下去，中国可能就成了牛顿的故乡和爱因斯坦的故乡了。

（2）教师如何让学生愿意提问题？会提问题？会自己主动动脑？怎样发挥学生的主动性并鼓励个性？

（3）教师如何在学科教学中，通过鼓励学生质疑，发展学生的想象力、创造力以及对学问的兴趣？

（4）教师鼓励学生质疑的方面有哪些？

三层含义：学生向教师质疑、学生间的质疑、学生向教材质疑。

（5）教师何时对学生的“质疑”给予回答？

孔子的“不愤不启，不悱不发”提示我们：学生无问题，教师不讲；学生有问题，教师也不急于先讲；学生到了“愤悱”状态，教师才答疑。

（6）如何操作——案例呈现、对案例进行分类——质疑的层次与注意事项。

【以案说理】

有一句著名的格言：“真理诞生于100个问号之后。”这句格言本身，就是一条真理。在科学史上，有很多事例证明了这句格言。它说明科学并不神秘，只要你见微知著，那么，当你解答了100个问号之后，必能发现真理。就拿洗澡来说，可谓一件非常普通的事情。洗完澡，把浴缸的塞子一拔，水哗哗地流走，谁也不会去注意它。然而，美国麻省理工学院机械工程系的系主任谢皮罗教授，却敏锐地注意到：每次放洗澡水时，水的漩涡总是向左旋的，也就是逆时针的！谢皮罗教授紧紧抓住这个问号不放。他设计了一个碟形容器，里面灌满水，每当拔掉碟底的塞子，碟里的水也总是形成逆时针旋转的漩涡，这证明放洗澡水时漩涡朝左，并非偶然，而是一种有规律的现象。1962年，谢皮罗发表论文，认为这漩涡与地球自转有关。如果地球停止自转的话，拔掉塞子，水不会产生漩涡。由于地球是自西向东不停地旋转，而美国又处于北半球，所以洗澡水总是朝逆时针方向旋转。谢皮罗由此推导出，北半球的台风，同样是朝逆时针方向旋转的，其道理与洗澡水的漩涡是一样的。他断言，如果在南半球，则恰好相反，洗澡水将按顺时针形成漩涡；在赤道，则不会形成漩涡。谢皮罗的论文发表之后，引起各国科学家的莫大兴趣，纷纷在各地进行实验，结果证明谢皮罗的论断完全正确。多年前，一位名叫密卡尔逊的生物学家，调查蚯蚓在地球上的分布情况，发现美国东海岸有一种蚯蚓，欧洲西海岸同纬度地区也有这种蚯蚓，在美国西海岸却没有这种蚯蚓，他无法回答，这究竟是为什么？密卡尔逊提出的这个问题，引起了德国地质学家魏格纳的注意。当时，魏格纳正在研究大陆和海洋的起源问题。他认为，那小小的蚯蚓，活动能量很有限，无法横跨大洋，它的这种分布情况揭示了这样一个秘密：欧洲大陆与美洲大陆本来是连在一起的，后来才裂开分为两个洲。他把蚯蚓的地理分布作为例证之一，写进了名著《大陆和海洋的起源》一书。魏格纳从蚯蚓的分布，推论地球上大陆和海洋的形成，也正说明他的成功在于从问号中寻求真理。[①]

学贵有疑，敢于质疑。学习贵在质疑，创造也贵在质疑。质疑是开动脑筋、独立思考的结果，质疑是培养创造精神，训练创造性思维的有效方法。敢于质疑难在勇气。教师要以饱满的热情鼓励和保护学生的质疑精神。对于每一名学生来说，都有发现真理的可能与机会。只要是学生拥有一双敏锐的眼睛，一个善于思考的头脑，敢于坚持真理的勇气和原则，他们就能很轻易地发现真理的存在。

（二）真理常常就在你的身边

1. 鼓励学生向教材质疑

【案例1】

鼓励学生敢于向教材挑战[②]

张国宏

我教小学语文第五册《小摄影师》一课时，有一名学生对课文提出疑问："老师，课文主要讲的是高尔基，我觉得题目是《小摄影师》不恰当。"我觉得这位同学说得很有道理，并对这位同学不迷信权威、大胆质疑的精神给予了充分的肯定和赞扬，并借此让同学学们重新给课文拟一个题目。这样，学生们争着给课文拟题目。有的是《高尔基》，有的是《高尔基关心、爱护少年儿童》，有的是《小摄影师与高尔基》……最后经过讨论，一致认为题目是《高尔基与小摄影师》最恰当。

没想到这时候又有学生提出提问："老师，'摄影师'的'师'是对擅长某种技术的人的称呼。小男孩是个学生，只是会照相，不能称他为'小摄影师'。因为我也会照相，可我不是小摄影师。"真让我惊讶了，想不到学生"疑"个没完，而且"疑"得很有道理。整篇课文只有题目是"小摄影师"，而正文中一直称呼"小男孩"。我也来了兴致："ＸＸ同学说得很有道理，一般会照相的人不能称为摄影师。那到底给课文拟个什么题目最合适呢?"学生们又议论开了，有的说《高尔基与小男孩》，有的说《高尔基与照相的小男孩》。这时又有

① 柯钧．真理常常就在你的身边．选自《智慧》．

② 中华人民共和国教育部基础教育司编．素质教育案例精选（教学类）[M]．中华工商联合出版社，2002．

同学起来反驳："题目上用'小男孩'没有礼貌，如果给男孩起个名字就好了。"真是一发不可收拾了。这时候下课铃响了，我把这个问题留给学生："外国人的名字与我们的名字可不一样。请同学们去查一查、问一问，看看谁能给课文拟一个最恰当的题目。"

后来学生为课文拟了好多题目。不管题目怎样，我觉得它比"最恰当的题目"有更深的意义——那就是培养了学生的不惟书、不惟上、不迷信、不盲从的大胆质疑、敢于创新的精神。

2. 鼓励师生、生生相互质疑

【案例2】

教《两个铁球同时着地》的反思[①]

卢惠明

我在教小学课程《两个地球同时着地》这篇课文时，经常激励学生像伽利略那样质疑解疑，我时常这样发问："你们能不能学学伽利略，做做伽利略？"

"能。"学生异口同声地说，我接着发问："同学们能不能谈谈应该怎样学习伽利略，做伽利略？"

思考了片刻，学生何婷蓦地站起来说："既要像老师您常说的那样，不唯师是听，唯课本是从，敢于向权威挑战；又要像伽利略那样，学会创新性地提出疑难问题，并学会创新性地解决疑难问题。"教室里想起了热烈的掌声。接着何婷把她平时预习时发现的语文中有毛病的句子提出来，并发表修改意见，让老师同学评议。她说："课文中'伽利略带着这个疑问反复做了许多次试验，结果都证明亚里士多德的这句话的确说错了'。这个句子，'反复'与'许多次'都表示试验的次数多，意思重复，应删去其中一个。老师，您认为是吗？"我一愣：哎呀，你怎么提这个意想不到的问题？我便引发同学讨论："大家的看法呢？"

话音刚落，学生们便纷纷发表意见。有的赞同何婷的看法，有的却说："'反复'是从不同的方面、不同的角度，用不同的方式做试验，做了一回又一回；'许多次'是指每回试验做了一次又一次，意思不重复。"两种矛盾的意见争执了好久，都下不了结论。这时，何婷忽然转过话题问我："老师，这两种意见，哪个正确？"一下把问题推到了我身上。我想：说何婷的意见正确吧，这篇课文入编了好几年，已经过编者或专家反复审核。说何婷的看法错误吧，

---

① 中华人民共和国教育部基础教育司编．2006素质教育案例精选（教学类）[M]．中华工商联合出版社，2002.

这两个词从词义上说，确实重复呀！不删怎行？我首先肯定何婷敢于提出质疑，像伽利略那样有创新精神，并夸她是班上的“伽利略”；同时回答道：因为句子用“反复”和“许多次”是为了体现伽利略试验严格要求、一丝不苟、实事求是的科学态度，是一种强调的写法，意思不算重复。回答结束，我说，我的看法也不一定对，希望同学们查查字典，或问问其他老师、同学，还可以写信问问报刊的编辑或参加作文竞赛验证看法正误。

何婷不信服，课后和其他同学一起查《新华字典》，发现“反复”是指“重复”，“重复”即是“次数多”；“许多”是指“很多”，“许多次”就是“很多次”。她感到这两个词在课文中单独表示也好，一起表示也好，连同上面说的“做了一回又一回”、“一次又一次”说到底都表示实验的次数多。两词合用，意思就重复了。删去其中一个，意思照样突出。

何婷把上述过程写成《我的看法对吗》一文，投寄中国教育报刊社，参加《星园杯创新大家谈》征文竞赛，并请求编委叔叔在报上解答上述疑难问题，结果这篇习作获得了优秀奖和入编《“星园杯”创新教育文集》一书的资格。

【案例3】

从教圆的对称轴想到的①

姚艳田

“老师，刚才我是沿着圆的直径对折的，我发现两边能完全重合，所以我认为圆的对称轴也可以说是圆的直径。”

“你的观点有问题，对称轴指的是直线，而直径是一条线段，所以我认为圆的对称轴准确地说是直径所在的直线。”那位同学还没有坐稳，立即有人给予了指正，我和同学们都连连点头。

“我认为也可以用书上的图示说明这个问题。”随着他的指示，同学们都自动翻到那页，“请看，圆的对称轴在圆里是实线，在圆外是虚线，我觉得这是为了比较后说明直径与圆的对称轴关系，那就是圆的对称轴是直径所在的直线。”我立即向他投出赞许的目光——这才是会读书、读懂书。

随着问题的解答，班内安静了下来。略停片刻，我正要小结学生的自学情况，一名同学略迟疑了一下，站了起来，说：“我想这个观点也可以这样说——通过圆心的直线是圆的对称轴。”于是同学们又积极思考起来，有的在低头琢磨，有的在本上试着验证，有的同桌在讨论……过了一会儿，绝大多数同学都表示同意他的观点。这时，一名同学欣喜若狂地站了起来，指着自己用

① 富凯宁主编. 今日做教师（二）[M]. 北京：同心出版社，2001.

铅笔串着的圆说："把铅笔看做通过圆心的直线，这是圆的对称轴吗？""我想给他那个观点加个条件，即在同一个平面内，大概就成立了。"我和同学们立刻为他鼓掌叫好。

【教者反思】

上面是我在教学圆的认识时，同学们自学圆的对称轴部分的一个片段。如何培养学生的创新意识，使之将来逐步形成创新能力的人才，我结合自己的教学实际，谈些粗浅体会。

创设一个良好的课堂氛围，激发创新欲望。首先是营造一种和谐、生动、活泼的课堂氛围，师生之间、学生之间形成一种民主、平等、理解、尊重、关注和赏识的人际关系，使学生在这种宽松的支持性课堂氛围中，身心愉悦，形成健康积极向上的精神状态，学生思维敏捷。这样，他们才能积极主动地去学习，去探索，去创造，创新的火花才能迸发。同学们在这种课堂氛围中，消除了畏惧心理，感到学习是一种快乐，敢于发表自己独到的见解，敢于尝试和承受成功与失败。他们相互信任、相互合作、相互支持，他们在信息的传递和感情交流中，思维产生了碰撞，大大拓宽了学生的思维空间，集体的智慧便成了个人创新的源泉，他们富于创造和想象的翅膀才能展开，才能诱发灵感。学生能够把点在圆心的铅笔看做通过圆心的一条直线，不就是联想的展开和灵感的迸发吗？

其次是，在教学中，我努力捕捉思维火花中创新的苗头和价值，及时、准确地给予肯定和激励，一个点头、一束目光、一句话语……充分发挥感情对创新意识的催化作用。学生创新的热情和意识不断增强，从而激发他们的创新欲望。

创设教学情境，努力提高学生的创新意识。

创设问题情景，发挥多种教学形式、手段，优势互补的原则，激发学生的创新意识。在教学中，尽力创设一些灵活多样的开放性问题，利用多种教学形式和手段，使学生能够在探求解决问题的过程中，充分展示自己的个性才能，有利于学生创造性思维的培养，形成较强的创新意识。

鼓励学生质疑、解疑，提出不同观点。学生能提出问题，就是创新性学习的一种表现；从另一方面讲，能提出引起大家思考、争论的问题，本身就是在无意之中培养自己的创新意识。对于学生回答的内容，我没有急于做出判断，让他们始终处于积极的思维状态，这有利于促进学生思维品质的发展，有利于学生逐步形成创新意识。

突破思维定式，培养学生的求异思维。在教学中，我非常重视培养学生的这种思维能力，让他们在异中求同、同中见异，突破思维定式对创新意识的阻碍，使之能够产生学习上的迁移，能够用动态的、发展的观点解决当前要解决的问题，从而使学生个体逐步形成较强的创新意识，以致形成突出的创新能力。

3. 鼓励学生向老师质疑

【案例4】

老师就一定对吗？[①]

还记得我上小学四年级的时候，我们学习了《海底世界》这一课，老师激动地讲到“文中把花比作珊瑚”，讲到这里的时候，我觉得老师说得不对，周围其他同学也小声嘟囔着说不对，所以我举手站了起来大声地说：“老师应该是把珊瑚比作花。”只见当时老师脸就红了，瞪了我一眼说：“老师说得对还是你说得对啊！”我一听又重复了一遍，周围同学们也跟着附和说老师不对。老师一拍桌子瞪着眼说：“你是老师还是我是老师啊，这节课你站着吧，以后谁再像她这样我让他出去站着！”当时我的眼泪就在眼里打转，其他同学也都不敢吱声了。从那节课开始我从心里不喜欢上语文课了。

孔子都说“知之为知之，不知为不知”，错就是错了，知错就改不就好了，老师怎么了，老师就一定对吗？

【案例5】

不会提问的学生不是好学生[②]

成静静

记得一本杂志上曾这样记载着一段令人深思的文章，XX小学二年级一名女同学，在语文课上大胆举手向老师提出这样一个问题：“老师，泼水节是傣族人民的重大节日，那我们汉族怎么没有啊！为什么分傣族、汉族呢？是不是……”没等她说完，老师那强有力的话语使这张满怀疑虑、寻求答案的笑脸霎时黯淡了。“你问那么多干什么？知道傣族人民过泼水节就行了！你呀，上课废话特别多，看XX同学纪律多好呀！不像你似的……”多么令人惋惜、痛心呀！难道我们的教育就是要培养不言不语、不提问、百般顺从的小绵羊吗？不，教育培养的是生动活泼、勤思好问的创新性人才！小绵羊似的不会提问的学生不是好学生！

---

① 齐齐哈尔大学学生作业案例.

② 中华人民共和国教育部基础教育司编．2006素质教育案例精选（教学类）[M]．中华工商联合出版社，2002.

好学生会提问，有疑可问；差学生不会提问，无疑也不问。为了使学生会提问，我在教学中采用了多种方法鼓励学生大胆质疑。针对学生的年龄特点，在班中设立了“问题大王”的评选，在奖状中加入了“问题明星奖”，板报中设立了“小问题专栏”，等等。另外，我还抓住课上时间，做好引导、点拨。例如，上《坐井观天》一课时，一名男同学大胆举手，问：“老师，青蛙真的那么笨吗？不知道天有多大，也不知道跳上来看一看？”我抓住时机，顺水推舟，回答道：“是呀，青蛙怎么不跳上来看一看呀！但老师觉得青蛙有一点是好的，它不是糊里糊涂地只听信别人的话，它会发表自己的意见，质‘问’小鸟，这就很好！咱们同学在学习上也要这样，大胆发言，大胆提问，这才是好学生！”看得出，这些话已足以让孩子们吃惊了！《坐井观天》学完了，同学们渐渐地学会提问了，不再是鸦雀无声之势，我高兴极了！

在我的教学工作中，我总是对于积极、大胆提问的学生，给予热情的表扬和鼓励，因为，在我的内心深处执著地喊着一种声音：不会提问的学生不是好学生！

【案例感悟】现代教育心理学研究指出，学生的学习过程不仅是一个接受知识的过程，也是一个发现问题、分析问题、解决问题的过程。同时，每名学生都有自己独特的内心世界、精神世界和内在感觉，有着不同于他人的观察、思考和解决问题的方式。只有了解学生学习过程中的这些特点，我们才能在日常教学中，尊重学生的这些“怪问题”，并且因势利导，使问题得到更好的解决。

【案例6】

为什么我的学生很少提问

我在教学中常常问学生，你们听明白了吗？你们真得听懂了吗？学生好像都是点点头，好像没什么问题了，可是我把刚讲过的题目再出一道相似的题目在黑板上，有的学生就皱起了眉头，做出努力思考的样子，结果还是做不出来。更有甚者，就是把刚才才讲的题照原样写在黑板上，仍有学生做不出来，我就在想，为什么这些学生明明没有弄明白，他们却还是要装着听懂了？他们心里到底在想些什么？难道是因为我平时对他们太严肃了？难道是他们害怕如果承认自己没听懂而别人要嘲笑自己笨？

对于学生不爱提问的原因，我教学之余也到网上查找了一些资料，了解了一下同行的观点，然后我对自己平时的教学行为也进行了反思，我觉得可能自己的学生不爱提问是因为以下几个原因：

一是由于我国传统的教育思想是一种“师道尊严”的思想，就算我没有把自己的位置看得多高，可学生在心里也是把老师看得是神圣不可侵犯的。

在我国，自古以来，教育者和被教育者的界限就十分严格，这便是所谓的“师道尊严”，它的优点是显而易见的。同时也注定了这样一种格局：教师是“传道授业解惑”的，换句话说，教师讲授的都是无可争议、无可置疑的。也就很容易明白为什么我们的学生不愿意提问了，老师讲得这么清楚，你还会有什么问题呢？要问只能问自己，为什么老师讲得这么清楚的东西你还不能理解？岂不太笨？何必丢人现眼！所以学生不愿意提问。

二是由于学生的一种过强的自尊心，或者说是面子观念太强和侥幸心理造成的。也许他们觉得自己连这么简单的问题都没听懂，如果提出问题来了，那不是自己太笨了，自己太没面子了吗？或者如果自己提出问题来了，那不就意味着刚才我自己没有认真听讲吗？如果我没认真听讲那肯定就会被老师批评，被老师批评了，同学们肯定会笑话我的，也许他们心里想到与其被同学们笑话，不如以后再来弄明白自己不懂的问题，或许他们还有可能觉得考试不一定能考到这道题，无所谓了。正因为这样学生可能才有问题而不提了。

三是可能自己平时与学生交流太少，对学生太严肃了。这样造成在学生心里害怕与老师交流，有问题也害怕跟老师讲，或者跟老师讲了，也害怕老师会批评。我自己在教学中对后进生的思想教育工作做得不够好，对他们的态度还不够亲切友好，有时学生对一个简单的问题我给他们讲了几遍都没听懂的，我有时就会语气很重，甚至批评他们没有认真听讲。对班上比较优秀的学生有时态度也不够好，总是希望他们能做到完美，做到最好，然而这是不可能的。

【案例感悟】问题是科学研究的出发点，是开启任何一门科学的钥匙。没有问题就不会有解释问题和解决问题的思想、方法和知识，所以说，问题是思想方法、知识积累和发展的逻辑力量，是生长新思想、新方法、新知识的种子。学生学习同样必须重视问题的作用。现代教学论研究指出，从本质上讲，感知不是学习产生的根本原因（尽管学生学习是需要感知的），产生学习的根本原因是问题。没有问题也就难以诱发并激起求知欲，没有问题，感觉不到问题的存在，学生也就不会深入思考，那么学习也就只能是表层和形式的。所以新课程学习方式特别强调问题在学习活动中的重要性。一方面强调通过问题来进行学习，把问题看做学习的动力、起点和贯穿学习过程中的主线；另一方面通过学习来生成问题，把学习过程看做发现问题、提出问题、分析问题和解决问题的过程。这里需要特别强调的是问题意识的形成和培养。问题意识是指问题成为学生感知和思维的对象，从而在学生心里造成一种悬而未决但又必须解决的求知状态。问题意识会激发学生强烈的学习愿望，从而注意力高度集中，积极主动地投入学习；问题意识还可以激发学生勇于探索、创造和追求真理的科学精神。没有强烈的问题意识，就不可能激发学生认识的冲动性和思维的活跃性，更不可能激发学生的求异思维和创造性思维。总之，问题意识是学生学习的重要心理因素。

【特别推荐】

《不理解万岁》

郑渊洁

对世界上的一切事物都理解有加的人，不具备创造性素质。不理解是人类前进的动力。特别是对司空见惯的事不理解，更能推动人类前行。传说中牛顿看见苹果坠地，很不理解，他想，苹果熟透后，为什么不升到天上而是落到地上呢？在他之前，人类已经有不计其数的成员，怎么就没人对苹果向下不向上表示不理解呢？牛顿不理解了，于是诞生了伟大的万有引力定律，这项定律，改变了我们的生活，使我们过得更加惬意。

认为我们看见的所有事物或者学到的知识都是合理的，这种观念导致我们原地踏步滞溜。在我们这个世界上，合理的事情远远少于不合理的事情。对不合理的事情理解，是最大的不合理。理解万岁势必导致不合理的事情愈加不合理，当我们的生活环境由不合理的事物对我们形成包围圈，我们将度日如年。

爱因斯坦说：“因为我蔑视权威，我遭到了报应，我也成为权威。”蔑视权威就是不理解权威。要想成为某个领域的权威，就必须不理解上一位权威，蔑视他，这样你才获得了成为新权威的基本资格。上学的过程应该是了解权威，不理解权威的过程，这样才能在你毕业后否定权威，加冕成为新的权威。如果上学变成了一个了解权威，理解权威，迷信权威的过程，这个学就上砸了。

我以为老师在每次上课前，应该对学生发出告知：“我今天讲的可能是对的，也可能是错的。如果我讲的都是对的，人类就走到终点了，就是末日了，就没必要办学校了。人类对自然的认识，只是初级阶段，远远没有走到尽头。你们学习这堂课的真正目的，是知道它，然后不理解它，最终推翻它，如果你们以为学习这堂课的目的是为了拿文凭，我的课就白讲了。”

十九、有意义的评价

“有意义的评价”在此强调的内涵是“学生发展性评价”，其主旨是：评价的根本目的在于促进发展；强调评价的民主化和人性化的发展；评价内容综合化，重视知识以外的综合素质的发展，尤其是创新探究合作与实践等能力的发展。关注被评价者之间的差异性和发展的不同需求，促进其在原有水平上的提高和发展的独特性。评价方式多样化，将量化评价与定性评价方法结合起来；强调被评价者成为评价主体中的一员。发展性评价最重要的是教师本身观念的改变。[①]

发展性课程评价是针对我国现行评价中存在的问题而提出的[②]："如过分强调甄别与选拔的功能，忽视改进与激励的功能；过分关注对结果的评价，而忽视对过程的评价；评价内容过于注重学业成绩，而忽视综合素质和全面发展的评价等，它体现了当前课程评价发展的最新理念。"

发展性评价的根本目的有且只有一个，那就是为了学生更好地发展而不是甄别学生的优劣。发展性评价在时间指向性上比较关注学生的未来，但是它以学生的过去和现在为立足点，因此，学生发展性评价的目的不在于给学生贴上一个好与坏的标签，而在于立足于学生的现有发展水平而帮助其获得更好的发展。学生发展性评价不是根据学生过去考试的成绩给学生排序，而是帮助学生分析存在的优势与存在的问题，并且根据存在的问题给予有针对性的建议，因此可以说学生发展性评价是以关注学生的个体为特点的评价。

学生发展性评价是注重终结性评价与过程性评价的结合，以往只关注学生学习结果的终结性评价所带来的问题已经引起更多人的关注，因此在扬弃传统的终结性评价的基础上，学生发展性评价将终结性评价与过程性评价完美地结合起来。

学生发展性评价是定量评价与定性评价的结合。任何一种评价方式都有其自身的优点，同时也存在着不可避免的缺点，这是事物两面性的特点，因此将两者结合起来，可以取长补短，优势互补。

学生发展性评价是一种民主的评价，学生发展性评价提倡学生本人在评价中的作用，这就极大地调动了学生参与评价的积极性，同时也充分体现了民主的思想。

"有意义的评价"会坚持评价角度多元化，对不同学生给予不同的评价。不仅评价结果，还要评价思维过程与解答方法。要激发学生的提问动机，为学生树立信心，小心翼翼地保护学生的主动性，让主动提问的学生有安全感和成就感，让学生感受到成功的喜悦，继而进一步提出有价值的问题。这不仅是对

---

① 参考：钟启泉. 为了中华民族的复兴　为了每位学生的发展：基础教育课程改革纲要（试行）解读［M］. 上海：华东师范大学出版社，2001.

② 朱宁波，陈旭远主编. 新课程核心理念诠解［M］. 北京：高等教育出版社，2005.

个别学生的鼓励，也是对其他学生的鞭策。

1. 有意义的评价意味着用发展的眼光看学生、看课堂、看问题。教师不把学生“看扁”，相信“士别三日，当刮目相待”。

【案例1】

“你这次考这么好，不是抄来的吧?”

我是差生行列中的一员，经受着同其他差生一样的遭遇。然而我并不想当差生，我也曾努力过、刻苦过，但最后都被一盆盆冷水浇得心灰意冷。就拿一次英语考试来说，我觉得学英语比上青天还难，每次考试不是个位数就是十几分，一次老师骂我是蠢猪，我一生气下决心下次一定要考好。于是，我起早摸黑，加倍努力，牺牲了多少休息时间也记不住了。好在工夫不负有心人，期末预考时，真的拿了个英语第一名。当时我心里的高兴劲儿就别提了，心想这次老师一定会表扬我了吧！

可是出乎意料，老师一进教室就当着全班同学的面问我：你这次考这么好，不是抄来的吧？听了这话，我一下子从头凉到脚，心里感到一阵刺痛，那种心情真是比死还难受一百倍。难道我们差生就一辈子都翻不了身了吗？

【案例评析】和成年人相比，小孩子是最在乎尊严的，一旦撕破了脸皮，就没救了。我们的教育经常以剥夺一个孩子稚嫩的自尊为所谓严格要求的挡箭牌。同时作为一名真正意义上的有效教师，应该积极改革评价学生的方式：

(1) 建立评价学生全面发展的指标体系，不仅关注学生的学业成绩，而且要发现和发展学生多方面的潜能；

(2) 应该采用灵活多样的、具有开放性的质性评价方法，而不仅仅依靠纸笔作为收集学生发展的证据，教师应该关注过程性评价，及时发现学生发展中的需要，帮助学生认识自我，建立自信，激发其内在发展的动力，从而真正促进学生思想意识的不断提高；

(3) 把量化和质性评价有机结合起来，加强对学生能力和素质的考查，改变过分注重分数、简单地以考试结果对学生进行分类的做法；

(4) 对考试结果作出分析说明，形成激励性的改进意见或建议，促进学生发展，减轻学生压力。

2. 有意义的评价意味着——评价不急功近利，不短视。因为一堂课所实现的成效，并非都是可测的，评判“有效”的标准有些是隐藏着的，是延后显现的，并不都是立竿见影的。教师的评价应能让学生有进步感。

【案例 2】

老师，您这样打分？

杜怀超

评阅试卷，我们平常都习惯采用减分的方法。因为这样算分方便，笔者原先也认为这是个微不足道的事情。然而，学生一次偶然的发问，让我惊醒。这次期中考试的卷面又是密密麻麻的红叉叉，让我很头疼。在讲评试卷后，孩子们都投入认真的订正之中。忽然，静寂中一个怯生生的声音冒出来。“老师，我能请您帮个忙吗?”“什么事?”“我想把试卷上的减分改为加分。”我有点疑惑。“那有什么不一样吗?”萧然黯然道：“我想在试卷上看到每道题目，这次考了多少分，是比以前进步了还是倒退了……多一分，对我来说，就是一分进步和希望!”我惊呆了。试卷的不同改法，竟然包含着一个孩子的期待和希望!

是啊，我们批改试卷，眼里只盯着错的题目，错多少，就扣多少分，却从来没有想过这题对了多少，该得多少分。却从来没有想过这题该生对了多少，该得多少分。换个角度来看，评卷时减掉一分，就是减去一分希望，加一分就是增加一分信心啊！记得有这样一个例子：有人在黑板上挂了一张“画”，白纸中画了一个黑色圆点。然后问：“你们看见了什么?”所有的人都回答道：“一个黑点。”一张纸上那么大的空白都没有看到，却单单看到一个小小的黑点。这不发人深思吗？我们不少老师通常就只看到“那个小小的黑点”，结果严重地伤害了学生的自尊，使学生产生自暴自弃的情绪。如果老师换个角度，盯着学生“偌大的空白”，捕捉他们身上的闪光点，认真呵护、鼓励，让学生产生更多的自信，那岂不更好？魏书生在点评一个“学困生”语文考试时，这样教育学生：“你不错，没看书就考了 30 分，下一单元你看一下书，一定能考 40 分。”

教育，当我们换个角度来看待时，会发现学生身上许多的闪光点，而适当的称赞，也许会产生令人难以置信的奇迹，收获一份意想不到的效果。

【案例感悟】特级教师薛法根认为好的教育有两个条件：一个是能让孩子有进步感，另一个是能让孩子有愉悦感。进步感是一种持久的内驱力，愉悦感是一种情感动力，因为每个人的内心深处都渴望成功、渴望进步，孩子亦然。所谓进步感，是孩子经历学习之后，看到了自己的学习收获，看到了自己所具备的学习潜能，久而久之，便增强了学习的自信心。相信自己，才能超越自己。这是教育的真义。案例中学生的回答“我想在试卷上看到每道题目，这次又考了多少分，比以前进步还是倒退……多一分，对我来说，就是一分进步和希望呢!”给我们上了一课：有效教学要使教师的评价能让学生看到希望，要给学生进步的动力。我们的教育，往往过度拔高了对学生的评价标准，是以90分的优秀来评价、衡量孩子，不是60分的合格线。由此，教育呈现的不是孩子的潜能与进步，而是孩子的问题与缺点，制造了无数个“失败者”。从孩子的起点出发，让每个孩子都能看到他每天的那么一点点的进步，才是教育应该具有的情怀。这样点滴的进步，对于孩子来说，也不是一蹴而就的，或者需要他们付出几多艰辛的努力。好的教育，一定会用足够的时间，让孩子慢慢长大；一定会有足够的耐心，静等花开的声音；一定会坚信每个孩子都有学会的可能。要知道：“迟开的花，一样鲜艳。”

3. 有意义的评价意味着——趁热打铁。教师对学生的评价要及时——即兴点评与当堂评价学生。

【案例3】

贾志敏老师即兴点评

观摩贾老师的语文课，我每每被他的教学睿智所折服。他的即兴评点，实为经典，堪称一绝。一次，贾老师执教《“精彩极了”与“糟糕透了”》。他请学生朗读课文。起先，学生怕读错，都不太愿意当众朗读课文。贾老师为消除学生顾虑不断鼓励他们：“读错属正常，读对则是——超常。”在笑声中学生纷纷举手。可惜的是，几名学生朗读都出现差错，贾老师没有批评他们，却对没有读错的一名学生说：“到目前为止，你读得算好的！”掌声过后，他又添了一句：“但不是最好的。”顿时，其他学生跃跃欲试。一名学生读得字正腔圆，声情并茂，贾老师赞许地说：“你读得真好！我被感动了。看来，其他同学想超过你几乎是不可能的了！”话音未落，教室里，小手齐刷刷地举了起来。一个男孩的手举得最高，站起来读，却读得磕磕绊绊，结结巴巴。贾老师不无遗憾地说：“你读得真是一般，让我失望。但是你的那番热情、认真却难能可贵！”

【案例分析】对每一名学生的朗读状况，贾老师都即时地作出恰如其分的评价，并不失时机地进行无痕教育和积极引导。那看似不经意的插话和评价，都会产生一种神奇的力量。这些话语深深地吸引着孩子。所以，他的课堂气氛特别活跃，学生始终处于亢奋状态。

【案例4】

学生叫我“华罗庚”①

我每学期听课在100节以上。听完数学课，我喜欢当堂评价学生——“我

---

① 华应龙. 学生叫我华罗庚 [J]. 人民教育，2009 (2).

们班 42 名同学，听完这节课，我欣赏 39 名同学的表现，会用眼睛听课。我最欣赏甲同学，她的发言最有数学味道。她说的好是由于她肯动脑筋，能有条理地去想。”“这节课，我最欣赏乙同学，他提的那个问题——为什么不用长 2、宽 1 的长方形做面积单位，是一个好的数学问题。”我这样评价的目的是给学生树立一个数学学习的榜样。因此，学生们非常欢迎我去他们班听课，常常争着把我的椅子拉到他们座位的旁边。在数学的造诣上我远没有华罗庚高，但在学生们那里，他们往往把敬佩和喜欢混杂在一起，好像我也像大数学家一般权威呢！

【案例感悟】教师作为承载教育学生促进其健康成长的任务的人，在对学生的评价方面具有举足轻重的地位。教师对学生的及时、适当评价会起到激励的作用，会使学生找到自信，会让学生有向上前进的动力。教师在对学生评价时，要注意挖掘学生的闪光点，用赏识的目光看待每一名学生，以平等的态度对待每一名学生。上述案例中特级教师华应龙就做到了这一点，受到学生的喜爱，称其为“华罗庚”。

4. 有意义的评价意味着评价不是教师的“专利”——也让学生提出评价标准，也让学生来评课。

【案例 5】

意外的收获①

徐浙珉

这次公开课，我上的课文是《燕子过海》。公开课得到了与会老师的好评。我忽然想起，老师们的评价是这样的，同学们的评价是不是一样？既然说学生是课堂的主人，那么，能不能让他们享受参与评课的权利？

虽然让学生来评课有一些顾虑：一是学生会评课吗？因为知识水平的限制，到时候会不会乱说一气？第二点是老师得放下自己的架子。让孩子来评价老师的课，以后自己不是时刻置身在几十个“评委”的眼皮底下，压力够大的！但是，我还是决心试一试，因为自己不去试试怎么知道结果？

活动课，我坐到同学们中间，首先来了一段开场白：“同学们，大家都是课堂的主人，今天大家在课堂上的表现非常活跃，给来听课的老师留下了良好的印象。老师想听听同学们对这节课的看法，希望大家也能向在课堂中表现的那样，一定要积极发言，真正成为课堂的主人！”

没想到的是学生们一点也不胆怯。他们流露出欣喜的表情，也许他们早就

① 中华人民共和国教育部基础教育司编．素质教育案例精选［M］．中华工商联合出版社，2002.

想对课堂品头论足了。

“老师，我看见你上课时脸上笑呵呵的，所以虽然有许多人听课，我们一点也不害怕，感到特别亲切。”“老师今天穿的西装特别‘酷’，大家都特别爱上你今天的课，希望老师天天打扮得很精神来上课。”我晕倒了，这叫什么评课！

“老师，今天你开始就让我们自己不停地练习飞翔一分钟，我们的手都酸了，所以能特别感受到燕子飞过大海的辛苦。”“老师，你的朗读特别棒，当你读到冻死了的燕子被人轻轻放到大海的时候，我听得眼泪都快掉下来了，所以轮到我读的时候我就学着你的朗读方法，我自己觉得对这次朗读感觉很满意！”“我觉得老师说话特别幽默，所以我最爱上语文课。”我渐渐感觉到学生的评课能力了。“老师，我认为你有一点处理得不好。”哦！珍贵的‘批评’开始了。“就是朱辰阳回答问题时你脸色有些难看了，不像平时一样和气地请他坐下，他到现在还感到难受，认为自己为班级丢了脸。”

哦，我想起来了。当时让大家讨论“为什么燕子已经疲劳极了，但停歇不久就展翅起飞呢”？朱辰阳同学却谈起自己老家燕子的事，我当时一听就着急：这儿时间正紧，在这节骨眼上闲扯！因此也没等他说完，就立刻请了边上的同学来回答，没想到他现在还很难受。

“其实，朱辰阳说的话也有他的道理。他想说，他老家的房子里就有燕子。在小燕子出生的时候，燕子爸爸妈妈们特别辛苦，它们不停地飞进飞出捉虫子喂养自己的小宝宝，它们就是很累了，也是不会休息的。燕子是真正勤劳又顽强的益虫，所以他能理解课文中的话。可是老师……”

【教者反思】我有点惊异了！自己一贯主张师生之间是平等的，平常也自认为非常讲民主，很尊重学生。可是通过这次的评课，学生让我看到了自己思想的另一面：碰到特别情况时，老师“师道尊严”的传统观念又会表现出来，没有给学生平等交谈的权利！看来，老师教育观念的更新也不是一劳永逸的，需要学生实施监督，这是我意外的收获。

听了同学们的评价，我暗暗地感觉到自己做了一次非常有益的尝试。原来学生对课的评价有自己的一套标准，他们是从自己学习的角度来看待这节课的好坏。这种评价对老师来说是非常可贵的，因为这样做可以更全面地了解自己的教学。

我真诚地对全体学生说：“谢谢你们的评价！”

5. 有意义的评价意味着——教师鼓励学生课堂互评。

【案例6】

《生命　生命》教学片段

师：小朋友，现在请你们把第二段中自己认为最美的句子读给大家听，把快乐与大家分享，好吗？

生1：我认为“冲破坚硬的外壳，在没有阳光……茁壮成长”这句话最令我感动！

师：为什么呢？

生1：我从“不屈向上，茁壮成长”可以感受到香瓜子对生命的渴望和顽强拼搏，所以我很感动！

生2：你说得真好，我同意你的意见，香瓜子在艰苦的环境下不屈不挠、茁壮成长，的确令我们感动。

生3：你们都说得有理，但我要给你们补充一点，“那小小的种子里包含着一种多么强的生命力啊”，这句话也将香瓜子对生命的渴望表现得淋漓尽致！

师：同学们，你们真聪明，能从不同的角度体会到生命的珍贵和香瓜子对生命的渴望。谁能用朗读的形式来表现香瓜子对生命的渴望呢？（一学生朗读）

生1：你读得真不错，我也想读一读。

师：你们俩读得真好，让老师感受到了香瓜子对生命的渴望！

生2：老师，他们读得语气很美，我仿佛看到了香瓜子在恶劣的环境下屈壮成长的画面，我想和他们比一比。

生3：你的朗读水平进步了许多，把句子中的几个重点词语读出了不同语气。

师：同学们不但读得好，而且评得也很到位，你们都很了不起！还有没有句子令你们感动呢？

生4：“即使它仅仅只活了几天”这句话也写得好。

师：你的眼力不错，我也认为这句话写得好。可好在哪里呢？

生4：我认为“即使”这个词用得好。

师：为什么呀？说给大家听听。

生1：我说不清楚，可我就是觉得“即使”用得好。

师：说不清楚是正常的，你能觉察到“即使”用得好，就已经非常了不起了。大家想一想，“即使”还可以换成别的什么词？

生：即便、虽然、纵使、就算、哪怕……

师：你们的小脑子好灵活呀，词语那么丰富！自己用心读一读，体会一下。你们还觉得写得好的有哪些词呢？

生："仅仅"这个词也用得好！（就这样你来我往的，下课的铃声响了）

【案例分析】

学生与学生互相评价可以调动学生参与评价的积极性，给他人评价，这在一定程度上就是被赋予了权利，学生不但拥有说话的权利，还能够针对其他同学的不足给予参考意见的权利，这对学生来说，是一种民主思想的充分体现，有利于改变学生在教学中被动接受的局面，充分调动学生的积极性，从而发挥学生在教学过程中的主体地位。另外，由于学生与学生之间的年龄相仿，心理发展阶段几乎相同，有共同的游戏等经历，并且具有属于他们自己的群体文化，因此学生与学生之间可能更了解，在了解的基础上有利于作出更客观、可行的评价。

新课程强调：要充分调动学生的积极性，给学生以更多的发展和表达的机会，教学要发扬民主，提倡"群言堂"，倡导多向信息交流。在《生命 生命》这一教学片段中，师生之间、学生之间充分地展开了交互式的评价方法。教师给予学生鼓励的眼神，富有激励的话语，如："你读得真棒，你评得很到位，你已经非常了不起了，你的脑子好灵活，词语真丰富！"之类的话语，受到老师真诚的赞赏，学生的积极性大大提高了，学习的空间更加广阔了，学生的主体地位也随之得以更加充分的发挥，学生真正把自己当成了学习的主人。

赞赏是一种由衷的真情的表扬。面对学生的精彩回答，教师应给予出自内心的赞赏，这对学生而言可能是一次终身难忘的鼓励。学生互评在这一片段中运用的非常频繁，小学生喜欢模仿老师去评价别人，这种互评方式有利于学生互相学习优点，改正不足，也可以锻炼自己的判断是非能力和口语表达能力，不断地发展和完善自己。如在朗读时，学生能对同伴的朗读作一番点评："你读得真不错，我也想读一读。你读得语气很美，我要和你比一比。你的朗读水平进步了许多。"在评价中学生学会了朗读，学会了竞争，锻炼了自己各方面的能力，促进自己的全面发展。

在整个教学片段中，教师非常注重每名学生的感受，以激励为主，敏锐地捕捉其中的闪光点，并及时给予肯定和表扬，让学生感受到教师和同伴心诚意切、实事求是的评价，激励学生积极思维，营造一种热烈而又轻松和谐的学习氛围，把学生引导到评价中去，调动所有的学生关注评价、参与评价，使学生在评价中交流，在交流中学习，并且在评价中得到进步，共同提高，全面发展，从而使课堂评价有效地促进学生的发展。

【案例7】

给学生互评创造机会①

语文课上，同学们正在热烈地讨论着，大家都在用自己喜欢的方法识记生字。

这时，刘佳欣站起来说："我有一个记'全'的好办法。"停了停之后，她接着说："以前，我们记'金'字时，有的同学用猜字谜的方法来记，我记得是'一个人，她姓王，腰里别着两块糖'，这回我还用这个字谜来记，只是把它稍稍改一下。'一个人，他姓王，腰里丢了两块糖'。"听了她的介绍，同学们好像恍然大悟。这时，我并没有对刘佳欣的发言作评判，而是转过头来说："刘佳欣这个方法好吗?"同学们纷纷点头。"那么好在哪里呢？请你来评价一下。"这时，田宇站起来说："刘佳欣用上个学期学习'金'字的方法来记这学期的字从这儿看出她以前学习就很认真，记得也很牢。"郑中一接着说："我觉得她的方法很巧妙，而且很有效，让我一下子就记住了这个字。""还有，还有"，邓聪接着说："我觉得刘佳欣很会动脑筋，我就想不出这样的方法。"听了同学们的评价，我满意地点了点头，说："同学们说得很好，让我们用掌声对刘佳欣这种富有创意的想法表示鼓励。"顿时，教室里响起了一片热烈的掌声。

教学继续进行着，在后面的讨论中，大家更加积极。在记"先"字时，有几名同学用了不同的方法，有的同学说："我可以用去偏旁的方法来记。'洗'字去掉'氵'就是'先'。"有的同学说："我可以用换偏旁的方法来记，把'告'字下面换成'儿'就是'先'。"

接着，有的同学用"元"字加"丿"和"丨"（加笔画）的方法记。还有的同学把"牛"字的"丨"变短再加"儿"的方法记住了"先"。在大家说完这些识记的方法之后，我及时给予了肯定，"这些同学都能积极开动脑筋，想出自己喜欢的方法来识记生字"。这时，我觉得还不够，于是我又说："请同学们说说你认为哪种方法更好?"这时，有的学生站起来说："我觉得第一种方法最好，因为这种方法最简单，也很方便。"有的学生说："用'告'自己也挺好的。"还有的学生说："第三种和第四种方法虽然也能记住，但是不太好记。"听到同学们的这些评价，我感到比较满意。

【案例分析】在这节课中教师注意给学生与学生之间的评价创造机会，当刘欣说出记"全"字的方法之后，教师不是根据自己的主观判断马上就给予积极或者消极的评价，而是把这个评价的机会交给同学们，学生们在得到了教师

① 朱宁波，陈旭远主编. 新课程核心理念诠解［M］. 北京：高等教育出版社，2005.

的许可之后，思维很活跃，而且都分别按照自己的理解对刘欣同学的方法给予评价，由这个例子我们可以看出对刘欣同学的评价是发自每个同学内心的，而且大家对刘欣的评价虽然采用的角度不同，但有一点是肯定的，那就是对刘欣的方法给予肯定，给予积极的评价，在刘欣的带动下，同学们马上又想到了类似的其他记字方法，并且由于这些方法是同学们自己想出来的，因此同学们的印象固然很深刻。

由此可见，学生与学生之间互相评价存在着诸多益处：首先它有助于形成学生的判断能力、发现问题解决问题的能力。评价绝不是简单地对现象的描述，它需要一定的判断，否则也就无所谓评价了。学生在对其他学生进行评价的时候，自然也就是在对其他学生的某一方面作判断的过程，在这个进行判断的过程中学生的判断能力自然会得到发展。另外，评价不是没有针对性的随机的过程，它需要学生对其他人的某一方面作出肯定或者否定的判断，判断是肯定的还是否定的，这就需要学生发现问题在哪里，被评价的学生在解决问题方面的做法是可取的，还是不可取的，这就需要评价者作出清晰的判断，如果发现被评价学生的做法不可取，作为评价的主体还会积极思考可行的方案，因此，学生互评对于学生发现问题解决问题是大有裨益的。其次，它有助于形成学生的交往能力，发展学生的社会能力。在评价的时候，作为评价主体的学生会对被评价的学生的做法进行深刻思考，在思考的时候，要把握被评价学生的思想精髓，这种评价的过程也就是学生与学生之间进行精神碰撞的过程，在反复的评价过程中，学生的思想不断得到碰撞、交流，最终达到一种共识，这也是交往的实质所在。最后，它有助于调动学生的积极性和主动性。学生有评价的权利，这本身就是民主的一种体现，学生可以向其他同学表达自己真实的想法，可以就其他同学的优缺点作出判断，在这个过程中，学生会感到自己存在的价值，而一旦学生意识到自己的价值得以体现，他们的积极性主动性就会被调动起来，积极地参与到教与学的过程中来。

6. 有意义的评价意味着教师评价学生的成绩不能用同一个标准，要有灵活性。

【案例 8】

进步就是优[1]

焦翠萍

为培养和提高学生分析问题的能力和语言表达能力，每堂新课后，我都要

---

① 素质教育案例精选．中华人民共和国教育部基础教育司编［M］．北京：中华工商联合出版社，2002.

布置一个小思考题，让学生用精炼的语言作出答案，字数一般不超过50个字。在下一堂新课前，一般抽3—5名学生面批面改。

2001年深秋的一天，我像往常一样来到教室，准备点名面批作业。这时，前排一个平常不太爱讲话、比较胆小、学习也较差的女生来到我面前，悄悄地对我说："老师，能否先给我批批作业？"我说："可以！"她红着脸，用低得只有我才能听得见的声音怯怯地说："老师给个优吧！"我惊奇地笑了。于是问道："为什么要批个优？"他腼腆地说："老师，我每次作业都很认真可还没得过一次优，今天的作业，我更是下了工夫……"我接过她手里的作业本，仔细地端详着她的作业：字虽不清秀，却认真，有所进步；再望望她那一副纯真的面孔和一双充满渴望的大眼，于是，在成绩栏里我端端正正地写了一个"优"。她高兴地笑了。从今以后，这个女生学习更认真，作业也越做越好，学习进步很大。

从此，我在教学中，时刻告诫自己，不能以同一标准对待不同的学生。每个同学的起点不一样，对他们应设计不同的目标要求，只要他们努力，哪怕是一点点进步，都应及时发现和鼓励。进步就是优！

7. 有意义的评价意味着许多"好学生"是"评价出来"的。教师的批语也可以发挥对学生的促进意义。

【案例9】

感谢批语①

马树荣

恰当的批语会带给我们事半功倍的教学效果，这是我在7年前发现的。那时我大学毕业，任教不足一年，教学经验没有积累多少，但我知道同学们都喜欢我这个年轻、随和的老师，当然，我也喜欢他们，并对他们负责。因此，我批改作业相当认真，总是一本本、一道道地批改到深夜，然后在每本作业的后面批上他们应得的等级：Good，Better，Best。

过了一段时间，我发现有几名学生没更正错误，为了使他们更正错误，我就在他们的作业上写道："Please correct the mistakes."当时学生还没学单词correct及mistake，我故意不给他们写汉语意思，然而第二天交作业时，那几名学生都十分认真地更正了错误，我问其中一名学生他们是如何明白我的意思的，他们说是出于好奇心，查了词典，才知道是"请更正错误"的意思，说话的同时我看到了他的脸微微发红，但同时我也看到了他的进步：既学习了两个

---

① 傅道春. 新课程中教师行为的变化［M］. 北京：首都师范大学出版社，2002.

生词，又改掉了不更正错误的坏毛病。

从那以后，我批改作业不再是简单的“Good，Better，Best”，而是在它们的后面加上一两句简单的英语：You study very hard，I like you very much（你学习努力，我非常喜欢你）。You speak English very well，I believe you can write well，too（你英语讲得很棒，我相信你书写也会很棒的）。结果正如我所预料的那样，由于给每名学生的评语都是针对他们自身的优缺点写的，他们都从内心感到老师在注意、关心他们。得到了老师的关注，学习自然也就有了动力，以前努力学习的学生变得更加努力，以前书写不认真的学生书写也认真了。

初见批语的“奇效”之后，我又把“批语”变成了与学生交谈的重要方式。把一些不但针对他们的优缺点，而且针对学生的日常生活变化等看似与学习无关的话批在上面。例如：“I know you are a clever boy. Try your best and you will catch up with the others.（我知道你很聪明，尽力学习，你一定会赶上别人的）Your handwriting is much better than before. I am very happy.（你书写比以前进步很大，我非常高兴）Why are you so tired these days? You must look after yourself.（近来你为何这么疲倦，你应该学会照顾自己）I am sorry to hear your mother is ill. Do your best to make her happy and be a lovely daughter.（听说你的妈妈生病了，我很难过，尽量使她心情愉快，做个好女儿）”等等。在我使用这些“批语”后，学生学习英语的兴趣陡然增高，大家争着交作业，他们都希望从作业中找到自己的优缺点，找到安慰，找到温暖，找到心与心的交流……

的确，作为老师，我们本来应该抽出许多时间和同学们谈心，可我们既是儿女、妻子或者丈夫，又是自己儿女的父母，我们在现实生活中扮演着多种角色，这就使我们没有足够的时间和学生交流。因此在作业本上批一两句简单的批语，用这种方式每天和学生“聊聊天”、“谈谈心”，这比普通的“优、良、中、差”，“Good，Better，Best”要强许多，这会使我们更贴近学生，学生也更贴近我们，当然我们的教学工作也会取得事半功倍的效果。

【案例分析】“多一把尺子，就多一批好学生。”许多好学生是教师评价的结果。马老师抓住了评语这块“方寸之地”，用倾注师爱的批语与学生进行心与心的沟通，情与情的交流，来感化、激励学生，收到了良好的效果，为我们提供了作业批语创新的鲜活范例。这实际也是教师之爱与教学智慧的体现。

有效教学就是要面向全体学生，重视学生的个性，切忌片面；注意针对性，评语要抓住学生特点，避免千人一面，力求准确、恰当，通过评语给学生以具体的指导；教师评语要倾注“师情”，体现“爱心”，充满期望，使学生能通过教师鼓励的话语找回自尊与自信，获得前进的动力与勇气。语言上要具体化，避免泛泛空谈；要情感化，动之以情，晓之以理，才能导之以行。

8. 有意义的评价意味着只要对学生的成长有利，教师可选择的评价方法是灵活多样的。教师也可以让学生自己出考题，这是学生自己评价自己的一种间接方式。

【案例 10】

每人出一套考题①

“让同学们在我的课堂上学得有趣”是七年级英语教师克利默夫人再三公开表白过的宗旨。

克利默夫人瘦瘦高高，梳着短头发，又热情又文雅。她总能想起很多有趣的办法让我们轻轻松松地学习。这天，她宣布几天后要测验刚刚学到的 20 个单词，同学们马上唉声叹气起来。可她马上接着说：“我准备用一种新办法：这次你们每人出一套考题给我，我挑一份最好的考你们，怎么样?”

新鲜！同学们欢呼起来，紧接着一个个窃窃私语。一名男生向周围同学叫了起来：“谁也别把考题出得太难哪！”

全班都笑了起来，老师也笑了：“你们可别都串通好了出容易的题。如果都不合我的意，我可就自己出一份题了，明白了吗?”

大家开始写考题，教室里同学们议论纷纷，热闹极了，我心里盘算着：20 个单词，就出 20 道题吧。可该出些什么题呢？一边回忆着老师讲授这些单词时提的要求，以前给我们出的题，一边请教邻座同学。邻座安吉琳娜说她的第一大题是按字母顺序把单词排列起来的，再一大题是拼写……

不该这么出吧？我心里嘀咕着。考试的重点应该放在单词的意义解释上啊！

我煞费苦心地想来想去，终于提笔写下了第一题：填空，共 5 小题，写下单词的解释，要求从 20 个单词中找出正确的单词填在括弧中。

第二大题是选择反义词。我写下了一个新单词和四个别的单词，要求从这四个词中选出与新单词相反意义的词。我还要了点小花招：先写下正确的反义词，再写下同义词，另外再写一个名词、一个形容词。

放学了，我回家忙了两个多小时，又写又改。后面又编了两道大题。第三大题：选择正确的解释；第四大题，我造了 5 个句子（这 5 个句子可真是让我绞尽了脑汁！）把用进去的新单词空了出来让同学填，总算全妥了！

---

① 高歌. 赴美就学笔记 [M]. 海口：海南出版社，2000.

第二天，大家把自己编出的考卷都交给了克利默夫人。

第三天，就是考试的日子。本来大家都怕考试，可这一次看得出来同学们都很兴奋：到底老师会选谁的考卷呢？克利默夫人神秘地微笑着把考卷发了下来。我急不可待地抓过来看上面作者的名字：呀！是我的！真是我出的那套考题，我高兴得不知如何是好。

理所当然，我轻而易举地在这次英语测验中得了一百分。说是轻而易举，可我在如何出考题时已经费了不小的劲。我这才醒悟：克利默夫人不动声色地就让我们在测验之前好好地复习了一遍，而且，大家还复习得又积极又主动！

【案例分析】

通常而言，一提到考试，我们想到的往往是教师来出考试题，学生来做答案，然后教师再按照所谓的标准答案来评价学生的掌握情况，这样的做法使得学生对考试充满了畏惧心理，但在此案例中，教师成功地调动了学生学习的积极性，而调动学生积极性的方法就是通过学生自己出考题，这是学生自己评价自己的一种间接方式，学生通过出考试题，对所学过的知识点重新复习了一遍，这样就可以达到复习加深对知识理解的目的。另外，学生出考试题的时候，不是简单地将知识点罗列起来就可以了，学生还必须考虑以怎样合理的方式来呈现知识，这样在无形中又锻炼了学生组织知识的能力。最后，学生自己给自己出考试题的做法无疑是调动学生学习积极性的一种非常有效的做法。由于考试题是学生们自己出的，因此学生对考试不再充满畏惧心理，反而有一种非常想参加考试的积极性，使学生积极主动地学习。

行文至此，对“有意义的评价”，我还有些意犹未尽。有一点想法，不成体系，无法归类，但又感弃之可惜，只好另附案例加以说明。

【案例 11】

答“凭自己的意志力到达的”不给分

这是发生在吉林省某市中考语文批卷现场的一个真实的故事。我的朋友是故事中的那位大学老师。

某大学教师带领自己的研究生参与中考语文试卷的批改工作。其中有一道古文阅读题是那个著名的：“蜀之鄙有二僧，其一贫，其一富。贫者语于富者曰：‘吾欲之南海，何如?’富者曰：‘子何恃而往?’曰：‘吾一瓶一钵足矣。’富者曰：‘吾数年来欲买舟而下，犹未能也。子何恃而往?’越明年，贫者自南海还，以告富者，富者有惭色。”的古老故事。阅读题中的一道是这样问的：“穷和尚是怎么到达南海的?”试题给的标准答案是：用脚走到南海的。大学老师的研究生忠实地按照“标准答案”批分。大学老师在中途翻阅检查已批过的卷子时，发现有几个试卷上写的此题的答案是“穷和尚是凭自己的意志力到达的”，竟然是0分，他想：“这是一个多好的答案啊！有自己的思考并高度概括出故事的主旨，而给的现成答案多少太小儿科了，正说明没理解故事背后的含义。”他又翻了已批过的卷子，发现这样的按标准答案的批法实在太坑人，那些肯动脑，有自己的见解，有创造力，不人云亦云的好学生，此题却恰恰不得分！他马上召集学生商谈这件事，可学生们一脸无辜地说：“标准答案就是这么定的呀！我们也不敢贸然行动啊！其实，我们批时也觉得不对劲儿！”……

【案例感悟】这是我的朋友，案例中的那位大学老师给我们讲的他自己经历的“标准答案”风波。在现实教学和考试中，尤其是文科，这种情况常有发生，有时就不了了之。这使我想起特级教师刘可钦的一段话，颇有同感，她在《刘可钦与主体教育》一书中写到：“教的想法、行为在改变，可是如果评价——考核的方式不改，考试竟出些冰冷可笑的‘试题与答案’（尤其是语文），致使学生因教的变化（如创新能力等）不能考核出来，成绩不见分，这使得真正有思想的教师更尷尬，就会造成惯性继续，不改革了。”①

【特别推荐】

发展性评价的重要特征

1. 以被评价者的素质全面发展为目标。

发展性评价基于一定的培养目标，这些目标指明了被评价者发展的方向，也构成了评价的依据。这些目标主要来自于课程标准，也要充分考虑被评价者的实际情况。发展性评价将着眼点放在被评价者的未来，包括大众教育和终生学习的需要。

2. 有利于被评价者的后继发展。

对被评价者的发展特征的描述和发展水平的认定甚至到进行必要的选拔，其目的都是为了更有利于被评价者的后继发展。

评价过程中，对被评价者现状的描述必须是被评价者认可的，如果涉及到要通过评等级甚至是选拔（例如选拔班干部）去认定某种特征，也必须是被评价者认可的，只用于使被评价者认识自身的优势和不足，不应具有“高利害性”。

3. 注重过程评价。

发展性评价强调收集并保存表明被评价者发展状况的关键资料，对这些资料的呈现和分析能够形成对被评价者发展变化的认识，并在此基础上针对被评

---

① 教育部师范教育司 组编. 刘可钦与主体教育［M］. 北京：北京师范大学出版社，2006.

价者的优势和不足给予被评价者激励或具体的、有针对性的改进建议。

4. 关注个体差异。

个体的差异不仅指考试成绩的差异，还包括生理特点、心理特征、兴趣爱好等各个方面的不同特点，正确地判断每个被评价者的不同特点及其发展潜力，为被评价者提出适合其发展的具体的有针对性的建议。

5. 强调评价主体多元化。

评价主体多元化是指：评价者应该是参与活动的全体对象的代表。以评价学生的某次学习活动为例，评价者应该包括教师、家长、学生、学校领导和其他与该学习活动有关的因素。

二十、学 会 倾 听

“倾听”的字面含义：认真地听取。

“学会倾听”要探讨的是教师要学会认真地听取学生的诉说（有声、无声）。

我看过这样一则故事：一位年轻的妇女带着她4岁的儿子陪着她的父亲一道去春游。儿子口渴了，妈妈从背包里拿出两个苹果，要儿子给外公一个。没想到儿子将苹果拿到手后，在上面分别咬了一口。见到孩子这样，母亲心里很不是滋味，她担心父亲责怪自己平时没将孩子管教好。“妈妈……”儿子有话要说，看见妈妈狠狠地瞪着自己，于是将要说的话儿咽到肚子里去了。外公知道孩子这样做一定有他的道理，便紧紧抓住孩子的手，笑容满面地问道：“乖孙子，告诉外公，你为什么将两个苹果都咬上一口?”孩子两只黑葡萄般的眼睛忽闪忽闪着，满脸童真：“因为……因为我想把最甜的一个给外公。”外公笑得更欢了。母亲的眼里闪烁着泪花，既为有这样懂事的儿子而自豪，又为自己刚才的行为感到羞愧。

联想到我们的教师，在教学中能否耐心地倾听？小学生由于年龄小，往往心里想到，口中却说不出，或者只能说“上半截”话，精彩的却在后头。老师，您耐心听完了吗?

有效教学为何要学会倾听？因为聆听是种无言的机智。

一个好的教师是一个能提供接受性的、同情性的、真诚的和帮助性聆听的成人：他知道何时该保持沉默，何处该给予支持，以及如何提出一个问题，以便让双方分享的思想和感情的意义更加明了。有时，你只要在学生身旁就足够了。而另外一些时候，可能需要用这样的问题来帮助学生将他们自己的想法说出来："你觉得怎么样？"或者通过认可某种感情："遇到这样的困难，你一定很气馁。"顷刻之间，这种非判断性的教育学理解就产生了重要意义：这样的聆听对孩子提高自我认识和增强自我责任感是多么有帮助啊。①

1. 静下心来听听学生的想法，听听他怎么会这么想的。要关怀、了解、接受学生，鼓励他或帮助他寻求解决问题的途径。

【案例 1】

倾听学生的想法？

——《认识几分之一》教学案例与反思

陆燕群

这学期，教研室组织了"百人百课"的送教活动，我被安排到临山的湖堤小学，上了一堂三年级的《认识几分之一》一课。虽已过去一个多月，很多为准备上课而做的努力都已忘记，但那天上课的一个环节却记忆犹新，好像是昨天发生过的事一样。

《认识几分之一》是学生认识分数的起始课，通过教学，要让学生初步理解分母是 10 以内的分数的意义，能读、写分数，学会运用直观的方法比较分子是 1 的两个分数的大小。课一开始，我从生活中的平均分得不到整数，从而引入分数，再以$\frac{1}{2}$为突破口，通过折纸、涂色等实际操作，理解分数的意义，学生学得很认真，我也觉得课上得很流畅。最后一个环节是"比较分子都是 1 的两个分数的大小"，我出示一题：小红买了一个饼，分给爸爸、妈妈三人一起吃。如果你是小红，你会怎么分？一生站起来，说出我心里想的答案：平均分成 3 份，每人吃这个饼的$\frac{1}{3}$。我在肯定他的答案后，把一个平均分成 3 份取一份的圆贴在黑板上。又说："一起看看小红是怎么分的？"然后拿出一个平均分成 4 份取一份的圆贴在黑板上，学生马上回答：小红吃了这个饼的$\frac{1}{4}$。我乘胜追击，马上又问："按照你们的分法，你可以吃到这个饼的$\frac{1}{3}$，而小红吃了这个饼的$\frac{1}{4}$，谁吃得多？"学生又高高地举起了手，我叫了一个一直举手的男

① ［美］Sam M. Intrator. 我的教学勇气. 方彤译. 上海：华东师范大学出版社，2008.

同学回答，他站起来大声说：“$\frac{1}{3}$与$\frac{1}{4}$一样大。”我当时一愣，在我自己学校里试教时，说$\frac{1}{3}<\frac{1}{4}$是有的，因为在学生头脑中，4比3大已根深蒂固，但说一样大，我没有想到。我连忙说：“还有别的意见吗?”不料大家异口同声地说一样大。这时我的手心有点冒汗了，怎么回事？我趁机拿下黑板上的教具——两个圆片，让他们近距离地看一看，再把两个阴影部分对牢后比一比大小，到底谁大？这时坐在第一排的一名女同学救了我，说$\frac{1}{3}>\frac{1}{4}$，我马上像抓到救命稻草一样，狠狠表扬了这位同学，说：“是呀！$\frac{1}{3}$表示什么意思?”学生很快回答：“表示把一块饼平均分成3份，取了其中的一份。”我接上来说“对呀，那$\frac{1}{4}$又表示什么意思呢?”学生也很顺利地回答了出来。我趁机拿着两个圆片说道：“你说把同样的一块饼平均分成3份，其中的1份大，还是平均分成4份，其中的1份大呢?”这时大多数同学才同意我的观点，课才顺利地上了下去。

那天诸局长正好也听了我的课，在吃中饭时，他在肯定我的课后，说是不是可以真的拿出一个饼来让学生分一分，不就马上比出大小来了吗？兰江小学的胡校长说：“其实在课件上演示一下，效果会更好。”是呀，试教时，由于没考虑到这个问题，才出现这种尴尬。那学生为什么会出现$\frac{1}{3}=\frac{1}{4}$的呢？

下午评课时，我总结出问题的原因可能是我画的圆的教具做得不好，颜色太暗。他们的黑板是深绿的，我画的圆是深玫红的，里面阴影的线条是黑色的，那天正好阴天，光线不太好，学生看得不是很清楚，不能直观感知两个分数的大小。

湖堤小学的数学老师说可能是学生的从众心理。我叫的那名男同学正好是他们的班长，平时比较有号召力，他们认为班长的观点不太会错，因此都跟着他这么认为了。

这时教研室的蔡教研员说，我们只是猜测学生的想法，当时学生到底怎么想的其实我们都不知道。当学生的答案与我们老师的想法不同时，我们不要急着把自己的想法强加给学生，更不能显出很生气的样子，课堂上是允许学生出错的，我们应该静下心来听听学生的想法，听听他怎么会这么想，有利于我们老师对症下药，有的放矢地调整自己的教学思路。

是呀，每名学生都是在以自己原有的知识经验为基础对新的信息进行编码，去构建自己的理解。课堂中，我们老师习惯带着自己对问题的理解去为学生讲解方法，有时一些学生表达了他们另外的想法，但由于表达不完整或教学时间紧迫等原因，我们没有耐心倾听，而是急于把自己的想法灌输给学生。特别是上公开课，老师为了完成自己的教案，往往忽略了学生的想法，变成了名副其实的“走教案”。

【教者反思】

今天的课上，当学生说出$\frac{1}{3}$与$\frac{1}{4}$一样大时，如果让同学们说说自己的想法，让大家讨论讨论，再适时地加以点拨，可能效果会更好些。而我们老师碰到学生的答案与自己不一样时，急着把正确答案告诉学生，害怕学生不掌握。如果老师的解释与学生理解之间不一致时，他们反而会半信半疑，很可能会想不通，并在他的后续思维中仍旧按照自己原先的理解去解决问题。而倾听学生的想法，让学生的思维充分暴露与交流，再加上老师的合理引导，可以让我们了解到学生的困惑之处，针对疑难处进行点拨，引导学生一步一步完成教学过程，这样的教学才是有效的课堂教学。

因此，我们要更进一步认识到耐心倾听学生的心声是作为我们教师的一种美德，哪怕他的想法不对，这种倾听也是对他的尊重，有利于学生的创造发现。多听学生的想法说不定会给我们带来犹如发现新大陆般的惊喜。

2. 克服自以为是：不要总想占主导地位。

【案例2】一位老师上《年　月　日》时，课一开始，老师问：“关于年月日，你们都知道什么？”几名学生汇报后，老师准备向下进行。这时一个男孩依然高高地举着手说：“老师，我还知道闰年是怎么产生的。”“好，我们等会再说好吗？”课继续进行，终于学到了闰年的特点，男孩子又一次举起了手，边举边站起来说：“老师我知道闰年是怎么产生的。”老师用手势示意孩子坐下，继续教学。直到下课铃响，男孩也没回答。问其原因，老师说：“这节课没有涉及这个问题，如果有时间就处理，可惜没时间。”

【案例分析】不难看出，课上老师在努力地实行课改理念：放手让学生自主学习。不过这种放手是有范围的，那就是在自己预设的圈子里学生可以任意发挥，而当预设的“开放”与现实的“自主”发生矛盾时，老师毫不犹豫地掩上了孩子的嘴巴。其实，让他说说也没关系。闰年、平年的来历，对孩子理解掌握年月日的知识是非常有好处的，老师剥夺了孩子发言的机会，将极大地打击学生学习数学的积极性，抹杀了展示自我的大好机会。

3. 尊重学生：不要打断对话，要耐心倾听，让学生把话说完。

【案例3】

"老师，我还没说完"

蓝玉文

一次，有机会看了邻校一位老师教学的"12减几"的公开课，领略了课改的春风，感触颇丰；但对其中一片段持有疑惑，现录其下，以期各位探讨。

在教学"12－5"时，一部分学生把12拆成7和5，然后5－5＝0，剩下7，得7；另一部分学生把12拆成2和10，然后10－5＝5，再加上2，得7；至于用小棒摆、逐个减或采用接着数等方法，已显得较为劣势了。刘老师也一言概括过了，正准备进入下一阶段，忽地看见有一名男同学的手似举非举，欲言又止的样子。尽管教学时间挺紧，刘老师还是让他说出了自己的想法。"5－2＝3……"还没等他继续往下说，其他学生都持反对意见了："怎么能反过来减呢？错了！错了！"该生听到同学们的笑声，期盼地望了望老师，着急地说："老师，老师，我……我还没说完！"这时刘老师笑着说："看来你还没想好，先坐下再想想吧！"

课后，我找到了这位学生，问他刚才想说什么。他说："把12分成10和2，5－2＝3，然后10－3＝7。"我说："你为什么这么想呢？""因为5比2多3，多算了3个，因此，10要减去3得7。"瞧，他的方法多新颖，思路多清晰呀！由于刘老师只听到上半截，没有允许他继续说下去，宝贵的课堂教学资源就这样白白流失了。

【案例感悟】不要匆忙下结论，不要急于评价学生的观点，不要急切地表达建议，不要因为与学生不同的见解而马上让学生停止表述自己的看法。要仔细地听学生说些什么，不要把精力放在思考怎样反驳学生所说的某一个具体的小的观点上。等待和倾听这两种看似最为普通和简单的教学行为背后，往往深刻地折射出教师的教学观念——"学生究竟在教师的内心最深处是处于一个什么样的教学位置"。教师不仅要有足够的耐心等待和倾听学生有声的话语，让其有机会书写自我，言表内心，"我口说我心"，还要有高度的智慧谛听学生无声的语言：内心波澜。

4. 问自己是不是有偏见或成见，它们很容易影响你去听学生说。

【案例4】

把炉子生起来[①]

那年我们上初中四年级，马上既要参加中考，为了有更多的学习时间，我

---

① 齐齐哈尔大学学生姜娜作业案例。

们都住在学校，那时在班级上晚自习，冬天很冷，老师没有来，我们让一名同学帮我们把炉子生着，但是没有火机没有柴火，那位同学去外面买的火机，自己捡的柴火，生炉子时还冒烟，好不容易炉子热了，我们又安心地学习了，帮我们生炉子的同学不爱学习，却喜欢帮助别人，可不一会又没有柴火了，没办法那位同学把自己不用的书和纸都烧了，为了让我们暖和，可毕竟书和纸有限，他把自己的椅垫也放进炉子里了，因为椅垫里面是鸡鸭的毛，不愿意着，他就捅了捅炉子，没想到冒很多烟，我们都跑到走廊里呆着，这时校长回来了，气哄哄地来到我们班，问是谁整的，那位同学说是自己弄的，校长瞪着他，并不由分说就拽着那位同学的耳朵去了办公室，因为办公室离我们不远，我们听到校长骂那位同学，我们去找校长，可他把我们关在门外，不听我们解释，就这样冤枉了为我们生炉子取暖的同学。

有效教学要求教师别忘了时时与学生对话，听听来自他们的声音！

附　　录

附 1　学生对有效教学的 50 条建议[①]

我想有效的课堂教学不仅仅只发生在课堂上，应延伸到很远。

1. 上课不古板。

希望老师要有力度。课不要过于严肃也不要过于随意，偶尔可以活跃一下课堂气氛。继续讲课时要有力度，马上使课堂安静。

讲课方式过于单一。开设有趣味性的课堂。希望上课轻松一些，不要太死板。有趣的上课方式让学生不走神。多做一些游戏，把知识融入在游戏的过程中，这样学生会很容易接受。

寓教于乐。课堂应该是活跃的。所谓活跃并不是“玩”，而是老师可以带动学生在课堂上以生动的方式思考知识。思维活跃但不乱秩序。在娱乐中学习，可以在途中参入一些流行的文化，如武术、防身术、魔术等，调动学生的积极性。

上课时应面带笑容，不要老板着脸。面目表情要丰富。用一种很温暖很和

① 本书作者对齐齐哈尔地区两所初中与一所高中的学生所做的有关“有效教学建议与意见”的调查结果，2010—3—25.

善的眼神跟每一名学生交流，不要每堂课就只看某几名学生的眼神上课。这样会让其他学生感觉自己不被重视，也就没有学习的动力了。

老师能时不时地与学生开点小玩笑。在枯燥乏味的课上容易困。可以讲讲笑话缓解一下气氛，让学生精神起来，也提高了学习兴趣。老师过于严厉的，会造成课堂呆板。

要快乐的课堂，很轻松不压抑，充满欢声笑语，学生每次都会带着新鲜感去听课，尽量让学生有活力，有一点情趣，使课堂充满乐趣，学生能沉浸在自己主动去听课的喜悦中。如果一堂课能做到让学生还想上一堂或者感觉时间过得很快，这才是最大的成功。

学生在课堂上比较自由，没有太多约束。

讲课时的语调不要太死板。语速应放慢，语言要通俗易懂。

希望老师能够多笑。不喜欢老师阴沉着脸。

总之，在课堂气氛方面，学生提出教师应努力创造勤奋、欢乐、积极的课堂学习氛围。课堂应活跃一些。学生在沉闷的课堂里很容易溜号。能脱掉严肃的帽子，与学生和睦相处。

2. 应该减少学生的作业，减轻学生负担。

作业只是一个复习的阶段，不要将其视为考核和衡量学生的工具。

根据不同层次的学生留不同的作业。

每天的固定作业量比较大，没有时间自己整理、巩固。

沉重的课业负担——睡眠不足——上课注意力下降——知识记忆不扎实——效率低下——课业负担。

3. 老师应丰富自己的知识，在上课时精彩。老师的知识必须渊博。

4. 平等对待学生。对学生公平、公正、公开。

不要刻意偏袒某几名学生。对不同的学生不用太过偏向，即使偏向也不要表现得太明显。

师生间应以朋友相待。与学生打成一片，“上课师生，下课哥们”。

不以成绩评论一切。不要因为我们的成绩不好看不起我们。

5. 尊重学生。不要打击学生的自信心和自尊心。

说话或批评学生时不要带脏字，会让学生听着很难受。

不要一回答不上问题就问：“你上课听什么了？”

老师说话时语言不要太激，太过分，容易伤了学生的自尊心。说一两句点出来，就行了，别非得往死里损学生。学生如果恐惧一个老师渐渐地就会对他的学科开始厌烦。

与学生多交谈，不只是训斥。不要什么事情都采取极端的处理方式，有时规劝会好过征服。

不要有暴力或辱骂的行为。平和地处理学生犯错的事。不要一时冲动将学生推上风口浪尖。不要对学生做过的错事一提再提。理解现在学生的疲惫，不会机械地去进行所谓的“惩罚”。

不要当全班同学的面发火。学生若犯错误应针对犯错误的学生批判，不应把周围的学生都带上，更不要一竿子打死，使其“永无翻身的机会”。

常鼓励我们，即使我们是自费班学生。

不接受记仇的老师，应该心胸开阔，老师应有老师的风度！

信任学生，用真心与学生交流。成为学生心中的“知己”。

6. 要平易近人。如果看见老师就像老鼠见了猫一样，那永远也学不好习。

温和些。就算课堂是吵闹的，我相信，如果是一个好老师是不存在吵闹的课堂的。

有点耐心。学生都有不会的题，谁都想学会。

学生要想学好，先得喜欢老师。多跟学生玩游戏，多与学生沟通。了解学生的想法，有助于对症下药。

7. 课本上学习的知识在生活中用不上，为什么还要去学呢？有时学了很多知识，却不知道在生活中该应用在哪儿。

数学不太贴近生活。数学课教的很多东西在日后生活中没什么用处，多加些与生活相关联的东西。

外语课总是讲练习题，考试也是如此，学生只重视应试能力，忘了学他是干什么的——是说的。

8. 课堂教学应以沟通互动为主，调动学生学习兴趣。

不要一味地讲，应诱导学生发散思维，让学生参与，激发学生对学科的兴趣。如小学时不仅老师讲还要让学生来讲题。从小培养学生的讨论观，建立自信，即使遇到困难也不畏惧的心理。

例如，黑龙江齐齐哈尔市某高中高一（1）班学生写道：我们班课堂效果很好。同学们听课认真。但我们总觉得事物的答案只有一个，没有了想象的空间，不敢去勇于向正确答案发问。平时练习题应多学一些两个答案的，能多些角度去思考。

课堂应多做一些活动。通过活动使学生都能记住这些活动的环节，把知识渗透到活动中，引起学生的自主记忆。

9. 严格管理不应该以“罚”为主体。教师要以一种高贵的态度来教育学生。班主任管理班级最好是既不严也不松。

罚不是最终目的。学生学到知识才是最重要的。一味地“罚”只有浪费时间，而不会促进其成绩的提升。

理解现在学生的不易。

上课不要一直组织纪律。安静会容易困。在安静的情况下回答问题会紧张，之后什么都忘了。

能不能不时刻地盯着我们，让我们有点自由好吗（指下课的10分钟）？下课都不让我们在走廊里，哪儿都不让待，就让在教室里待着，还说什么有事下楼说，下趟楼几分钟，上趟楼几分钟，一共就10分钟，我们还能休息什么！课间让我们自由些！

老师多多与学生谈身边的问题，而不是让学生打小报告。

不要做什么封闭教育，什么事都不让出校门。

不要总说什么穿校服。冬天那么冷，还让我们穿，感冒他们也不管。

如果老师讲课活跃生动应该不会有人不去听课。

10. 换位思考。能站在学生的立场想问题。学会将心比心。学生在学习时遇到困难能得到心理安慰与引导。

11. 要有幽默感。语言幽默点。因为快乐会使我们更爱学习。

12. 上课有激情，学生也会有情绪。情绪要饱满。

13. 老师不要放弃每一名努力的学生。不要仅凭分数来评价一名学生。不以成绩看人。只要学生努力就好，不要把成绩看得太重。相信彼此，永不放弃！Never give up！

14. 教师把重点都写在黑板上。告诉这是考试必考的。在考试之前就会重点去看笔记。板书要有详有略。不要总是一黑板一黑板地写。用适中的语速说，让学生用自己的方式记录。

15. 取长补短，互相学习，相互理解。

每名学生对老师的要求不同，所以老师不可能满足所有学生的要求，我认为我们也应相互理解。

理解万岁。有时学生犯错误可能出于某种原因，不是有心的。

16. 要让学生相信自己，只有这样才会创造奇迹。

17. 目前的教学方法太老了。应该采取新型的教学方式，学习国外的教学方法，让课堂变得生动有趣，使学生都喜欢上课，喜欢上学习，这样才能激起学习的主动性。

在上课方式上加一些创新内容，如随机抽签提问等。

能加入一些比较时尚的与课堂内容有关的故事。在课堂上能加一些有意思的情节。

气氛太凝重了。

18. 老师讲课要详细一些，不要糊弄我们。不要讲完大概意思就讲下一题。

学生对具体科目的学习建议：

对重点篇目进行娱乐式（即符合学生心理）的方式讲解，不要直接就让背。

在物理化学课上最好多做些实验，这样记忆会更深刻。

多组织一些有关学习的班会或话剧表演等。

组织课内外兴趣活动小组。

用奖励的方式。

给我们学习方法指导，让我们懂得如何学习。

多开展谈心活动（与学生交流）。

学校或所学的课本中加上《弟子规》。

英语只会做题，不会说，不会听，与外国人对话根本听不懂。英语口语方面锻炼较少，使英语逐渐变成“哑巴英语”。

作文不是写心中所想而是胡编乱造，缺乏自己的真情实感。

19. 不平板教学，多生动举例。

讲课应学思结合，应以现实生活中的实例来引导启发学生，讲解时穿插一些娱乐性的语言更好。

上课能举一些跟知识相联系的事情，以前没听过的会很吸引我，听的很精神，知识记得挺牢固。

20. 学生犯错误时不老找家长，先和学生谈心，慢慢沟通。不要总以开除来威胁学生。

21. 能适当带我们出去上一堂课。

22. 不想有太多练习册，少买一些上课不讲的书。

23. 学生对时间的要求——不要为学生过度安排日程，为学生自主学习留出时间。

给学生自由讨论的时间。学生自主学习能力不高，独立性不强。

在时间较长或内容较复杂的课堂中间加入 5－6 分钟的休息时间。

在快下课时留点时间让学生自由活动。

上课可以有适当时间的小组讨论，既可以活跃气氛，又可以交流心知。例如，我们会跟同学一起商量题型，如果老师在讲完题型后，请同学集思广益，一起讨论一些自己的想法，效果应更好。

自习课总有老师占用，可我希望能多一些时间让我自己安排。

给学生足够的空间和时间发展自己的爱好和兴趣。

课堂上应多留给我们研究讨论的时间，有助于知识的消化。

24. 有目标的时候就会认真上课。

25. 善于发现学生的闪光点。

26. 互相不应该记住对方的缺点不放，互相给对方面子。

27. 教给学生做人，为人处世的道理。否则学生只会学习，不会做事。

28. 教学不止局限于课本。能添加一些课外知识。不了解课本外的知识，知识面窄，只啃学课本却还没学好。

29. 教师也要知错就改。

30. 课堂教学可与多媒体相结合。

31. 老师再优秀也得是学生愿意学。学生不感兴趣，老师也不能强人所难。

32. 老师上课总是习惯趴窗户，给人一种时时被监视的感觉。

33. 老师如果按桌检查作业最好走到最后一桌看一看。

34. 不要按成绩排座。

35. 有松有紧，劳逸结合。

36. 老师本身的人格魅力也很重要。

富有责任感，对学生的承诺能按时按质地履行。

对学生的要求自己要先做到。

做到真正的无私，讲课时完全没有私心杂念。不要刻意地排斥。

用心教学。

随时掌握潮流，能与学生打成一片。

37. 在课前稍稍提问一下，会使学生养成预习的习惯。鼓励学生相互问题，而不是抠私题跑老师办公室。

38. 教科书的内容最好贴近学生的生活。

39. 老师也应该有自己的个性。

40. 注重对每一张卷子的总结，让学生有明确的方向。

41. 答理解感悟题，设的采分点未必是“我”所理解的，易造成思维定势。例如，语文考试，我对题目文章有自己的理解，答案非得统一标准。既然是写自己的理解，为什么限制我们的思维呢？

42. 不要制定一些特别硬式的规定，让学生依照自己的认识自觉进行学习。

43. 考试频率不要太快，这样容易使学生产生心理恐慌，对学习效果未必有好处。

44. 老师所教的内容应在学生的承受范围之内，这样才能有效并且及时进行巩固。不应追求速度，应注重质量。

45. 老师督促学生做笔记是件好事，但要常提醒。

46. 对于知识点、易错点以及做题方法多给学生总结。典型的知识点或题型应增加强调的次数，帮助学生深刻记忆。

47. 培养学生参与社会实践能力，不只是理论学习。一个理工系的博士连发动机都不会做，不是很可笑吗？

48. 对教学方法与方式的要求：

明确教学目的是以学懂知识、学会方法，学好做人为准则。

每一节课交代具体的学习方式。条理清晰同时必须搞乐。

希望老师教书的目的不只是提高学生的成绩，而是能够发掘学生自身的潜力。

应善意总结知识前后的关联，在对比中领悟。

师生间应分享学习成果与总结规律。

认真解答学生的每一个问题。

鼓励提问。

鼓励互动。分析学生的问题与学习状况。

每天课堂上的内容少点。每天赶课程飞快。老师只是说同学们要回家复习，自制力暂且不谈，时间就不够。到最后冲刺也白搭——开始就没学会。

明确每堂课的目标。上课时东讲一点儿，西讲一点儿，没有一点规矩，甚至内容没有任何联系，这样学生跟得晕头转向的，后果一目了然。

帮助学生归纳总结上课的内容。这一点我深有体会——老师总是说课后自己归纳总结，学生也不知道对不对，然后老师就忘了。

应多加实验，注重操作，切合实际，所学知识应与实际相联系，易于学生接受。

及时查漏补缺。

积极鼓励学生，培养学生的自信心，增加学生的学习动力。

在讲某一单元的知识前，讲些此课在中考或高考中所占的比重。

在教学过程中不要只教授课本上的内容，能够有较多的课外延伸。

49. 关于教材：

理科书中的一些公式应做重点标记，不要总是出现在题中，这样复习中可能落下。

有一些教材内容不太贴近北方生活，还有部分不太贴近于学生生活，这样不利于我们理解。

书中常出现一些模棱两可的话，这就不利于学生学习理解，有时还会给老师带来麻烦。

语文教材编的不太适合学生。老师上课讲考试不考。

教材应多加些插图，增加趣味性。

50. 学生对有效教学的认识：

有效教学是在最短的时间内发挥出它最大的价值。曾经看过美国的教学方法。老师不只是拿着教材去讲的那种老套的方法。注重自由发挥。例如有一道历史题，问：你认为美国南北战争中林肯是正确的吗？你认为南北哪一个赢，有利于今后的美国？为什么？不仅仅是我们考试考得那种题。

有用的知识不只是一味地灌输，它需要让我们真实地感受才能够实实在在地成为我们自己的东西。

在教学过程中，如果能够多转变方法方式，通过各种途径把知识传授给我们就好了。

附 2　本书作者对有效教学的 50 条建议[①]

1. 以学生为本——站在学生学的角度去教。有效的课堂教学，单方面研究教师的教是不够的，学生是学习的主体，必须着重研究学生的学习基础、方法和习惯，研究学生的思维过程。

2. 差异发展：关注个体差异，满足不同学生的学习需要。如让学生设计和实施自主的多层次的作业，如小学低年级作文教学让学生从爱写的入手。

3. 真实自然——提倡“素课”，课堂教学拒绝表演。真实的教学是不完美的，但所有有效教学最根本的基石·定是真实。

4. 问题意识——学生在课堂教学的全过程（课前、课中及课后）拥有提问的权利。学生有实实在在的问题，才会有切切实实的课堂教学。

5. 创设情境——让学生经历知识的全过程。例如，语文教学中应用文的写作训练；将抽象的问题生活化，将学生不易理解的纯理论知识熟悉化，用生活中的例子去引导学生理解并接受，使学生能将课本知识与生活实际相联系，让学生在轻松中得知识受启发并内化成自己的东西。

6. 举例说明——讲抽象的问题要给学生举身边的例子。考查学生是否真懂的试金石是让学生举例子。对举实例，增加学生对所学科目的感性认识，同时提高学习兴趣。

7. 动态生成——课堂教学的生命——重视动态生成。教学是门遗憾的艺

① 本书作者对长春、哈尔滨、齐齐哈尔地区部分中小学及大学教师调查后的反思总结，2010－3－25.

术，有效的教学追求真实的遗憾，摈弃虚假的完美。

8. 教学语言——教师语言的修养。教师的声音要能清晰地传递到最后一排的学生。

9. 基于学生现有水平——有效的教学意味着适合的、合适于学生的教学。

10. 在学生生活经验基础上构建知识——关注学生的主动建构，鼓励学生调动自己已有的经验在合作交流中生成新的经验，让教学走进个体生活。

11. 有效预设——备课要充分。有效的教学是预设与生成的统一。

12. 教学空白——给课堂留有空白。教学需要等待。

13. 开放的课堂——有效的教学要有开放的胸怀，开放意味着真实的、多元的、灵活的。

14. 多媒体课件与板书的整合——不可包办一切。一支粉笔、一块小黑板经常是必要的。PPT 不要太多展示课本内容，而要体现教师对知识梳理的过程及相关知识的延伸等。

15. 教育爱——教师鲜明的性格和热爱儿童的天性是教学有效的前提。爱学生、有耐心、有亲和力，教师良好的性格特质使学生愿意上你的课。

16. 营造民主、融洽的课堂氛围。有效的课堂首先应该有一个让学生感到轻松愉快、平等和谐的教学环境。

17. 互动交流，缩短与学生的距离。师生之间通过对话与交流使知识化难为易、化繁为简，使知识结构化。

课上——注重互动（师生互动，生生互动），提倡走动式教学。

课下交流——多听取学生的心声，了解学生生活的真实状态。主动听取学生对课堂教学提出的建议和意见，共同参与教与学。

18. 激发兴趣——采用刺激学生兴趣的策略与单调乏味抗争。引起学生的兴趣，让他们觉得上课是件快乐的事。引导学生感受求知的乐趣，认识求知的意义，激发学生主动求知的欲望。

19. 富有讲课激情——老师有激情，学生才能有热情。

20. 不照本宣科——对自己要讲的东西理解透彻才能讲明白，拓展与学科相关的知识，尽量避免“讲书”。

21. 溯源与延伸——讲清知识的来龙去脉，适时拓展课外知识，不“读死书”。

22. 偶尔给学生一个讲课的机会——让他们感受一下备课，在准备的同时，他们对文本的理解会更加深刻。

23. 个性化教学——讲课有独特的风格、鲜明的个性，既不循规蹈矩又不脱离现实课堂。

24. 平等对待学生。公正——对所有学生一视同仁。注意角落里不爱发言、不主动思考的学生。

25. 教给学生为人处世的道理。在课堂教学中自然渗透主流价值观，引导学生不能只知学习，不懂做人，不会做事。

26. 教态自然、亲切温和——使学生有勇气提出问题。教师授课时不能时时刻刻板着一张脸。

27. 有幽默感——讲课幽默风趣，但不是乱讲些无聊的笑话。

28. 善于管理课堂时间——授课时注意时间分配。充分利用好前 20 分钟，是学生注意力的最佳期。给予足够时间自主学习，给学生自由讨论的时间。

29. 及时复习——适时引导学生回顾所学，巩固学习成果。

30. 上课不古板。寓教于乐。老师可以带动学生在课堂上以娱乐的方式思考知识。思维活跃但不乱秩序。在娱乐中学习，可以在途中参入一些流行的文化，调动学生的积极性。

31. “放”与“收”的协调——有效的课堂管理行为。

32. 在玩中学——结合教材相关知识与游戏活动相结合（小学低年级特适用），避免教材的无味性。可参阅小学语文特级教师张化万的教学法。

33. 在意学生的情绪。关注学生在课堂教学的态度（学生的课堂感受和处境），调节疏导学生的情绪——像爱护眼球一样保护学生的自尊。

34. 指导预习，明确重点。

35. 培养自学能力——不仅培养学生接受知识的能力，也要培养学生探索知识的能力。

36. 自己动手制作教具——建立自己有效教学的“百宝箱”。

37. 提高学生的“最近发展区”——适当提出些“难题”，增加学生的“挫折感”，同时使其产生不服输的劲头。

38. 教学相长——师生互动与合作。教师亦学生，学生亦教师。教与学的相互关系须认清。

39. 不情绪化——不将个人情绪带到课堂。

40. 有丰富的学识。

41. 教学不止局限于课本。能添加一些课外知识。不了解课本外的知识，知识面窄，只啃学课本却还没学好。

42. 也要知错就改。

43. 善于发现学生的闪光点。富有责任感，对学生的承诺能按时按质地履行。上课时面带笑容。不要老板着脸，面目表情要丰富。注意眼神交流——用一种很温暖很和善的眼神跟每一名学生交流，不要每堂课就只看某几名学生的眼神上课。这样会让其他学生感觉不重视自己，也就没有学习的动力了。

44. 不要放弃每一名努力的学生。不以成绩看人。只要学生努力就好，不要把成绩看得太重。相信彼此，永不放弃！Never give up!

45. 尊重学生，不要打击学生的自信心和自尊心。

46. 不要按成绩排座。

47. 学会写教育案例——教育反思促进教师自主发展。

48. 学生犯错误时不老找家长，先和学生谈心，慢慢沟通。不要总以开除来威胁学生。

49. 拓展学生的经验——课程资源开发利用（利用校外学习环境如图书馆、书店等）

50. 关爱学生的身心健康——作息时间的保障是前提。

后　记

有效教学的理念源于20世纪上半叶西方的教学科学化运动，在美国实用主义哲学和行为主义心理学影响的教学效能核定运动后，引起了世界各国教育学者的关注。他们认为教学不仅有科学的基础，还可以用科学的方法来研究。关注的是教学的哲学、心理学、社会学的理论基础，以及用观察、实验等科学的方法来研究教学问题。

《课堂教学有效性研究》记录的是本书作者在二十年中小学、大学教学一线的思考与实践的履痕。这本书似乎在探讨一门技术——关于有效教学的路径，但我想它更是一门艺术。技术和艺术不同，因为艺术饱含深情。每一个课堂教学的背后，都藏着一个个深情的故事。正像马科斯·韦伯所论述的那样，当教学成为人生的志业时，教学就超越了功利的目的，成就了人生。唯此，教学才是一种生命的荣耀。

本书以案说理，通过案例的呈现，在具体的情境中分析有效教学的原理和方法，把抽象的道理具体化、形象化，旨在为基础教育一线教师提供反思和借鉴——关于课堂、关于教学、关于新课程背景下教师理念与行为的改变等。案例的优势在于其贴近实践，同时提供在情境中如何具体问题具体分析以及应当避免的误区，具有一定的针对性。

第斯多惠说："正如没有人能把自己没有的东西给予别人一样，谁要是自己还没有发展、培养和教育好，他就不能发展、培养、教育好别人。"由此观之，课堂教学有效性得以保证的前提是教师的专业自觉和自我成长。研究发现有五个方面影响教学的有效性：教师所掌握的实际课程领域的知识和教学内容的知识；教师教学法的技能，包括使用有效教学策略的意识和能力；教师教学反思的能力与自我批评能力以及教师专业化的品质；教师的移情能力与尊重他人的品德；教师教学管理能力。

本书在写作的过程中，得到了东北师范大学出版社编辑的大力支持，从选题到撰写设计再到多次的修改都提供了许多宝贵意见，为本书的付梓倾注了满腔热忱，谨此深表谢意！本书参考引用了诸位学术同仁的研究成果，在书中虽认真加以标注，但有可能由于疏漏未及注明，在此向成果的原作者表示衷心的感谢和歉意！由于水平有限，书中还有很多不足之处，恳请专家学者和广大读者批评指正！

作　者

于东北师范大学田家炳教育书院

2011年8月31日